植民地教育体験の記憶

植民地教育史研究年報◉2004年………07

日本植民地教育史研究会

皓星社

植民地教育体験の記憶

2004　植民地教育史研究年報　第7号　目次

はじめに ……………………………………………………年報第7号編集委員会　3

Ⅰ．シンポジウム――歴史の記憶と植民地教育史研究
シンポジウム「歴史の記憶と植民地教育史研究」趣旨
　　……………………………………………………………………井上　薫　6
口述を植民地教育史研究にどのように生かせるか ………………宮脇弘幸　7
植民地教育体験者たちの口述による歴史 ………斉紅深（劉麟玉＝訳）　26
まとめ ………………………………………………………………弘谷多喜夫　35
日本植民地教育史第七回大会に参加して――閉会での斉紅深の発言 ……　39

Ⅱ．研究論文
公学校修身書における軍事教材 ……………………………………白柳弘幸　44
日本占領下「昭南島」における日本語教育
　――エスニシティ構造の変化に着目して ……………………樫村あい子　63

Ⅲ．研究ノート
戦前の台湾・朝鮮留学生に関する統計資料について
　　………………………………………………………佐藤由美・渡部宗助　82

Ⅳ．研究の広場（研究動向）
韓国留学中のことども ………………………………………………三ツ井崇　102
人口センサスをいかに読むか
　――明治三十八年　臨時台湾戸口調査関連刊行物を中心に ……冨田　哲　109

Ⅴ．旅の記録
台南・安平墓地の墓誌と公学校修身書教材（その2） ……………白柳弘幸　118

Ⅵ．オーラル・ヒストリーを考える――私の体験
貴重で切実な肉声をどこまで把握できたのだろうか ……………新井淑子　126
パラオでインタビューを重ねてきて思うこと ……………………岡山陽子　130
オーラル・ヒストリー調査方法と課題――シンガポールでの体験
　　……………………………………………………………………樫村あい子　134
韓国・大邱での聞き取り調査 ………………………………………片桐芳雄　139

語られた真実の重さ——台湾での採訪体験から ……………………所澤　潤　143
　オーラルヒストリー覚書 …………………………………………竹中憲一　147
　私の聞き取り体験とシンポで考えたこと ………………………弘谷多喜夫　152
　実務家日本語教師が聞き取りをすると ……………………………前田　均　158

Ⅶ．書評
　斉紅深編著、竹中憲一訳『「満州」オーラルヒストリー——〈奴隷化教育〉に抗して』
　　………………………………………………………………………山本一生　164
　山根幸夫著『建国大学の研究——日本帝国主義の一断面』………志々田文明　169
　山田寛人著『植民地朝鮮における朝鮮語奨励政策——朝鮮語を学んだ日本人』
　　………………………………………………………………………三ツ井崇　175
　山路勝彦著『台湾の植民地統治——〈無主の野蛮人〉という言説の展開』
　　…………………………………………………………………………中川　仁　181
　百瀬侑子著『知っておきたい戦争の歴史——日本占領下インドネシアの教育』
　　………………………………………………………………………佐藤広美　186
　P. Lim Pui Huen & Diana Wong 編
　　War and Memory in Malaysia and Singapore ………………宮脇弘幸　192

Ⅷ．資料紹介
　『日治時期台湾公学校與国民学校　国語読本』………………………中田敏夫　204
　熊谷明泰編著『朝鮮総督府の「国語」政策資料』……………………北川知子　214
　『近代日本のアジア教育認識・資料篇』……………………………渡部宗助　219
　「在満学校関係者手記目録」作成について ……………………………槻木瑞生　228

Ⅸ．気になるコトバ
　「国語」……………………………………………………………………北川知子　252
　「満州語」「満語」………………………………………………………桜井　隆　256
　「内地」という言葉 ……………………………………………………佐野通夫　260

Ⅹ．彙報
　………………………………………………………………………………井上　薫　266

　編集後記 ………………………………………………………………………271
　著者紹介 ………………………………………………………………………272

はじめに

植民地教育史研究年報第 7 号
編集委員会

　本植民地教育史研究会「年報」第 7 号は、「オーラル・ヒストリー」に関する論稿を中心に編集した。それは、植民地教育史研究においてもこの方法・叙述が積極的に導入されるようになった最近の動向を反映している。

　「オーラル・ヒストリー」は、1970 年に英国の P. トンプソンが雑誌「オーラル・ヒストリー」を創刊し、彼の The Voice of the Past の第三版（初版 1978 年）が、日本で『記憶から歴史へ』（青木書店）として 2002 年に翻訳出版されて脚光を浴びた。これはイギリス社会史研究の日本への影響であるが、しかしこの方法・叙述自身は決して新しいものではない。日本では、柳田民俗学の「聴き書き」の方法による「習俗としての産育」の発掘が教育史ではよく知られている。さらには、1960 年代に始まる教育運動史研究でも運動を担った先人への「聴き書き」を積極的に行った。そもそも人物研究において、当該対象者やその遺族に話を聴くのは普通的に行われてきたのである。ただ、「口述史料」の歴史研究の方法・叙述の上での位置づけ方あるいは扱い方が、それぞれ違っていたのである。その「違い」をどう見るかは検討課題として残っている。

　それでは、1990 年代から盛んになった植民地（教育史）研究における「オーラル・ヒストリー」「体験の記憶」「聴き書き」という「口述史料」への着目・重視は何を契機にしたのであろうか。それは 1 つには、植民地支配・被支配関係の当事者が他界するという生理的、自然的必然性である。2 つには、さまざまな私的な、民間的な友好・交流活動の蓄積の上に、植民地の支配関係とその社会の実相が多面的に見えてきたことや政治的「タブー」の事実上の解禁である。そして 3 つには、性的奴隷者に貶められた女性たちの勇気ある口述・証言の迫力や加害者の痛恨の告白が与えた影響も契機と言えるであろう。

　しかし、植民地教育史研究における「聴き書き」が、それまでの教育史研究

における「聴き書き」と決定的に異なるのは、インタビューをする側とされる側との政治的、民族的関係性の問題であろう。宗主国側の人間が被支配者側の人々をインタビューするというようなことは、少し前までは想像できなかったことである。一国の社会運動史や教育運動史の研究において権力側に立つ人間が抵抗者をインタビューするという関係性の「聴き書き」があり得なかったことからもそれは肯けるであろう。このような新しい動向を私たちはどう考えたらいいだろうか。それは社会史と運動史の違いだけで説明できるようなことではなく、恐らくは、今日地球世界の深部で起こっている「人間・民族・人類」観の変革による「共生」の展望に由来しているように思われる。

　本書「植民地教育体験の記憶」は、このような過去と現代との「対話」の中で生まれた。そのもととなったのは、2004年3月の植民地教育史研究会第7回大会のシンポジウム「歴史の記憶と植民地教育史研究」の報告・討論である。編集委員会は、この記録を再現するだけでなく、多くの会員が「オーラル・ヒストリー」の方法・叙述を取り入れて研究を進めている現状を見て、その体験記を広く掲載することにした。短期間ではあったが、編集委員会の呼びかけに応えて多くの方々が原稿を送ってくださった。それらの「体験記」自身が論議を呼んで、次の飛躍が予感されるくらい豊富な内容であったと思う。寄稿してくださった方々の2倍、3倍の会員が実際には「オーラル・ヒストリー」に関わっていると思われる。この方法・叙述がさらに科学的に洗練されて、それが植民地教育史研究にリアリティと重層性をもたらすことになるよう願っている。

　今号では、従来の誌面構成を踏襲して、研究論文・研究ノート・研究の広場・旅の記録を掲載すると共に、特に「書評・資料紹介」の充実を図った。それぞれに、「オーラル・ヒストリー」が関わった論稿が含まれていることも特徴と言えるであろう。新しい試みとして、「気になるコトバ」と言う欄を設けた。これも、会員の積極的参加を得て誌面を飾りたいという企画である。私たちが気にしながら用いている用語や概念、その検討につながる性格を持っており、これが集積されると「植民地教育史研究用語集（辞典）」のようなモノになる可能性も秘めている。どうか立ち枯れしないように皆さんで大事に育ててもらいたい。

　「年報」は、基本的に会員の研究に関わる様々な活動がそこに表現されて交流する場であり、会員の参加によってこそ維持・発展される媒体である。そして対外的には研究会のNGO外交官でもある。要望、批判、叱正、賛意、何でも響きあうことを心から念じている。

Ⅰ．シンポジウム
歴史の記憶と植民地教育史研究

シンポジウム
「歴史の記憶と植民地教育史研究」趣旨

　私たちの研究は、植民地支配を示す政策関係をはじめとする文書史料に多くを依拠している一方で、当時、記録には残らなかったが、その支配を体験した人々の記憶に残った思いを証言として用いる。

　かつて第1回研究集会で、大森直樹氏が、「満洲国」教育体験者の証言の中に「当事者をとらえてはなさない『美談』の陥穽」(『植民地教育史研究年報』創刊号、1998)を指摘したことがある。自らの語りが「絶えず『他者』の存在を覆い隠す可能性を帯びている」結果、支配者であった日本人による日本の支配への語りは、その支配の正統性や弁明、即ち「自己肯定的な歴史判断」に行き着きやすい、という主張であった。

　一方で、被支配者の視点を重視するインタビューやアンケート調査もこの間、意識的に行われてきた。支配者の「美談」はないであろうが、逆に支配に順応せざるを得なかった部分を語れるのであろうか。辛い経験であればあるほど、果たしてどれだけの人がインタビューやアンケートに応じるのだろうか。かつての支配民族からのインタビュー、あるいはかつて強制されていた言語でのインタビューをどう感じるか(苦痛とか、懐かしいとか)、通訳者や調査者との心理的距離感、尋ね方、尋ねる内容によってずいぶんと変わってくるのではないだろうか。この辺りを聞き出すのにどのような手立てを取っているのか、など素朴な疑問が湧いてくる。

　また、体験者故に貴重な情報を得られるが、記憶が曖昧である可能性からその正確さを確かめる方法をどうするのか、どうすべきなのだろうか。

　この3月の研究大会シンポジウムでは、旧日本統治下の諸国・諸地域で調査を続けて来られた宮脇弘幸会員の実践と、主に中国東北地域での相当数の証言を集めて来られた斉紅深教授の実践から提言をいただき、オーラル・ヒストリーの有効性と限界について総合的に考えあいたいと思う。(井上　薫)

口述を植民地教育史研究に
どのように生かせるか

宮脇弘幸＊

1．問題の所在

　2004年1月17日に大学入試センター試験が実施され、その世界史の試験の中に「日本統治下の朝鮮」に関する問題が出された。それは次の中から正しいものを一つだけ選ぶ問題であった。

　（1）朝鮮総督府が置かれ、初代総督として伊藤博文が赴任した
　（2）朝鮮は、日本が明治維新以降初めて獲得した海外領土だった
　（3）日本による併合と同時に、創氏改名が実施された
　（4）第二次世界大戦中、日本への強制連行が行われた

　正解は（4）とされた。これに対し、「新しい歴史教科書をつくる会」（以下、「つくる会」）副会長・東京大学教授藤岡信勝が産経新聞（2004年1月22日）の「正論」記事に「拉致解決妨げるセンター入試問題・『強制連行』設問は採点から外せ」という意見を載せた。それは以下のようであった。

　　これは、極めて不公正で不適切な設問である。まず、（1）から（4）までの文中に登場する用語のうち、「朝鮮総督府」や「創氏改名」は、当時もその言葉が使われており歴史的事実に属するが、「強制連行」は次元が異なる。「強制連行」は政治的な糾弾の機能を担う造語であり、その語の使用者による歴史の解釈を示す用語であって、歴史の事実を指し示す言葉ではない。それは、対象指示機能よりは情感喚起機能の優越する、政治

＊　宮城学院女子大学

的色合いをもった「唸（うな）り言葉」(S. I. ハヤカワ) なのである。……
日本政府は徴兵による戦時中の労働力不足を補うため、「国民徴用令」に
よって工場などに労働力を動員したが、朝鮮半島についても一九四四年
九月から徴用が実施された。だから、(4) を「第二次世界大戦中、日本
本土へ徴用された」とすれば、それは歴史的事実を述べたものであり、
設問として何の問題もない。

　また、「つくる会」は、「戦時中、一貫して連れ去りが行われたような誤解や、
法律に基づく戦時勤労動員と当時の言葉としてなかった『強制連行』とを同一
視する歪曲が生まれている」という見解を発表し、同様に自民党の若手議員
80人からなる「日本の前途と歴史教育を考える若手議員の会」（以下「若手議
員の会」）も「事実かどうか検証できていない、問題作成者を明らかにするよ
う求める」、「歴史教科書で日帝時代に朝鮮での『強制連行』に関する記述の削
除を求める」との声明を発表した。
　このような、大学入試の世界史問題に対して文部科学省は２月２６日、大学
入試センター試験の問題作成者の氏名を、２年の任期終了後原則として公表す
る方針を決めた。
　一方、この問題に対する市民の意見が朝日新聞（2004年３月１日）「声」欄
に「出題者の公表　危害が心配だ」という見出しで載った。

　　……日本が戦争中に朝鮮人や中国人を多数連行して就労させたのは歴史
　的な事実である。現代史に定着している「強制連行」を基に被害者が日
　本の政府や雇用企業に補償を求める訴訟も起きている。議員グループの
　圧力に屈する形で問題作成者の氏名を公表すれば、関係者は個人攻撃さ
　れる恐れが強い……。

　以上のような大学入試出題に対する異例ともいえる「異議申し立て」を背景
にして、本稿では、(1) 用語と歴史真実の関係、(2) 聞き取り調査（口述）
の役割、(3) 植民地教育史研究における口述の役割に焦点を当て、旧日本植
民地・占領地で聞き取り調査を実行してきた立場から考察してみたい。

2．用語と歴史真実

「つくる会」は、「『強制連行』は政治的な糾弾の機能を担う造語であり、その語の使用者による歴史の解釈を示す用語であって、歴史の事実を指し示す言葉ではない」、強制連行は「当時の言葉としてなかった」、法律に基づかない用語であり、（法律として存在していた用語である）「徴用」ならよいと述べているが、ここで問題にされている「用語」ということについて言語学（意味論）的視点から述べてみたい。

(1) 語・用語・表現（言い回し）とは何か

　語・用語は、指し示された「事物」「状態」「現象」を時間的、空間的に完全にそのありのままを表出するものではなく、それらを指し示す、それに代わる一種の「代用」「記号＝symbol」である。したがって、「用語」が当時存在していなかったからといって「歴史的事実」が存在しなかったかのような主張は妥当でない。例えば、「石器時代」「古代史」「封建時代」はその当時の語・用語としては多分に存在していたのではなく、後世の歴史家の「解釈」による用語といえよう。

　F. Sassure（1968）は、「言語は観念を表現する記号の体系である」（p.27）、「言語記号は恣意的なものである」（p.92）と述べている[1]。つまり、言語・言語記号は実体・実態ではありえないのであるから、「強制連行」という言語記号は、「徴用」と同様に当時の実態・状況を記号化したものである。実態は、制度としての「徴用」に積極的にあるいは嫌々ながら形式的に応じた渡航者もあれば、騙されて連行された人もあったのである。「徴用」する側がそれをどのように運用し、「徴用」される朝鮮人がそれをどのように認識し、どのような心理的状況にあったかも「徴用」の実態を知る上で重要な要素であろう。これについては後述する。

　藤岡信勝が取り上げているS. I. ハヤカワ（1965）は、記号を支配するための第一原則として、「記号は物そのものではない」「コトバは物ではない」「地図は現地そのものではない」と述べている[2]。これを「強制連行」という記号・コトバに置き換えてみると、「強制連行（という記号・コトバ）は恣意的

なものであり、戦中期に朝鮮人が日本へ、時には強制的に連行されたという事実（物）そのものではなく、実態すべてでもない」ということになる。その「記号・コトバ＝強制連行」によって、朝鮮人が本人の意思に反して（強制的に）日本の炭鉱や工場に連れて来られ就労させられたことを伝えているだけである。そのことは、体験者の記録・口述などによって明らかである(3)。しかもこの「記号・コトバ」は、時代の客観的状況変化によって、また研究の蓄積の結果、新たな「記号・コトバ」に造語されることがありうる。例えば、「大東亜戦争」が「太平洋戦争」に、「サンフランシスコ講和条約」が「サンフランシスコ平和条約」（一部の高校教科書ではそのように記述してある）にという具合である。こうなると、ある記号・コトバが当時存在していたかどうかは本質的な問題ではなく、それが事物・状態・現象を十分に表現し伝えていれば立派な「指し示す言葉」であり言語機能を果たしているといってよい。そのようなコトバは、既出朝日新聞「声」欄のように受け入れられ定着するのである。

「強制連行」について言えば、当時はそのようなコトバは存在していなかったであろう。しかし、代わりに存在していた「徴用」となると、「徴用令書」の交付を受けていなければならないのであるが、それを受けないで日本へ連れて来られ就労させられた人たちもいるのであり、「徴用」では意味論的に外れる。「徴用令書」をもらい契約労働に応じた「徴用」を指し示すのであれば「徴用」でよい。確かにそのような朝鮮人労働者は多くいた。しかし田畑で働いていたり、仕事がなくぶらぶらしている若者が行き先も告げられずトラックに乗せられ釜山から下関へと連れて行かれ、鉱山・工場などへ送り込まれた朝鮮人を「徴用」で一括りするのであれば意味がずれ、不適切である。それには「強制連行」が適切である。

「強制連行」は「唸り言葉」（snarl-words）でもなく、事実・実態を客観的に伝える用語である。「うなり言葉」というのは、ハヤカワの例示にもあるように、感情が直接的に表された言葉のことである。そのような語は歴史書には載せにくいであろう。同様のことは、「従軍慰安婦」にもいえる。「従軍慰安婦」という用語は、「帝国軍隊・皇軍」の手前、表向き使えなかったであろうし、そのような制度もなかった（「慰安所」は存在した）。当時の制度は「挺身隊」「女子挺身隊」「女子特殊軍属」「特殊看護婦」であるが、これも戦時下日本軍の慰安婦とされた女性の実態を十分に表していない(4)。つまり、当時存在していた用語を用いても実態を十分に言い表さないし、実態を隠してしまうこと

になるのである。要は、歴史事実・実態を、当代の判断によってより適切に表す用語があればそれを使えばよい。そのような用語は歴史学の中に、また社会に定着することであろう。用語というのは、時代とともに変化することもあるし（例えば大東亜戦争が太平洋戦争に、サンフランシスコ講和条約がサンフランシスコ平和条約に呼称が変わってきた）、新しい歴史事実が歴史学で認知されればそれを指し示す用語が造語されるのである。

(2) 一定の検証は可能である

「若手議員の会」は「（強制連行は）真実かどうか検証できない」と主張する。遠い過去に起こった出来事を「現場検証」のように調査・検証することは確かにまず不可能であろう。しかしそう言い切ってしまえば、歴史事実とされている多くの出来事が「検証不可能」ということになり、なかったことになりかねない。それでは元も子もない。重要なことは、検証に近い有効な方法を用いて「真実」であるかどうかを追究し判断することである。その一つが体験者の口述採取、証言記録である。もちろん傍証となる史資料も必要となる。

例えば、「強制連行」とか「徴用」という用語で表されている歴史事実の実態は、その用語で表すことができないほどもっと残忍、非人道的、民族差別的であったことは体験者の口述がよく表している。戦時期には少なからぬ朝鮮人が朝鮮から連れて来られたが、筆者の2002年2月釜山及び9月の金海での聞き取り調査では、その人たちは、「徴用」という名目で「朝鮮人刈り」をされていたということである。このような名目と実態との乖離は、「志願兵」と「徴用・募集」にもみられる。戦時期、日本は台湾・朝鮮で「志願兵」を募集したり、「徴用募集」を行ったが、実態はそそのかしたり、「皇国臣民」に「洗脳・マインド・コントロール」したり、拒否できないような状況に追い込み、戦争に駆り出したのである。従って、単に「名目」だけでは実態を十分に伝えていないのである。

田畑で働いていたり、魚釣りをしていた朝鮮青年を「いい仕事があるよ」などと言って騙して日本に連れて来て、名古屋周辺の地下軍需工場、九州・北海道の炭鉱、その他各地の工場労働・土木工事などに従事させたことは、記録、証言で明らかとなっている[5]。また松代の象山・皆神山には、太平洋戦争末期に本土決戦に備えて強固な岩盤をくり抜き、天皇はじめ軍・政府など国家の

中枢部を移転させるため、地下壕に松代大本営を作ったが、そこの労働者にも朝鮮から「日本へ行けばいい仕事がある」と騙されて連行されて来た朝鮮人がたくさんいた(6)。このように当時を知る人たちから口述を得れば、用語が与える平面的な意味ではなく、その用語が内包する実態・事実が得られるのである。

では、韓国における筆者の現地聞き取り調査の中で得たいくつかの口述を紹介しよう。筆者は、「日本兵の相手をさせられた『慰安婦』はどのように集められたか」という質問に、口述者は「挺身隊」と述べている。「挺身隊」だけでは実態を隠してしまうので、実態を客観的に指し示す「従軍慰安婦」という造語が歴史書には必要になったのである。

「挺身隊」の実態

　　……日本語ができる女子は「挺身隊」に行かない。「挺身隊」に行くのは田舎のお嬢さんたち。教育を受けていない人、日本語が分からない人が騙されて行った。教育を受けている人は理屈が分かるから、「挺身隊」に入れると軍隊内部の情報が分かるから挺身隊には入れなかった。（02.9　韓国・大田にて聞き取り）

　　……親が「挺身隊」に取られるのを心配して、それから逃れるために早く結婚をさせられた。（02.2　韓国・釜山にて聞き取り）

このように、「強制連行」「従軍慰安婦」などの事実を指し示す用語はいろいろあるが、実態がどうであったかどうかを解明するには体験者の口述が重要な役割を果たす。要は「若手議員の会」が主張するように「真実かどうか検証できない」とするのではなく、検証する努力、つまり現地聞き取り調査を行い体験者の証言を聞き、問題の本質を理解する姿勢が必要である。これによって一定の検証は可能である。

(3) 過去の事実と現在の解釈

「つくる会」は、「強制連行は政治的な糾弾の機能を担う造語であり、歴史の解釈を示す用語であって、歴史の事実を指し示す言葉ではない」という。この

主張には「『強制連行』という用語が当時存在しなかった用語」という立場が前提になっている。しかしこの点についてはすでに（1）「語・用語・表現（言い回し）とは何か」で述べたように、「用語」は「記号」であり、事実・実態を100％表象するものではない。「徴用」ではなく、あるいは「徴用」という名目で、無理やり日本に連行され就労させられた人たちの事実を解釈し、それを適切に指し示す用語として「強制連行」が使用されるようになったのである。また、「強制」も「連行」も「強制連行」も特段に「政治的糾弾」を担う語ではなかろう。「強制労働」（forced labor）も「強制送還」（deportation）も必ずしも「政治的糾弾」の機能として使われていないのであるから。

問題は、「強制連行」という用語が「歴史の解釈を示す用語」であるという指摘である。繰り返すようであるが、「用語」は人（歴史家）によって事物・状態・現象をもっとも適切に指し示すと判断される記号（コトバ）が与えられて用語化するわけであるから、その用語を作った人の判断・「解釈」が入らざるを得ない。事実・実態を十分に指し示さない用語は受け入れられないであろうし、それに変わる新たな用語が作られるものである。

こうして過去の有意な歴史事実は、歴史家の未来へ投射した現代の目でその歴史事実を「解釈」し、適切な用語を用いて歴史を書くのである。E. H. Carr（1964）は歴史家と歴史事実の選択についても次のように述べている[7]。

> ……歴史は、歴史家による事実の選択と整理によって歴史事実になります。すべての事実が歴史的事実であるわけではありません。しかし歴史的事実と非歴史的事実との区別は厳格でも普遍のものではありません。言わばどんな事実でも、いったんその意義と重要性とが認められると、歴史的事実という地位に押し上げられます。（p.103 －筆者訳）

さらに、E. H. Carr（1964）は歴史事実の客観性について次のように述べている。

> ……歴史上の事実というものが完全に客観的であるということはあり得ません。それは歴史家がその事実の意義を認めることによってのみ歴史上の事実になるのですから。歴史上の客観性—この決まりきった用語を用いれば—というのは、事実の客観性ではなく、単に関係の客観性、つまり、事実と解釈の関係の客観性であり、過去と現在と未来の関係の客

観性であります。(p. 120 −筆者訳)

　上記 E. H. Carr の言葉を要約すれば「事実というのは歴史家がその意義と重要性を認めれば歴史事実になる」のであり、「歴史事実の客観性は解釈との関係においての客観性、過去・現在・未来の間の関係の客観性である」ということになる。では「過去の事実と現在の解釈」との関係に体験者などの「口述」はどのように関係付けることができるであろうか。体験者は、過去において自ら体験したり、見たり聞いたりした出来事を可能な限り記憶の中から蘇らせ、その出来事・体験を指し示すことができる用語（既成の用語含めて）を用いながら当時の事象を説明的に語る。それが例えば「朝鮮人狩り」「挺身隊」「特殊看護婦」であり、「騙して連れて行った」である。歴史家はその歴史事実・事象を吟味し、その重要さを認め、未来に投影した当代の視点をもって客観的に歴史解釈し、それを可能な限り指し示すことができることばを探し、用語を作るのである。その結果が「強制連行」であり、「従軍慰安婦」である。もし歴史家が「徴用という名目で『朝鮮人狩り』が実行され、騙して連れて行った」事実（口述）、及び「挺身隊という名目で日本兵の相手をさせられる女性がいた」事実（口述）と、それらの事実を指し示す言葉として「徴用」「挺身隊」という用語が適切であると解釈すれば、その関係は客観性をもち、それらの用語が採用されてしかるべきであろう。しかし実際はそうなっていないのである。

　以上、「過去の事実・事象」と「口述」、さらに「歴史解釈」の関係を図で示すと以下のようになる。

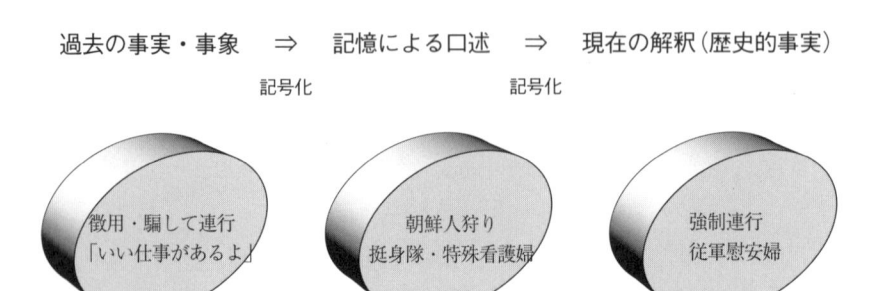

過去の事実・事象　⇒　記憶による口述　⇒　現在の解釈（歴史的事実）
　　　　　　　　　　記号化　　　　　　　記号化

　徴用・騙して連行　　　　朝鮮人狩り　　　　強制連行
　「いい仕事があるよ」　　挺身隊・特殊看護婦　従軍慰安婦

3．聞き取り（口述）調査の役割

　特に植民地・占領地に関する史資料、文献は少ないので、聞き取り調査・口述資料は、それが歴史家によってどのように扱われ、歴史書にどのように記述されるかは別として、植民地・占領地の実態を知る上で極めて重要である。聞き取り調査の口述者は、60年も前の出来事、体験を100％正確に記憶しているのか、またその用語・表現が適切であるかの問題は残るが、少なくとも封印された過去の事実を知ることができる。その真実性を歴史家が吟味した後、有意性が認められれば「歴史事実」として認知されることになる。

　以下に、筆者が聞き取り調査を行い、口述資料を得た中でどのような事実が得られたのか、いくつかの点に焦点を当ててみたい。なお、引用した「口述」は、間投詞、繰り返しなど、文脈に影響しない範囲で省略した以外はそのまま文字化した。

(1) 史・資料には記述されていない事実

　植民地・占領地における教育関係の歴史書・資料には、基本資料として教育方針、教育規定（教育令、学校規則など）、教育制度などが記されて入るが、教育を施した結果の報告、つまり教育の受け手の側の心情まで触れたものは少ない。特に被支配の立場にある生徒は支配側（学校・教師）をどのように見ていたのか、またどのような気持ちで教育を受けていたのか、受け手の個人史の中で植民地教育はどのような位置づけがなされているのか、そのような歴史の断面は聞き取り調査による口述で得るしかない。それらの口述資料は、特に植民地・占領地という特殊な政治状況におかれた教育を理解する上で貴重な資料となろう。以下は占領下シンガポールにおける元生徒の「日本語学習の動機」である。

①日本語学習動機

　　... The motivation is an economic thing, not pro-Japanese, because it is an advantage of the students to be good at the language to do business with Japanese or work in a Japanese firm. I want to strive from the economic motivation for rice ball.（90.8　シンガポールで聞き取り）

　このインフォーマントは、日本語学習の動機は、親日家になったり日本占領軍に協力するためではなく、被占領社会で生業に就くため、つまり「経済的利益」を得るために日本語を学んだと述べている。日本の「外地」・占領地に対する言語政策は日本語を「東亜の共通語」にすることであったが、現地民はそんなこと一顧にしないで（現地民はそんな政策は聞かされていなかった——調査時に確認）、新たな占領下でどのように生活手段を確保するかに腐心していた。日本語学習はその手段であったのである。このような統治方針と教育の受け手・現地民との乖離は口述でなければ得られない１つの歴史の断面であり、歴史実態を知る手がかりである。口述がなければ、占領政策は名目どおりに進み、列強植民地からの「アジア開放」のために日本の軍政に協力し、日本語を学んでいたと理解されかねないのである。

②日本軍に反発感情

　以下のインフォーマントは、戦時期南方特別留学生としてビルマから選抜派遣され広島高等師範学校に留学した。留学生歓迎会で青木大東亜大臣に留学生代表として挨拶し、留学先の広島で被爆した。一般的には戦時中のビルマは日本軍に非常に協力的であったとされているが、それとは逆に日本軍に反発する感情が出るようになった事情を以下に述べている。

... Japanese soldiers used to call Burmese 'Biruma, Biruma' in the villages and so on. 'Biruma' sounded like 'Abhidhamma'. 'Abhidhamma' means a Buddhist text. So the villagers thought, "Ah, these people keep saying, "Abhidhamma, Abhidhamma", which is the Buddhist text."They must be very fine people, very good Buddhists. 'Biruma' and 'Abhidhamma' sound the same, so the treatment was very good on both sides....（以下日本語に変わる）ガッコウデ　センセイガ　セイトノアタマヲ　ヨクコヅクノデ　ワルイカンジヲ　モチマシタ。（99.3　ビルマ・ヤンゴンで聞き取り）

つまり、日本軍の占領当初は、日本兵がよく「ビルマ、ビルマ」といっていたので、ビルマ人はその「ビルマ」という発音を経典の「ビィダーマ」と勘違いして聞き、日本軍は仏教心が厚いと思って積極的に協力していたが、日本の教師が何かあるとビルマ人生徒の頭を小突くので反発心を持つようになったということである。仏教国ビルマでは、人の頭を叩くことは慣習上許されないことであるが、それをする日本人に対しビルマ生徒は反発感情をもち、不信感をもつようになったという。

③戦火の中での日本語教育

　戦時下の南方占領地に対する日本語普及政策について具体的な政府方針が定められたのは、開戦後7カ月後の42年7月であった[8]。それより4カ月早く日本軍の占領下に入ったビルマでは、「統治要綱」（42年3月）、「林集団命令」（42年8月）により「日本語ノ普及ヲ図」ることが定められるが、戦地を転々とする部隊は駐屯地で住民に日本語を教えていた。そのような戦火の日本語教育の様子を元日本語教員が次のように口述する。

　　……我々はジャングル学校を作りました。青空教室もありました。個人の生徒のうちを借りて、日本語を習いたいという、もう大変な情熱でしたね。もちろん教科書もなし。ですから自分で覚えてる教科書の内容を書いて。「これは」「あれは」「それは」って言うと、生徒が「これ、あれ、それ。これはなんでとかです。これは本です」と答える。非常によかったんです。そういう教え方をして、そして会話を。もう一つの目的はインパール作戦を成功させるために軍が生徒を学校に送り込んでいる事実がありました。（00.3　横浜で聞き取り）

　戦場では敵軍（英印軍）に対峙し、激しい戦闘の中にあっても日本語がわかる現地民を養成するため日本語教育が進められた。そこにはそのための教育施設も教材も、教育要員も教授法もなく、全く無からの開始であった。そのような状況のもとで日本語教育に直接携わったインフォーマントの口述は、南方占領地への日本語普及教育という歴史事実が一面的ではないことを教えてくれる。

④学校での日課

傀儡国家「満洲国」における学校の日課はどのようであったのか。中国・朝鮮族から聞き取った以下の口述には、教育制度関係の文献には書かれていない教育現場のさまざまな実態が語られている。

　　……記念日の時には日本国の国旗と満洲国の国旗を揚げて宮城遥拝をしました。「満洲国」皇帝の帝宮遥拝も建国体操もしました。中学校の朝会では毎日「臣民の誓」を学生たちは一斉に言っていました。「私たちは皇国の臣民であります」「天皇陛下に忠義を尽くして……」。小学校では昼御飯を食べる時に、「私は天照大神に……ご恩をわすれない」というようなことを言っていました(9)。勤労奉仕は、田舎の山に一週間行って軍馬に食わせる草を刈る仕事をしました。龍井第二国民高等学校の時です。日本語の先生が「建国精神」の授業で「臣民」という本を使いました。大東亜戦争の中にあったから、朝鮮人に対する皇民化政策が厳しく行なわれました。第二は、（教育課程の）職業化です。国民高等学校は普通学校ですよ。しかし実際は農科です。それと「軍事化」です。……創氏改名、強制的ですよ。私の親戚はみな日本人の名前がついたです。歴史は日本の歴史を「国史」といって、日本語を「国語」といいました。朝鮮の歴史全然習わなかったです。日本の歴史は、初め天照大神だとか新羅征伐だとか学んだです。朝鮮人の歴史の先生が「神功皇后の新羅征伐は嘘だ。赤鉛筆で消してしまえ」といったです。その後で先生は憲兵隊に連れて行かれ45年の解放まで監獄へ入ったです。教室の前に箱のような神棚があって前に出て軍人勅諭を覚えさせられました。（97.9　中国・延吉で聞き取り）

　上記の口述には、「満洲国」の記念日には、「満洲国」の国旗だけでなく日本の国旗を揚げ、「宮城遥拝」を行い、授業では当時日本の学校教育と同じように「臣民の誓」を暗唱させられていたという。「勤労奉仕」「軍事訓練」「軍人勅諭」の暗唱など日本の戦時下教育と同じであった。また、「満洲国」の新学制下での国民高等学校（普通科）が事実上職業科学校になっていたこと、朝鮮人教師が日本の神話を教科書から抹消するよう生徒に伝えている「抑圧された側の抵抗」も体験者の口述がなければ「埋もれた事実」となっていることである。

⑤日本軍の残虐行為

戦時下の日本軍について聞き取りをすれば、その残虐行為を見た人たちから生々しく語られる。以下は日本軍による「殺し尽くす」「焼き尽くす」「奪い尽くす」「従軍慰安婦」について語っている。

> ……一番印象深いのは、私の先輩が山西省の口泉炭鉱で日本人のために会計の仕事をしていた。村に戻ってきたら、日本人に捕まえられ、家の裏側に引っ張られ、八路軍ではないかって、いろいろと調べられた。それで殺されたことです。この人は李済寧という。そのうち、一人の女性が半月ぐらい慰安所に連れていかれ、日本軍の慰安婦になった。その女性は今も健在です。日本軍が家を焼いたり、婦女を連れていったり、人を殺したりしているのを見て、日本に対しての見かたが悪くなりました。日本軍が村に入ってきて家畜などを奪い、一人が殴られ殺されました。
> (98.8　内蒙古・呼和浩特で聞き取り)

(2) 理念とは異なる施策の事実

「満洲国」の建国理念には「王道楽土」「五族協和」「日満一徳一心」「日満親善」「共存共栄」が掲げられたが、実態はどうであったのか。「満州国」の新京法政大学で学んだ漢族のインフォーマントは以下のように「建国理念の欺瞞性」を口述する。

> ……みんなはもう大学生ですから、日本の軍事行動は侵略戦争だという認識があった。同じ学生ですが日本人の学生は白いご飯を食べるが、私たちは高粱を食べる。日本人は朝鮮人を日本籍に変えたが、私達はみんな満洲籍に変え、差別された。一番は日本人で、次に朝鮮人、台湾人。朝鮮人、台湾人は日系に入っているが、我々は満系だと差別された。漢族と言わないで全部満人だと言われた。満系の中にさらに蒙古人だとか、漢人だとかに分けられた。日本人は米、満系は高粱です。満洲国の祭日、祝日にもご飯はなかった。当時、中国人がご飯を食べると違法でした。食べたら「反満抗日の思想犯」となる。一般庶民、学生だけではなく、

米を作っている農民さえも食べてはいけない。食べると「思想犯」になる。日本が満洲国を作った「王道楽土」「五族協和」「共存共栄」は全部嘘であると分っていた。満洲国には一等民族、二等民族、三等民族があったんです。一等民族は日本人で、二等民族が朝鮮人で、三等民族が中国人ですよ。それゆえに配給も全部違いますよ。(98.8　内蒙古・呼和浩特で聞き取り)

……大東亜戦争の終りの年、私は国民高等学校の3年生。日本人の学生は毎日学習します。中国（の学生）は勉強しない。毎日毎日勤労奉仕。日本人の女子国民高等学校の学生は皆同じ様に学習します。満洲国では第一は日本人、第二は朝鮮人、その次はロシア人、第四は満洲人、第五は漢族。(00.9　ハルピンで聞き取り)

　上記の口述によると、「五族協和」「日満一徳一心」「日満親善」「共存共栄」を掲げた「満洲国」に、実際には民族差別・民族序列が存在していたことになる。それは食生活に歴然と現れた。日本人が食べていた白米を中国人（当時は「満人」といわれた）が食べると「反満抗日思想犯」とされたという。また、日本人―朝鮮人―「満洲人」の民族序列が存在した（内蒙古では、日本人、朝鮮人、「満洲人」の順。ハルピンでは、日本人、朝鮮人、ロシア系、「満洲人」、漢族の順）。このように「満洲国」の建国理念にもとる民族差別が存在していた。さらに、「中国人」という呼称は禁句となり、「漢族」「蒙古族」は「満洲人」と言うように強制されたという。このような、建国理念とは裏腹の社会実態であったことが口述で裏付けられる。

(3) 法令・規則・教育方針・通達などに反する事例

　植民地の学校教育は「教育令」「学校規則」、占領地では「教育方針」などが定められていたが、果たしてその通り実施されていたのであろうか。

① 朝鮮語の「随意科目」が事実上廃止
　朝鮮で教育を受けたインフォーマントの口述である。朝鮮では1938（昭和13）年の第3次朝鮮教育令によって「朝鮮語」の教科が正課から外され、「随

意科目」とされたが「朝鮮語」の授業が事実上廃止されていた。そのため教育によって母語・朝鮮語を奪われたことを口述する。

> ……2年生の1学期かまたは終り頃までで、それからもう朝鮮語はなくなってしまったんです。
> そうすると朝鮮語の文字もよく書けなくなりましたし、その間ずっと読んだ本が日本語なんです。例えば、小学校4年生の時、「少国民新聞」という新聞がありました。その新聞を取って読んでいました。また、姉が2人いましたので、姉が持っている「主婦の友」をこっそり読んだり、また「少年クラブ」なんかを読んだりして、ほとんど私の読んだのは、小学校の時は日本語。中学校の時も日本語の小説を、漱石だとか、とにかく世界文学全集だとか、そういうのは日本語で読みました。ですから終戦後韓国語が全然書けないんです。もう書いているうちに日本の文字が、仮名が出てくるんです。（95.6　日本滞在の韓国人から仙台で聞き取り）

② 「体罰禁止」規定違反

　日本では1879（明治12）年以来体罰禁止規定が教育令等に定められているが、実際の学校現場では体罰が加えられていたのは周知の通りである。植民地の学校規則でも体罰禁止は定められていたが、実際には以下のように現地語を話したらさまざまな体罰が加えられた。

> ……トラック島の言葉を学校の中で使ったら、本科3年からだめです。トラックの言葉使っちゃだめ。みんななるべく日本語。もし、トラックの言葉使ったら罰させるんです。陽あたりに立たせて。それから草を取らせたり。（92.12　旧南洋群島・トラック島で聞き取り）

③ 「通達」違反

　南洋群島では、軍政時代（1914-1921）には「国旗掲揚」「宮城遥拝」「国歌斉唱」を行っていたが、南洋庁時代（1922-1945）の1923年に南洋庁内務部長から「廃止通達」が出ていたにもかかわらず、「……パラオの公学校では『日の丸掲揚』があったし『宮城遥拝』『教育勅語』もあった」との口述もある。（91.9　旧南洋群島・パラオで聞き取り）

（4）植民地教育の残滓

　植民地・占領地における徹底した「皇民化教育」「国語・日本語教育」「日本精神教育」「修身教育」の残滓が、かつてその教育を受けた人たちの心の奥深く残っている。当時厳しく覚えさせられた文言がいまだに記憶されているのである。他方、学校で学んだ知識・技能がその後の社会生活・職業に有益であったと口述する例も少なからずある。それらの口述を拾ってみる。

① 教育勅語・軍人勅諭・皇国臣民の誓

　……「朕惟フニ我カ皇祖皇宗国ヲ肇ムルコト宏遠ニ徳ヲ樹ツルコト深厚ナリ」と。あの時覚えたのが今も残っているんです。中学校の時は「軍人勅諭」なんか、「我が国の軍隊は代々天皇の……尊し給うところにぞある」と。もう徹底的に教育されましたんで今も覚えているんです。「皇国臣民の誓詞」もあった。とにかく（朝礼のときの）「国歌斉唱」「皇国臣民の誓詞」「宮城遥拝」、順序がはっきりしませんね。「国体明徴」「内鮮一体」「忍苦鍛錬」というこの三つがありました。「皇国臣民の誓詞」とは「我等は皇国臣民なり。忠誠を以て君国に報ぜん。我等皇国臣民は互に信愛協力し、以て団結を固くせん。我等皇国臣民は忍苦鍛錬力を養い、以て皇道宣揚せん」。これを毎朝言ったんです。（95.6　日本滞在の韓国人から仙台で聞き取り）

② 掛け算九九

　……掛け算九九は大人になってからも計算する時に役に立ちました。戦後ポナペに進出したアメリカの会社に勤めていた時、アメリカ人みんな驚いたよ。自分たち（アメリカ人）はあのちっちゃいカリキュレーター（計算機）があるでしょう。（92.9　南洋群島・ポナペにて聞き取り）

3．植民地教育史研究における口述の役割

　聞き取り調査による口述は、一個人の数十年前の歴史的な出来事・個人的体

験を記憶に依存し、記号（ことば）によって間接的に再現したものである。それは主観的な観察である。そこには、記憶のあいまいさ、記憶違い、記憶の不正確、先入観が理論的には存在する。また口述には、体験者がその当時どのような社会的立場、境遇におかれていたかをも反映する。その語りは歴史的な出来事の流れ、事実の一断片であり、中心的なものではない。また、特に戦争体験についての個人の観察は、バイアスがかかっている可能性もある。このことは、Diana Wong（2000）によって以下のように指摘されている[10]。

　……　Personal memory cannot be mistaken for historical method. Individual memory is selective, it is biased, and it is not representative.（個人の体験記憶を歴史体系として間違えて捉えてはならない。個人の記憶というのは選択的であり、バイアスがかかっており、代表的なものではないからです―筆者訳）

また、Wang Gungwu（2000）も同様に指摘する。

　……　In themselves, they (layers of memories) can produce confusion and contradictions and it would be foolish to depend entirely on them. It is hard to have a sustained or systematic view of the war through such means.（折り重なった記憶というは、それ自体混乱と矛盾を生み出し、したがって記憶に全面的に依存することは愚かなことである。そのような方法で、戦争についての見方が是認されたり、あるいは体系的であるとされることは困難である―筆者訳）[11]

　植民地・占領地の歴史、教育史の実像を解明するには、支配者側が定めた統治方針、統治実施要綱、教育令、学校規則などの制度に関する文献史資料による研究が不可欠であるが、他方、被支配者側の体験の記録・口述を選択・整理し、支配者側が記述した歴史事実に重ね合わせてみることも必要である。それが新しい歴史をつくることになる。どちらが欠けても歴史実態を解明するには不完全であり、正しい歴史認識を打ち立てることはできない。歴史事実の全体像を解明し、解明の完成度を高めるためには、とかく顕在しなかった被支配者側の体験・観察の記録、口述証言を選択整理し、歴史事実に重ね合わせてみる

ことが重要である。そうしなかったら、支配者側中心の歴史に陥る危険性がある。被支配者の歴史体験に関心を寄せる植民地教育史研究は全く「自虐史観」に立つのではなく、植民地で教育を受けた側の歴史体験を歴史の教訓として受け止め、公平に歴史を見て正しい歴史認識を打ち立てようという研究の営みである。

　最後に、植民地体制を体験した人の記憶による口述は植民地教育史研究にどのような役割を果たすのか、そのまとめとして以下に列記してみる。
「体験者の記憶による口述」は：
(1)「既成・官制の用語」だけでは概念化できない事実を掘り起こし、既存の歴史事実に対して新たな見方、評価を与え、歴史家による歴史の再構成への道を開く。
(2) 支配者が定めた植民地・占領地の教育方針・教育制度・教育内容の文献研究に加えて、教育を受けた側からの受け止め方・観察も研究の対象に入れ、教育実態を複層的・多面的に理解することができる。
(3) 教育制度・方針と実態との乖離・矛盾の実態を明らかにし、植民地教育の全体像が解明される。
(4) 植民地という不正常な政治体制が生み出した歴史の不条理について、その具体的事例を提供し、それを歴史の教訓として歴史認識を深める契機とする。
(5) 植民地・占領地の住民を戦時協力者として戦争に巻き込み、甚大な犠牲を強いた歴史事実を開封し、「既存の歴史事実」を相対化させる。
(6) 歴史事実を解明する上で、文献史資料と相互補完関係にある。

【註】
(1) F. Sassure（1968）：小林秀夫訳『ソシュール──言語学原論』岩波書店 第21刷
(2) S.I. Hayakawa （1965：29）：Language in thought and action 大久保忠利訳『思考と行動における言語』岩波書店 第8刷
(3) 朴慶植（1965）：『朝鮮人強制連行の記録』未来社、山田昭次（1980）：「日立鉱山朝鮮人強制連行の記録」『在日朝鮮人史研究』第7号所収、前川恵司（1981）：『韓国・朝鮮人──在日を生きる』創樹社、他
(4) 日中戦争期の中国戦線にも多くの朝鮮女性が慰安婦として送られていたが、彼女たちは、「関東軍女子特殊軍属服務規程」による「女子特殊軍属」といわれていた（従軍慰安婦100番編集委員会編（1992:23）『従軍慰安婦110番』明石書店）。ま

た、戦争末期に長野県松代に作られた地下壕の「松代大本営」の近くの「慰安所」に送られた朝鮮人女性は「特殊看護婦」といわれていたという（1990年5月筆者他「松代大本営跡」調査）。
(5) 資料集「血の汗」を出版する会（1990:8-9）：『血の汗──地下軍需工場建設と朝鮮人強制連行の記録』
(6) 1990年5月筆者他「松代大本営跡」調査
(7) E. H. Carr（1964）: *What is History?* Penguin books
(8) 企画院は「大東亜建設審議会」（1942年2月設置）に「大東亜建設基本方策」を提出。その中に「大東亜諸民族ノ化育方策」として「大東亜ノ共通語トシテ日本語ノ普及ヲ図ルベク具体的方策ヲ策定シ」を定めた。
(9) 当時日本でも食前に言っていた「箸とらば、天地御世の恩恵み、祖先や親の恩を味わえ、いただきます」と同様な文句のことであろう。
(10) Diana Wong（2000: 6-7）: 'Introduction', in P. Lim Pui Huen & Diana Wong（eds.）*War and Memory in Malaysia and Singapore*, Institute of Southeast Asian Studies, Singapore
(11) Wang Gungwu（2000:14）: 'Memories of War-World War II in Asia', in P. Lim Pui Huen & Diana Wong（eds.）*War and Memory in Malaysia and Singapore*, Institute of Southeast Asian Studies, Singapore

植民地教育体験者たちの
口述による歴史

斉紅深* （劉麟玉**=訳）

　植民地教育体験者の記憶を歴史として保存するため、私は80名あまりの専門家や学者を組織し、10数年の時間を費やし、自ら50数万円の経費を調達した。その結果、1200名あまりの日本植民地教育体験者にインタビューした口述記録と、3000枚あまりの歴史写真と実物を集めることができた。宮脇弘幸先生に「体験者たちの口述による歴史」をテーマとして発表することを薦められたが、この1200件の口述による歴史の内容はまるで大洋のように、極めて膨大であり、多彩であるため、たった数十分間でその全貌をお見せすることは困難である。できることは、それらの共通性と特徴点について概略的に紹介し、いくつかの例を挙げることくらいである。
　さて、体験者たちが口述した歴史とはどのようなものであろうか。以下の7点で考えていきたい。

1．いつでも散逸するおそれのある文化遺産である

　日本植民地教育史を研究するための資料はかなり多いが、当事者の体験を無視することはできない。口述による歴史は、公文書や文献の裏付けの証拠になるだけでなく、1つの独立した形をもった歴史的著作であり、そしてまた民心を反映した、一種の文化的蓄積である。歴史に関する先行研究、公文書や文献は大事に保管されているため、代々伝えることができる。しかし口頭伝承のものは、整理されて出版されなければ、簡単に消えてしまう。私たちが集めている日本植民地教育の口述による歴史は、経験者の心の中で潜んで

＊　遼寧省教育史誌編纂委員会　　＊＊　四国学院大学文学部

いる記憶だけになっており、それらはほとんど伝承されていない。経験者の命の終結と同時に、その歴史の記憶が逝って消えてしまえば、永久に再生できない文化遺産である。

現在、日本植民地教育を直接受けた人々がみな年寄りとなり、また体験者はどんどん減っていく状況にある。たくさんの老人が病気を抱えてベッドでインタビューに答え、中には話が記憶の深層に触れる前に亡くなった方もいた。第二次大戦に対して中日両国の異なった記憶が、すでに中日のそれぞれの民族文化における心理的要素を構成し、またそれぞれの価値観や社会を前進させるための道のりに影響を与えている。私たちは時間との勝負ということを念頭に置きながら、この仕事をしており、様々な方法を尽くして体験者の消えていく記憶を残そうとしている。そしてソフトウェアの形を以てこれらの民族文化遺産を複製する。これらは憎しみを手元にしたいためのものではなく、人類の文明と世界の平和を発展させるためのものである。

2．教育過程に於ける直接の体験である

中日両国の学者は日本の植民地教育を研究するにあたって、主に公文書や文献資料を使用している。これらの公文書、文献資料の一部は日本国内で、一部は植民地に於いて作成されている。植民地関係の公文書はすべて統治者によって作られており、圧迫され、統治された当時の中国人の教育に対する考え方が文字で記載されることは極めて困難であった。日本では植民地支配期の公文書と文献資料を整理し相次いで出版された。しかし、これらの史料の数は膨大ではあるが、その内容には、教育と侵略戦争の関係、中華民族の精神的ダメージ、そして中国の教員と生徒に対する残酷な鎮圧などを反映したものはほとんど見られなかった。一方、中国で保存されている史料のうち、遼寧、吉林、黒竜江、内蒙古、北京などの省（地区）で出版された資料集はあるが、それらの出版物は規模が小さく、日本のように体系的に整理されていない。ゆえに中日両国の学者がそれぞれ一部の史料を見ているだけで、史料の共有という状況には至っていない。

日本の植民地史の内容は2つに分けられる。1つは有形のもの、量的に分かるもので、例えば経済的掠奪、大虐殺、細菌戦、労働者、慰安婦などである。

もう1つは無形のもの、量的に測りにくいもので、例えば教育、文化の侵略である。教育の中で、例えば学校の数や学生の数など一部の内容を数量化することができる。しかしそれらは教育の外的な形であって教育の本質ではない。植民地教育は、被統治民族の民族的意識、民族文化及び国家観念を壊滅させ、その人格、人間性を迫害し、ねじ曲げたが、それらは内面的なものであり、計り知ることのできないものである。それは被教育者の内面の直接体験を通じて、はじめてその奥深い内面を映し出すことができるのである。しかし、この部分が今までの日本植民地教育史の中で疎かにされてきた重要な点である。

　教育は人間を培い、人間を育てる社会活動である。教育方針、政策や教育制度、教材などすべてが、教育の実施者である教師によって様々に展開される教育・教学活動で、被教育者である生徒に作用して、生徒の思想、道徳観、考え方、知識と能力を形成するのである。教育は、このような社会活動の1つの過程でもある。教育方針、政策や教育制度を制定することがその起点であり、それが被教育者に作用して、効果を生み、内心の体験とすることがその終点である。膨大な数の教員と生徒は、教育活動の直接体験者であり、日本植民地教育の状況、特徴、その効果如何に対する、彼ら教員、生徒が見たこと、聞いたこと、知ったこと、感じたことは、その最も説得力のある証拠であろう。これは、公文書と文献資料に単純に依拠して展開してきた以前の研究方法とはまったく異なる研究ルーツと手法である。教育過程の終点から着手し、被教育者の心情と人生の道のりに分け入ることを視点として、日本の植民地教育を研究するこの方法は、思想形態やロジカルな概念から始める研究と違い、直観的で非抽象的であり、感性的で非理性的であり、個性的で非概観的であり、実証的で非理論的であり、記述的で非推理的であり、立体的で非平面的であり、生き生きして硬化しておらず、人情に満ちて血の通うものである。

　言い換えれば、公文書は事実を記載しただけであるが、口述による歴史の記録は感情化した歴史であり、体験者が心の中で感じて受けとめた歴史である。

3．口述による歴史方法を初めて大規模に採用した

　従来、二種類の歴史がある。つまり史学者によって書れた「著作史」と民間人によって口承された「口述史」である。中国の伝統史学では、「正史」と

「野史」に区別する。口述による歴史の内容は、口述者自らの経歴、自らが見たこと、聞いたこと、感じたことであるので、細かい記述も含まれている。従って、学者たちが書いた歴史と比べると、具体的で、細やかで、生き生きとしており、読者の興味を誘う。このような史学のスタイルは、その表現手法が自在で融通性があり、記述が具体的で、生き生きしている点で、読者を惹きつける独特な魅力を持っている。

体験者の口述を通じて歴史を記述するのは、世界的にも広く採用されている方法である。歴史は公文書に残っているだけではなく、体験者の心にも残っている。青少年期の経歴が人生にとって文化を積み上げていくための基礎であり、植民地教育はその体験者の思想、認識、考え方、感情に深い痕跡を残した。日本植民地教育の体験者それぞれの経歴、見聞、感じ方を忠実に再現することによって、日本植民地教育を多角的に反映する「生きた歴史」が編纂され、公文書の記載よりさらに真実に近く、全面的で、生き生きしたものになる。確かに、年寄りの記憶は明らかに衰え、半世紀余の歳月を経た経験は洗い注がれ、多くの細部は希薄になり、具体的な時間や人物についても曖昧になっている。けれどもしかし、深く心に刻んだ記憶の核心はかえって顕著となり、問題の本質はさらに明晰となる。

4．偽満洲国教育の全景図である

私たちのインタビューの対象者はその範囲が極めて広く、代表性を具えている。彼らはすべて1890年から1934年までの間に生まれ、インタビューした当時、最年長者が96歳、最年少者が64歳であった。日本占領期、多くは学生か教員であり、重要な役職にあった人や高級官僚の子女もいれば、大虐殺の生存者や殺された抗日兵士の子孫もいた。体験者の職業は、教師、幹部、職員、労働者、農民、軍人、警察、医者、記者、科学研究者などである。現在居住している地域の多くは中国東北三省で、一部はその他の省市と台湾や香港地区、そして外国に住んでいる人もいる。体験者の日本敗戦後の経歴を見ると、順調に歩んできた人もいれば、様々な辛い苦難を経験した人、政治運動の中で苛められた人、重刑を課せられた人もいる。体験者の政治身分は、中国共産党各級の組織責任者や国民党上層人士、台湾政治界の要人、そして民主党派の成員や

無党派の民衆などである。体験者の就学歴は、小学校、中学校から師範学校、大学、軍事学校および職業養成所など各級各種の学校がある。彼らのほとんどが偽満洲国と「関東州」、満鉄と、そして少数ながら華北、華東、華南などの占領された地域と台湾、香港に関わっている。

体験者が回想した内容は非常に広範囲で、教育制度をはじめ、学校設置、教育目標、学校管理、教育課程、教材、教学方法、学校内・外の様々な活動、「勤労奉仕」、軍事演習、教師と生徒の関わりなどが挙げられ、また「協和会」、「道徳会」などの社会教育、文化についても言及されている。この広範な背景の中で、多角的、多面的且つ立体的に日本植民地教育の政策、制度、実施、効果などを検証することができる。体験者の生き生きとした回想、具体的な事件や細部の中に、読者は普遍的社会が存在していることを見出し、さらには日本植民地教育の全貌と本質を認識することによって、異なる時期、地域、学校、教師によって表現された、植民地教育の相違性と多様性、同じ事件に対しても複数の当事者間に異なった見方があったこと（例：旅順高等公学校「礼儀発布会」、「二中精神」、王有生、高柏蒼）なども知ることができる。

5．植民地教育を「記憶する化石」である

私たちがインタビューをする際に終始守ってき指導原理と方法は次の３つである。１つ目は政治的思考を排除することである。私たちはアンケートの中に次のように明記している。
「日本占領期の教育で、貴方はどのような記憶を留めているでしょうか、何でもそのまま述べて欲しいと思います」
「日本占領期の教育状況に関することで、貴方が知っていることや理解してことを何でも話して下さい」
「私たちは完全に歴史を尊重し、口述者本人の希望を完全に尊重します」

２つ目は、自ら体験した３つの資料を重視していることである。日本占領当時、本人が経験したこと、見たこと、聞いたことでなければならないと強調している。また、本人に資料を調べてもらうことや資料を提供してもらうことは一切しておらず、すべて本人の記憶に頼っており、具体的な人物や時間、場所、細部などに曖昧な点があっても構わないとしている。

3つ目は、インタビューを受ける人の心配をなくし、邪魔が入らないようにし、深く細かく回想してもらう問題である。私たちは問題点を絞って調査する方法を採らず、また語り手の思考を中断させず、その人の事実誤認や個人的な見解を正したりしないのである。したがって、インタビューを受ける人は気持ちを比較的楽にして、拘束感を持たず、彼らが居た歴史のある時空の「あの点」で、独自の視点で歴史を観察し、歴史を悟るのである。

　また、インタビューした内容を整理する際には、彼らの歴史についての記憶をわずかでも修正したり、私たちの主観で彼らの回想に取捨選択を行ったりもせず、記述内容そのままの姿を完全に守るのである。私たちは口述された内容、感情、史実、語り口を変えるような編集・加工作業を一切行っておらず、その信憑性に何らかの影響を与えるかもしれない技術的処理によって、体験者の姓名、経歴、就職先、住所などを隠すようなこともしない。

　歴史とはそのすべてが当代史であるという見方がある。私たちが行っている日本植民地教育のインタビュー調査は考古学の発掘作業のようなもので、歴史の記憶に被せられた土を慎重に拭い取るが、その口述内容に鋏を入れたり、加工したりはしない。このような客観主義の立場を取ったのは、歴史に対する畏敬と年寄りへの尊敬からだけではなく、日本植民地教育の特徴と研究目的に対する理解が最も大切だと考えたからである。日本による中国侵略から発生した植民地教育は、確かに日本の中国侵略政策と罪状の重要な構成部分であり、侵略と植民地支配のための役割を発揮したと考えている。しかしながら、植民地教育は教育であるが故の特性を持っている。教育であるがために、教育を受けた者の思想、認識、イデオロギー、価値観、知識、能力に影響を与えたことになるのはいうまでもない。これらの「記憶する化石」を通じて、日本の中国侵略・植民地教育をさらに深く理解することができる。私は、歴史学の真の価値は、ある種の政治活動の宣伝にあるのではないと思っている。厳格な歴史学者は、既定の結論に拠って史実を整理するのではなく、確かな、生き生きとした史実をもって、歴史に対する人々の思いこみを刷新するのである。私は読者に1つの客観的で、全面的、多角的かつ生き生きとした日本植民地教育史を提供しようと志した。それが、異なる国や異なる文化背景を持っている人々にも、私たちの後代の人々にも、時間と空間を越えて受け入れられるのである。こうして、私たちは人々の感情、性格、運命の翻弄など内面的なことをできる限り掘り起こして、植民地・奴隷化教育が生命、気質、人格、人道、人権に及ぼし

た残害や魂に与えた捻じ曲げを引き立たせて、この調査を歴史的な文化価値と学術価値あるものとして世に残したい。

6．多元的文化と豊潤な感情の自然な流露

人類の記憶は生理現象であるだけでなく、社会文化現象でもある。青少年時期に受けた教育体験者の現在における回想は、当時の記憶の原形ではなく、数十年の間に修正を繰り返して形成されたものである。また、体験者の当時の地位、その後の経歴と環境は人によって様々であり、回想にもその差が現れている。1200名の口述者の多元的な文化背景と様々に異なった人生経験が、回想内容を豊かにして多彩にし、分厚い歴史を支える巨大な力となっている。様々な体験者が述べた内容、考え方、流露した感情と心のあり様にも、多い、少ないなどの違いがある。例えばある人は、日本の侵略に対する憎しみを押さえきれなかったり、ある人は植民地・奴隷化教育について理性的な思考を示した。また、ある人は一生懸命感情的な気持ちを避けようとしていたし、ある人らは植民地教育がもっている政治的意味や民族精神を奴隷化するなどのことについて印象に残っていなかった。ある人は日本教育を褒め続けたし、ある人の場合には日本に対する敬意や親近感が自然に流れていた。ある人は日本の敗戦で自分の運命が変えられたことに遺憾の気持ちを現わしていた。一部の人は昔のことを述べた際、「満洲国」、「康徳」、「皇帝」、「大東亜戦争」などの用語が違和感なく出てアイデンティティの一部になっていたし、また日本人教師を心から懐かしいという人もいる。口述による歴史は、客観的な事実そのものを保存するだけではなく、さらに重要で困難なのは、被教育者が精神的、思想的、認識的、そして感情的に受けた影響を保存することであり、さらに植民地教育史の混淆性、多重性、複雑性を再現するように努めることである。私たちは記録を整理する際、体験者が意識の表面であるいは潜在意識で表出した、異なる文化価値観のすべてを慎重に保存し、それを単純化するような作業――例えば削除をしたり、特定の用語に括弧をつけたり、その前に「偽」をつけるなど――をできる限りしない。それは、植民地・奴隷化教育が老人の身に残した痕跡や個人的な感情を気づかないまま抹消するのを避けるためである。

7．日本植民地教育の資料の宝庫である

　私たちが編集した大型叢書の『見証日本侵華殖民地教育』には、1000名に近い年寄りの個性的な口述による歴史とそれに関連した3000枚あまりの写真を収録し、およそ600万字である。編纂上の排列として、1人の体験者の歴史が1章（単元）である。その内容は以下の3点である。(1) 口述者の状況、略歴、日本占領期に就学した学校、職場。文化学や社会学など多角的な観点から日本植民地教育の研究ができるように、私たちは口述者の個人情報をできるだけ残したいと思っており、また時代の変動が激しさを増す中で、今後さらに研究を深めるためにも資料を保存しておきたいと思っている。(2) 口述による歴史の内容には、日本占領期の教育および社会、経済、文化、民間状況等の面で経験したこと、見聞したこと、感じたことや考え方などが含まれていること。(3) 日本占領期の体験者の人物写真や事物写真。これら数千枚の体験者の写真と図書、教科書、証書など様々な実物はすべて、何回かの災難を逃れて民間に残されたものである。それらは日本占領下の教育の実態を様々な面で再現している。これらの写真だけでも豊富で多彩な日本植民地教育史となる。これらの貴重な写真と口述歴史を組み合わせて、図と文を飾り、叢書をビジュアル化するだけでなく、多くの言葉をもってしても伝達できなかった情報を読み解くことができる。

　また、この大型叢書の中でいくつかの課題を見出して、研究を深めることもできる。

　例えば①この口述による歴史は、偽満洲国の建国大学、陸軍軍官学校、吉林師道大学、南満中学堂、旅順高等公学校、一二・三〇事件、読書会、遼南文学団体、奉天三高「復華党」、朝鮮族教育などの項目に分けて編集した。②中国と日本の体験者による歴史記憶と認識の誤差とその原因。③口述による歴史の「感情的記憶」と公文書による「事実記載」との異同の比較分析。④日本植民地教育における口述による歴史と文献・著作史との比較研究。⑤侵略戦争期の体験者の役割と現在の戦争に対する姿勢が回想の内容に与えた影響。⑥口述者の人生経験と受けた教育とが口述内容に与えた影響。⑦何人かの個人例で見られた記憶の変化の軌跡。⑧偽満洲国教科書の研究。⑨日本人教師と中国人学生との関係。⑩日本占領下に於ける学校教育の歴史写真の解読。⑪偽満洲国学校

「卒業記念」についての研究。⑫日本植民地教育状況の地域的差異、等々。この叢書は日本植民地教育史の資料の宝庫であり、研究者はその中から自分が必要とする材料を見出すことができる。教育の視点から研究するだけでなく、戦争、政治、経済、文化、社会など様々な視点から研究することができる。

　私は日本植民地教育史研究会が私に関心を寄せてくれることに非常に感謝している。政治、経済、技術などの障碍を乗り越えて、この大型の叢書が、資料収集や実証研究を重視する日本で出版されることを望んでいた。幸いに一部を『「満州」オーラルヒストリー──〈奴隷化教育〉に抗して』（皓星社）として出版することができた。これによって、日本人は中国民衆の心の奥深くに入って、被害を受けた国の歴史記憶の理解を進め、さらに中日における学術研究の共通理解を促進し、日本植民地教育史研究をなお一層深く進めることになるだろう。

まとめ

弘谷多喜夫*

　シンポジウムのまとめとして、当日の報告と討論の内容をテープに録音したものを再生しながら整理した。シンポジウムの趣旨と2つの報告については、文書になったものが当日配られていて冒頭に載せたものである。録音された口頭の発言内容のほうはそれはそれで臨場感がありまとめてみたが、紙面の都合でほぼ割愛することとした。ただ、当日の時間の経過だけはわかるようにしておき、全体討論についてのみまとめた。まとめをさらに私の見解でまとめることは、当日のことを参加できなかった方にお伝えすることとは別だと思うのでしていない。発言は論点を落とさないようにし、内容は発言から要約してある。

　まず、司会の井上会員より、支配―被支配を体験した人、その記憶による証言が大事な資料として扱われることがあり、そうした仕事がされてきている。今日は、証言を集められてきた2人の報告者から研究の紹介と提言をしてもらって議論したいと発言があった。

　ついで宮脇会員より、第一の報告があった。

　はじめに、今年のセンター試験（世界史）での"強制連行"の設問を攻撃した「新しい歴史教科書をつくる会」らの主張が、①当時その用語はなかった、②検証できない、③歴史の解釈を示す用語である、ということを紹介し、これを批判するかたちでまず話された。

　最後に、以上で説明できなかったことを含めて、（プリントを指示されて）口述の役割を5点にまとめられた。

　宮脇会員の報告に続き、すぐに今回中国遼寧省から来ていただいた斉紅深

＊　熊本県立大学

先生の報告があった。通訳は四国学院大学の劉会員がされ、時間は通訳を入れて2時間弱であった。

　まず、今回のテーマにかかわるご自身の研究について、植民地教育体験者の歴史への記憶を保存するために80名あまりの学者や専門家を組織して10数年の時間を費やし多くの経費をかけ、1200名あまりにインタビューした歴史記録と3000枚ぐらいの歴史写真と実物を集めることができたこと、とりあえず竹中会員の翻訳で50件（のインタビュー）を収め100枚の写真を入れた本を（日本の読者のために）出版したことをあげ、その成果をふまえながら口述歴史のもっている意義について（レジュメの）7点に基づいて、いくつかの実例をあげて話された。
　最後に、歴史研究の中で（日本人の）美談ばかりの欠点を克服し、それらの欠点を補完するために被害国の人民たちの感情の立場にたって色を塗り替えてくださらないとおそらくいろいろな問題が出てくるのではないかとされ、そういう意味で本研究会が自身の研究に関心を寄せてくれたことに非常に感謝していること、中国人民たちの心の記憶に入る窓口である叢書の日本での出版を希望している、と結ばれた。

　10分間の休憩ののち、（4時25分から再開され）総合討論が行なわれた時間は50分弱であった。
　発言された方の氏名は聴取不能なものがあったのですべて省略した。
　まず、宮脇会員へ、E. H. カーを引用された「歴史はその時の出来事ではなく未来に投射して現在どのような意味をもつのか、それを歴史家が解釈することが大事だ」という考え方は、"つくる会"の人たちにも当てはまるのではないかと質問があり、同会員は、どのように解釈するかはわかれるところですがE. H. カーはそこまではとらえていない、と答えた。続いて会員からは、自分が歴史学の教育を受けたころは100年以内は歴史ではない、歴史の体験者がいろいろなことを言う期間で、客観的に歴史を評価することはできないといわれたが、オーラルヒストリー（の報告）を聞いて、支配された側にあった人たち、しかも何かに書いたりすることのない人たちの歴史経験を書き残すことの大切さを感じたと意見があり、宮脇会員はポール・トンプソン『記憶から歴史へ』を紹介した。

次に斉先生へ、それらの人たちは募集したのか、民族別も考えたのか、公学校以外での経験者も考慮されているようだがとの質問があり、斉先生は、募集もしたし、さまざまなところに散在している研究者がさまざまな方法で体験者を見つけたこと、広範性、普遍性を求めてさまざまな民族の方のインタビューを考えていたこと、ほかにも党派とか当時の職場、身分、そのあとの人生経験も含めて考えたこと、私立学校についてもですと答えた。続いて、在日の人たちの聞き書きを継続中だという会員からインタビューの方法について、1人について、妥当な回数、時間はどのくらいか、また、同じ方の中でまったく記憶が正反対な違ったものが出てくるような証言をどうまとめるのがよいかとの発言があった。宮脇会員から、時間は30分から2時間くらい、せいぜい2回ぐらいと感じていること、あいまいなところは使わないようにしているとの答えがあり、斉先生は、会員の発言の後半の部分について、アメリカでは歴史だけでなく、社会的な問題、文化的な問題とかにオーラルヒストリーのやり方が使われているが、私たちの研究はほかと違ってとても特殊な分野で、すなわち政治性がとても高い分野ですとし、また日本が敗戦してから中国の内部でもさまざまな歴史・社会の変化があって、文化大革命もそのひとつで、（それらの変化が）体験者に与える影響はとても大きいということを強調した。さらに、人間の弱点として、自分を美化したり不利な点は避けて言わなかったりすることはよくあるので、いろんな難しい点があるとし、これまでいろいろ方法を変えながら試行錯誤でやってきたこと、あいまいな点は両方の可能性があると記録し、とりあえずすべて忠実に記録し、もしほかの資料で調べられるなら註をつけますと述べた。最後に、会員より最近の日本の教育社会学の調査では、都市がA市とかアルファベットでしか出てこないし、『日本の教育史学』の論文でも地名はA街としてあったりして、他人が追試できないかたちのものが多く、学会でも戦前の留学先の調査をもとにした報告に個人のプライバシーはどうなんだ、というように質問が出てくるとの問題提起があった。斉先生からは、インタビューする前に、真実を全部（氏名、住所も）公表することを条件に承認してくれたこと、したがって60何名の日本人と連絡がついたが、3人しかインタビューを受けつけてくれなかったと発言があった。さらに会員から、私は、インタビューを受けてくれた人の人権を守らなければならないということで、プライバシーをどう守っていくかという観点で匿名性を大事にして必ず仮名を使って考察してきたが、斉先生がすべて公表され、あとでそこへほかの関係者

が行っても実際に追跡できると言われたことが非常に新鮮であった、と発言が続いた。宮脇会員からは、私は調査報告では名前を出しているが、ある程度気をつけなければと感じていた、とされ、微妙な問題だとの意見があった。

最後に、斉先生にまとめの発言が求められ、次のような発言があった。

口述史は、口述者と整理者による共同作業の成果であり、お互いが協力することが非常に重要なことである。第1に聞き取りされる人から受け入れられること、第2に調査者の専門的な知識とコミュニケーション能力、第3に経費と時間、第4に調査方法は録画でしたくても不可であれば文字でする等が必要とされた。

また、宮脇報告で触れられたE. H. Carrの理論が口述史を作成するときに口述者の原意に忠実であること、整理するときに自分の見解を加えてはならないことの主張を裏付けてくれたとした。

次に新しい資料の発見が歴史の見解を変えることがあると述べて、第1に1980年代末から1990年代はじめにかけて、日本側と中国側での文字資料の収集と整理、出版が大きな成果をあげたこと、しかし第2に植民地にされた所からの資料が不足していたこと、第3に1991年から口述史の重要性が位置づけられたが、口述史の方法論の研究はまだ十分ではないことを指摘したうえで、今大会では日本植民地教育の口述史が重要視され資料も集められて成果をあげていて、今後是非それらを本にまとめて出版されることで学術貢献をしてほしいと結んだ。

時間が予定を過ぎ、司会者の短いまとめの発言があって閉会となった。

日本植民地教育史第七回大会に参加して——閉会での斉紅深の発言

　最初に、この研究会運営委員会の皆様に対し、私をこの研究会のシンポジウムに招聘してくださり、また研究大会最後のまとめの部分で私に発言の機会を与えてくださったことに感謝を申し上げたいと思います。

　皆さまがまさに述べられたように、口述史の収集とその整理はとても難しいことです。口述史は口述者（聞き取り調査対象者）と整理者（聞き取り調査者）による共同作業の成果であり、お互いが協力することが非常に重要になります。聞き取りをされる人には、記憶を口述する目的とその作用について理解してもらう必要があり、また聞き取りを受けるには体力と気力も備えなければなりません。個人の要望を述べることや積極的に応答しようとする気持ちも必要であります。

　第1に、聞き取り調査者は、聞き取りをされる人から受け入れられ、信頼を得なければなりません。包み隠さずに言えば、私たちが現在行っている日本植民地教育史の研究には強い政治性と民族性があります。私はかつて中国・東北部で教師をしていた日本人に取材をしようと思いましたが、その人に断られました。私が日本人に取材を断られたように、日本人が中国人に聞き取り取材をしようとすれば、信用される可能性は少ないでしょう。

　第2に、調査者は専門的な知識と優れた交流能力が必要とされます。もしその調査者が当時の社会背景を理解せず、必要な専門知識が足りなかったら、質問すること及びその質問の答えを理解することが困難でしょう。

　第3に、口述歴史を作ることは大変面倒なことであり、調査に必要な経費と時間が保証されなければなりません。

　第4は調査方法です。私たちは、現代的な手段、つまり録画で収録したいと思います。できるだけ画像とその人の声を資料として集め、保存することを望んでいます。しかし、聞き取り調査される人は、ほとんど高齢の老人ですので、こういう先進的な機器に順応できません。カメラのレンズを向けられると緊張し、集中できない状態になります。そのような場合には文字で記録するしかありません。

この研究大会に参加して、私は1つの素晴らしい収穫を得ました。それは、長い間理論的に説明できなかった問題を解決することができたことです。宮脇先生が論文の中で引用されたE.H.carrの観点、つまり歴史事実（実像）と、口述による歴史の記憶及び歴史事実に対して現在の解釈の関係が図で説明され、3者の関係を明確に表示されました。これは、私が口述史を記録し、整理する時に用いた方法であり、その理論的裏付けを提供されました。私が主張したのは、私たち研究者は口述史を作成する時に、口述者の原意に絶対に忠実であること、歴史事実に関する体験者の記憶に忠実であることです。当然、口述者として、彼らの歴史体験の記憶は完全に歴史事実そのものであるとは限りません。その記憶の中にある一点に何らかの解釈を加えているかもしれません。しかしそれは本人の歴史解釈にすぎません。研究者である私たちが解釈した歴史と多少違うところがあり得るでしょう。私たちが口述による歴史を記録し整理する時に、自分の見解とか、意見とかをその中に加えてはなりません。これは非常に厳粛にして原則的な問題であり、歴史学者としての品性でもあります。私の論文の中には、口述者たちの実名と個人データが記されています。これに対し、ある人は、その人たちのプライバシーの権利を侵したのではないかと質問をしてきました。それについて簡単な説明をいたしましょう。私たちが行っている日本植民地教育の口述史は、日本の学者に「歴史の証言」とも呼ばれています。証言である以上、真実と信頼は欠かせません。さらに、法律的にも効果があります。もし偽名を使えば、口述者の身分とその人が本当に存在するのかどうかさえ証明できないのであって、その人が言っている内容も信頼できなくなりましょう。私たちが口述史の資料を集める時は、事前に口述者から了解を得ています。当然、公開発表を断る人もいます。1つ例を挙げましょう。東北大学（中国・瀋陽）の教授が私にこのように言いました。彼の口述史は中国で発表する時には実名を使用してもかまわないが、日本で発表するときには偽名を使ってほしいと。その理由は、彼の娘が東京で働いていて、もし彼の口述史が日本で発表されれば、日本の右翼分子が娘にいやがらせをするのではないかと心配しました。
　今回の研究大会のテーマは非常によいテーマであったと思っています。歴史の記憶と日本植民地の教育研究は、過去十数年間の学術交流の中では詳しく討

議をしたことがありませんが、とても重要な問題です。日本植民地教育史研究には歴史資料の収集、整理、そして歴史研究と解釈が含まれています。前者は歴史研究の基礎でもあります。それがなくては研究する手がかりがありません。往々にして、新しい資料の発見は歴史の結論と見解を変えることもあるでしょう。では、私たちがすでに実行した仕事を振り返ってみましょう。

一．文献資料の収集と整理について

　海老原、槻木教授が主管している、元"満洲国"教育史研究会は、80年代末から90年代初めにかけ、偽満洲国の教育年鑑、満鉄刊行物と23巻の『「満州、満州国」教育資料集成』を整理し、出版しました。中国側では、遼寧、吉林、黒龍江、内モンゴル、北京等、省、市、自治区で教育史の資料を編集し、出版しました。日本側は個人の名義で整理した『在満日本人用教科書』『台湾人用教科書』なども復刻しました。阿部洋等は朝鮮植民地期の60巻の資料集を出版しました。こうした文字資料の収集と整理、出版は卓越した成果を上げたといえます。

二．植民地教育史の研究と解釈について

　中国（台湾も含む）と日本、韓国等は論文を少し発表し、専門書は何冊も出版しました。しかしこういう論文と専門書の依拠するところはほとんど日本の植民当局が残したものであり、植民地にされた所からの資料は不足しています。これには限界がありやむを得ないでしょう。

三．口述史の重要性

　1991年から数次にわたって開催された学術交流研究集会を振り返ってみますと、口述史の重要性が位置付けられたのは初めてであります。口述史の意義と作用については、私が昨日発表した論文の中でも詳しく述べていますので、繰り返しません。ただし、文献、文字資料の出版に比べて、まだ空白部分があるといえます。また、口述史の方法論の研究についても十分ではありません。これは、植民地教育に関する口述史に限られたことではありません。今回の研究大会は「歴史の記憶と植民地教育史の研究」をテーマにしましたが、これは必要な課題だけでなく、非常に差し迫っているものでもあります。日本による植民地教育の体験者はもう80、90歳の高齢の老人であり、残された時間をし

っかり掌握し、急いで口述収集をやらなければ、彼らは歴史の記憶とともに生命の終結へと向かっており、その記憶はいつでも蒸発する可能性があります。

今回の研究大会では、喜ばしい成果もあがっています。日本植民地教育の口述史は多くの人々に重要視され、資料も集められています。それらは偽満洲国だけでなく、台湾、中国に置かれた他の偽政権、朝鮮と東南アジア諸国のものもいろいろとありました。日本の元教師と旧植民地の学生が口述した歴史は近年日本でたくさん出版されました。もし日本植民地教育の口述史を本にまとめて編集すれば、それは非常に価値のあることでしょう。私はこの研究大会を通じていろいろなことを想像してみました。日本植民地教育史研究会がそのような計画を立ち上げるのは可能ではないでしょうか。私の捉え方に間違いがなければ、今回の研究大会は、植民地教育史研究にとって1つの里程標的な性格があり、この方面の学術団体として日本植民地教育史研究会の名と学術貢献は後世まで残るでしょう。当然、これには困難を伴うと同時に挑戦性も含まれています。しかし、そこにこそ価値があることは証明されるでしょう。

最後に、今回の研究大会が成功裏に終結したことを心より祝福いたします。

(2004年3月28日、法政大学)

Ⅱ. 研究論文

公学校修身書における軍事教材

白柳弘幸＊

はじめに

　本稿は、植民地統治下台湾で台湾総督府が発行した児童用教科書・三期〜六期にあたる20冊433課[1]の教材を分析し、それらがどのような性格を有しているか検討し、教育政策との関わりを論究するものである。

　本論を進めるに当たり、従来取り上げられることのなかった明治29年発行の『台湾適用作法教授書』、同32年発行の『教育勅諭述義』などの教師用教科書についても内容を検討した結果、これらを植民地統治下台湾での修身教科書の嚆矢と判断[2]した。さらに、当時の総督府文教局編集課長加藤春城の一文[3]から、これらを修身教科書の第一期とした。明治43年の『公学校修身科教授資料』は教師用教科書のみであるが、初めての近代的教科書の体裁を持ったものとして発行された。これを二期とした。さらに大正2年、昭和3年、同16年、同17年に児童用・教師用の修身教科書が発行[4]された。これらの修身教科書をそれぞれ三期、四期、五期、六期とした。修身教科書の発行期はまだ確定されていないため、発行期についての提案としたい。国語読本で採ったように、児童用教科書のみで発行期を考えるのであれば、三・四・五・六期を採って4期と言える。

1　公学校修身書と国語読本の教材

（1）修身教科書の教材分類

＊　玉川大学教育博物館

①作話、寓話・童話、実話
　『台湾公学校教科書編纂趣意書』（以下、『趣意書』とする）では、公学校修身書で扱われている教材を作話、寓話・童話、実話の3種[5]に分けている。さらに「修身教授ノ例話トシテ、作話ノ価値多カラザルコトハ世已ニ定論アリ」と、作話を用いることについて述べている。しかし、ここで述べている価値が多いという定論の内容[6]について確認できていない。また「第一学年・第二学年ノ児童ニ対シ、卑近ナル日常ノ心得ヲ説示スルニ当リテハ、適切恰当ナル事実ノ例話ヲ得ルコト固ヨリ難ク、之ヲ寓話・童話ニ求ムルモ、尚其ノ材料ノ乏シキニ苦シメリ。因リテ已ムヲ得ズ作話ヲ多ク用」いると、低学年での作話採用理由についてふれている。さらに、こうした作話の中の登場人物は阿義・阿香・阿仁・阿福・阿玉などの名前を使用していると述べている。従って、文中にこれらの名前が登場するものは作話と判断できる。しかし、これが当てはまるのは三期四期についての教科書である。五期六期になるとマサヲ、ヨシコなどの日本人の名前になる。
　寓話・童話については「其ノ効カ固ヨリ実話ニ如カズト雖モ、作話ニ比ブレバ、尚大ニ優レル所アリ。故ニナルベク作話ヲ減ジテ寓話・童話ヲ採ル」と述べ「但シ我ガ国固有ノ童話中採ルベキモノハ、已ニ国民読本ノ材料トナレルヲ以テ、重複ヲ避ケテ之ヲ採ラザリキ」としている。作話よりは寓話・童話の方がよいとし、国民読本で採用した教材は修身で重複しないようにしている。そのため公学校修身教科書では日本童話からの引用はなく、公学校国語読本に余り採用されていない『イソップ物語』からの引用[7]を見る。
　実話については「材料ハ多クハ国内ニ採リ、外国ノ例話ハ一切採用セザルコトトセリ。台湾ノ材料トシテハ曹公ト呉鳳」の2人の名前を挙げている。国内の例話を採用し外国の例話を一切使用しないことを明言している。しかし、三期巻六・11課「博愛」では、ナイチンゲールを似顔絵入りで登場させている。また、教師用教科書には瓜生岩子とともに英国女皇ビクトリア陛下の名前も紹介している。当初『趣意書』で述べられていたことが必ずしも、完璧に守られていたわけではない。

②公学校国語読本での西洋人の扱い
　『趣意書』では「外国ノ例話ハ一切採用セザル」とあるが、公学校国語読本に

於いては、数多くの西洋人が現れている。初めて発行された児童用修身教科書と同時期に発行されている国語読本は二期[8]にジェンナー[9]、さらに三期にニュートン[10]、アレクサンドル大王と医師フィリップ[11]、ダーウィン[12]、ノーベル[13]が現れている。教科の性格上、修身で現れる人物には理想的性格を持たせる意図がある。しかし、国語読本で扱う場合、近代化に貢献した人々の実話の扱いとなり修身ほどに神経を使わないで済むからであろうか。従って、台湾公学校教科書から西洋に関する内容が排除されていたわけではない。また、修身では「台湾ノ材料トシテハ曹公ト呉鳳」と述べているが、公学校国語読本では孔子[14]、鄭成功[15]、諸葛孔明[16]、孔子と弟子の顔回[17]が現れている。

最近の公学校国語読本研究の成果として、国語教材を日本歴史・文化・地理、天皇関係・愛国教育、実学知識・近代化、台湾事物、道徳教育、労働者、中国事物に分類[18]し、各期教材の傾向についてふれている。その分類項目を修身教科書に当てはめることで、国語読本との比較が可能となる。しかし、項目に当てはまりにくいものが少なくない。そのため同一項目で分類することには無理がある。修身では教科書に現れる人物や、指導目標としての徳目[19]などを比較し、各期修身教科書の特徴を考察できる。その比較項目の一つが軍事教材である。

2 公学校修身書軍事教材の現れ方

（1）軍事教材について

軍事教材という呼称は、中内敏夫が『軍国美談と教科書[20]』で初めて使用したものと思われる。軍事教材は先に述べてきた台湾国語読本の教材分類の何れにも含まれていない。台湾国語読本の教材分類での天皇関係、愛国教育に類似するものであるが、内容を比較しても全てに一致するものではない。中内は軍事教材について「近代日本の軍隊とそのおこなった戦争の事実、または事実とされていたものを素材にしてつくられた教材」であり「一貫して、日本の軍隊と軍事行為の正当性と永遠性の論証と宣伝」におかれ「美談化」された教材[21]と定義している。さらに広義の近代日本に時期をしぼるため楠正成・正行父子、中内が軍人的政治家とする西郷隆盛、日本人ではないベルギーの将軍レマン、フィクション性の強い桃太郎などは除外している。

軍事教材という性質上、忠義などの「国民精神ノ涵養」徳目に結びつくものが多くを占めることになる。しかし、必ずしも「国民精神ノ涵養」徳目に含まれる教材ばかりではない。三期巻五・17課「責任を重んぜよ」に現れるのは海軍大尉広瀬武夫であるが、第一のねらいとしての徳目は「責任」についてであった。しかし、「国民精神ノ涵養」徳目の性格も含み持ったものでもあった。四期巻四・9課「女子の心がけ」に現れる乃木静子は「男女」の徳目に入るが、軍人の妻としての行為そのものが軍事教材として受けとめられる。中内が唱えた軍事教材の考え方を、台湾公学校修身書に当てはめて各期各学年軍事教材の占める割合を求めたものが【表1】である。さらに今回、尋常小学修身書についても検討[22]し、軍事教材の占める割合を求めたものが【表2】である。

【表1】 公学校修身書・軍事教材割合

	1年	2年	3年	4年	5年	6年	総合
三期	1（18）	1（19）	0（19）	1（19）	3（19）	2（19）	8（113）
T.2	5.6 %	5.3 %	0 %	5.3 %	15.8 %	10.5 %	7.1 %
四期	2（24）	3（25）	2（25）	2（25）	4（25）	3（25）	16（149）
T.3	8.3 %	12.0 %	8.0 %	8.0 %	16.0 %	16.0 %	10.7 %
五期	＊3（25）	2（27）					5（52）
S.15	12.0 %	8.0 %					9.6 %
六期	＊0（19）	＊2（20）	＊5（20）	9（20）	10（20）	10（20）	36（119）
S.17	0 %	10.0 %	25.0 %	45.0 %	50.0 %	50.0 %	30.3 %
							65（443）
							14.7 %

・上段の数字は該当学年の軍事教材の課数、（ ）内は総課数
・下段の数字は割合
・＊は教師用教科書未確認。

【表2】 尋常小学校修身書・軍事教材割合

	1年	2年	3年	4年	5年	6年	総合
一期	0（26）	3（27）	2（27）	2（27）			7（107）
M.36	0 %	11.1 %	7.4 %	7.4 %			6.5 %
二期	1（25）	3（26）	1（27）	4（27）	1（28）	7（28）	17（161）
M.42	4 %	11.5 %	3.8 %	15.4 %	3.8 %	26.9 %	11.0 %
三期	2（25）	3（25）	2（27）	3（27）	3（27）	5（27）	17（158）
T.7	7.4 %	11.1 %	18.5 %	11.1 %	11.1 %	19.2 %	11.0 %
四期	2（27）	3（27）	5（27）	3（27）	3（27）	6（27）	22（162）
S.9	7.4 %	11.1 %	18.5 %	11.1 %	11.1 %	22.2 %	13.4 %
五期	3（20）	1（20）	5（20）	6（20）	7（20）	4（20）	26（120）
S.16	15.0 %	5.0 %	25.0 %	30.0 %	35.0 %	20.0 %	21.7 %
							89（708）
							12.6 %

・上段の数字は該当学年の軍事教材の課数、（ ）内は総課数
・下段の数字は割合

（2）三期修身教科書に現れた軍事教材

①神となった北白川宮能久親王

　三期は6カ年で113課あるうちの8課が軍事教材で、そのうち7課は天皇陛下や能久親王、広瀬武夫海軍大尉ら皇族と軍人で占められている。三期は6年間で3年を除く5学年に軍事教材が配置されている。北白川能久親王は2年と4年で現れるのを皮切りに、三期から六期の全発行期に現れている。巻二の教師用指導書に、

> ……もと台湾には方々にわるい者がゐて、お上のいふことをきかず、人をころしたり、ものをとつたりしたものですから、それを鎮めるためにおいでなさいましたのです。親王様の御難儀は容易なことではありません。とうとう御病気におかゝりなさいましたが……兵をお進めなさいました(23)

と、述べている。領有の際に生じた戦闘の様子についての説明は巻四でも改めて述べられている。そこにも児童用教科書には書かれていない「わるい者がゐて……それを鎮める」ために台湾に来たという領有を正当化するための説明が入る。
　この説明は後の六期の教師用指導書にも引き継がれていく。自分たちの父母祖父母が悪者であったと説明を聞かなければならない子どもたちの心境は如何ばかりであったろう。そして、北白川宮能久親王は領有期の戦のさなかに亡くなったために台湾神社の祭神となった。教師用指導書は続けて説明を加えている。

> 　今日皆さんが安心して、楽しく暮して行かれるのはいふまでもなく天皇陛下のおかげでございますが、その本をいへば能久親王様が御身を棄てゝ、台湾の為に骨を折って下さつたからです。皆さん、これほどに台湾の為に御尽し下さいました親王様は、おかくれになった後も、神様におなりになられていつまでも此の島を護ってゐて下さいます。まことにありがたいではありませんか(24)

② 「大君の御ために喜んで一命をさゝげます」
　児童用修身書巻五・1課「大日本帝国」の本文中に、

　　御代々の天皇様は人民を子のやうにかはいがつて下さいますし、人民は天皇さまを親のやうにおしたひ申してゐます。そして、平生はめいめい仕事をはげんでゐますが、もし国家に大事がおこれば大君の御ために喜んで一命をさゝげます [25]

と、述べて「つねに国恩にむくいることをつとめなければなりません」と、結んでいる。それを受けて、教師用指導書は、

　　私共臣民も昔から忠孝の念が深くて、まるで親のように天皇様をお慕ひ申してゐます。そして平生はめいめいの仕事を一生懸命に励んでゐますが、一朝国家に大事が起れば、一命をなげうつて大君の御為に盡すからでございます。……国体の尊厳を擁護し、常に国恩に報いるやうに努めなければなりません [26]。

と締めくくっている。児童用教科書の「一命をさゝげます」という言い方や、教師用教科書にでる「一命をなげうつて」という表現が、三期児童用教科書発行の時より見ることができる。このような教材が六期『初等科修身一』（3年相当）14課「心を一つに」に現れる軍夫 [27] のように、志願して戦地に赴き一命を捧げる具体的な現れ方に変化していく。
　尋常小学修身書では徴兵制や兵役に服することについての課 [28] が設けられている。しかし、公学校修身書には直接、徴兵制に結びつく課名は見られない [29]。けれども教科書文中に「一命をさゝげます」「一命をなげうつて」などの一文が現れているのは、どのような意図を持っているのであろう。三期教科書は第一次世界大戦勃発前の1913（大正2）年からの発行となる。徴兵制についての記述は見られないが、いずれ生じる戦争拡大を想定していたかのような記述である。最初の台湾人志願兵入隊は1942（昭和17）年4月からであり、台湾人に対する徴兵制実施は1944（昭和19）年9月からであった。もっとも、それ以前より軍夫を強制的に志願させていた。
　このような三期の軍事教材は総合で7.1％。二期三期尋常小学修身書にはさ

まれる時期にあたるが内地はともに11.0％であった。軍事教材の割合の現れ方のみで見れば、公学校修身書の方が尋常小学修身書よりは低い表れ方であった。

(3) 四期修身教科書に現れた軍事教材

①人物はすべて皇族・軍人・軍人関係者

　四期は軍神として著名な乃木大将、広瀬武夫海軍中佐[30]、佐久間勉海軍大尉らがそろうところに特色を見る。軍人の他に、軍人の妻として乃木大将夫人の乃木静子、一般人としての山口用助が現れている。乃木静子は一般人・女性という区分になるが、軍人の妻という立場での行動に軍事教材との関わりが見いだせる。

　山口は四期の中で、唯一一般人[31]として採用されているが、小笠原長生[32]という海軍軍人の使用人であった。小笠原は海軍軍人であったが乃木大将と懇意の間柄であった。主人の小笠原から留守中は物をもらってはいけないという言いつけを守り、乃木大将から小笠原への贈物を預かることを拒む山口の律儀さについての文章であり「誠実」の徳目の教材で扱われていた。山口が現れる教材文は主人の小笠原が明治27、8年戦役から凱旋したことから展開される。軍事教材の定義からそれるもののように思われるが、主人の凱旋にからめ山口の律儀さを「美談化」させている点で軍事教材ととらえられる。人間としての誠実さを教えるのであれば、軍人の使用人でなくても事例はあったはずである。なぜ、軍人を引き合いに出すのかを考えなければならない。教師用指導書は山口の律儀な行為に対して、東京府知事から賞状と金杯が授与されたと説明されている。一般の者も軍人に尽くすことにより褒賞を受けられるのであり、暗にそうした行為を求めていると受け取ることができる。

②「国旗」から「軍旗」、そして軍備

　六期に多く見られる著名人不在の軍事教材を四期では2課確認できる。巻一・18課「国旗」と、巻五・23課「納税」である。巻一の「国旗」では文章はなく1頁全てが挿絵となっている。大通りに人が行き交い、学校の校門や家々に12もの日の丸がなびいている様子が描かれている。この課の目標について教師用指導書は「国旗を尊重すべきことを教ふるを以て本課の目的とす[33]」

と簡潔に述べている。説話要領中には軍事にむすびつく記述は見られないが、注意の文章中に「本課に因みて軍旗・軍艦旗に対する心得を知らしむべし」とある。「国旗を尊重すべき」とのみ書く目標は、軍事教材の定義として述べた事柄に合致するものではない。しかし、日の丸の旗から軍を象徴する軍旗・軍艦旗へと対象を拡大し、一般人へも軍旗への忠誠を求めている。

四期・尋常小学国語読本巻六・11課に「軍旗[34]」という教材が取り上げられている。以下、全文をあげる。本文は詩の体裁をとっている。（／で改行）

> かしこくも、／天皇陛下、／御手づから、授け給うた／尊い軍旗、尊い軍旗。
> 身をすてて、／皇国のために、／まつしくら（ママ）、進む兵士のしるしの軍旗、しるしの軍旗。
> みだれ飛ぶ／たまに破れて、／戦のてがらをかたる／ほまれの軍旗、ほまれの軍旗。
> おごそかな／ラッパのひゞき、／目の前を今過ぎて行く／尊い軍旗。拝せよ、軍旗。

この一文の下に背嚢を負い突撃していく兵士と軍旗が描かれている。軍旗は天皇から親授されるものであった。上の詩に見られるように「天皇陛下、御手づから、授け給うた尊い軍旗」は「身をすてて、皇国のために、まつしくら（ママ）、進む兵士」の「戦のてがらをかたる　ほまれの軍旗」なのであるから、紛れもなく「軍旗」は軍事教材と言える。児童用修身教科書巻四・19課「国旗」では「……家々には必ず国旗を備へて置くことは勿論、その取扱方をも出来るだけ丁寧にします。若しこの心がけの欠けてゐるものがあつたら、愛国心の足らないものといわれても仕方がありません[35]」と、軍事教材に結びつくものでないが、国旗に愛国心を持つことをはっきりと求めている。

児童用教科書の巻五・23課「納税[36]」では、冒頭

> 我が国が世界各国の間に立つてその独立をたもつには、先づ第一に陸海の軍備がなくてはなりません。……国にはこれらの仕事をするための費用がいります。……国民としては国の費用を分担するのが当然のことです。

と、納税の義務について説明している。国家の独立のために「陸海の軍備」の必要を訴え、そのためにも税金を納める必要を述べている。教師用教科書は

> 我が国が世界各国の間に立つて独立を維持し、国家の体面を保つていくには、先づ第一に国を護るに十分な軍備がなければなりません。又、我が国運の発展を図るためには教育・土木・産業・交通・警察などいろいろな施設が必要です[37]。

と、児童用教科書と同じ説明が繰り返されている。ことさら軍備のみを強調しているものではないが、児童用教師用教科書ともに軍備を筆頭にしている点では共通している。軍備があってこそ、軍事力が発揮されるのであり軍隊の存在そのものを肯定していることにつながっている一文になっている。

　四期での軍事教材の現れ方は低学年では8～12％となっている。それが5、6年で16％と増加しているが、四期平均では10.7％。発行時期からみて、四期公学校修身書は三期尋常小学修身書を参考にしていたと考えられる。三期尋常小学修身書での軍事教材の現れ方は3年と6年で18.5％と19.2％であるが、この学年を除くと他は7～11％である。そして、三期全体としては11.0％となり、国内と台湾との差は殆どない。絶妙なバランスであったと言える。

（4）五期修身教科書に現れた軍事教材――挿絵も軍事教材化

①一年生教科書定番教材「観兵式にのぞむ天皇」

　冒頭で触れたように五期の公学校修身書は巻一巻二の2学年分しか発行されていない。国民学校へと移行する直前に発行された教科書である。

　五期巻一・2課「天長節[38]」では、「観兵式での天皇」が描かれている。児童用教科書しかないため、教師用教科書でどのような説明がなされているかは不明である。また、中表紙には「観兵式に臨む天皇の隊列」が色刷りで掲載されている。四期巻一・3課に「天皇陛下」という課があり、五期と同様の「観兵式に望む天皇の隊列」の挿絵が載せられている。四期巻一・3課での目的は「天皇陛下の御事を教へて、忠君の念を養はしむるを以て本課の目的とす」とある。さらに説話要領には「天皇陛下が観兵式などにお出ましになる時はこの

絵のやふな立派なお行列がございます。まん中のお馬車が天皇陛下のお馬車です。前にも後にもおほぜいの兵士が申してゐる」と述べている。

　各発行期巻一の教科書中、天皇が描かれている挿絵について三期から順を追ってみる。三期巻一・10課「天皇陛下」では「富士山を背景にした観兵式」が見開き2頁。四期巻一・3課「天皇陛下」では1頁の半分が「観兵式に臨む天皇の隊列」、半分が「帝国議会での開会の詔書を読み上げる」様子。五期巻一・中表紙では「観兵式に臨む天皇の隊列」が、見開き2頁で色刷り。さらに2課「天長節」では「観兵式での天皇」が1頁で色刷り。六期ヨイコドモ上・中表紙では「皇居二重橋」が見開き2頁で色刷り。さらに2課「天長節」では学校の中での「勅語奉読」の様子が見開き2頁色刷りで、それぞれ描かれている。この挿絵に使用された頁数を比較すれば、三期は2頁、四期は1頁、五期は1.5頁、六期は4頁となる。四期以降は頁数が増加傾向にあることがわかる。

②サーベルや木銃を持つ子どもたち

　巻一・10課「イキモノ」は挿絵のみで構成されている。道で遊ぶ男児は日の丸を持ち、サーベルや木銃も持っている。その子どもたちの傍らに子犬が走っている。課名は「イキモノ」であるから、子犬と遊んでいる情景について述べているものではないかと思われる。四期巻一にも「イキモノヲクルシメルナ」という課が見られる。四期の子どもたちには特に小道具と言えるものは持っていない。五期になると、子どもたちにサーベルや木銃、日の丸といった戦争ごっこをするための遊具を持たせる挿絵が現れているのが、大きな変化である。子どもの日常生活の中へも、軍事的意味合いを持つ挿絵が進出しているのを見ることができる。

　各発行期共1、2年での軍事教材例はもともと数が少ない。したがって2学年のみから五期全体の表れ方を述べることは難しい。そういう状況下、巻二・4課「忠義」は注目するべき教材といえる。本課では尋常小学国語読本での著名教材「爆弾三勇士」が取り上げられているからである。3人の陸軍兵士が爆弾を抱えて敵陣に突っ込み戦死を遂げるという話である。教師用教科書の教授要領[39]の文をあげる。

　　皆さん、日本人たるものは一度天皇陛下の御命令があつたならば、勇んで戦場に出かけなければなりません。三勇士もかうして戦場に出て、と

うとう自分の命をなげ出しました。このやうに天皇陛下の御為に自分の命をすてるのが、日本人たるものの第一のつとめです。

加えて、注意としての一文には「本課は軍人たるものの忠義の例を述べたものとし、学校生徒については先生の教えを守り、親に孝行して立派な日本人となることが天皇陛下に忠義なる所以[40]」と書かれている。

中内は本教材が尋常小学国語読本に採用される前後、国内で見られた三勇士ブーム[41]や混乱について述べている。それは軍国美談として五期国語読本[42]で取り上げられた後、事実の改作が露見したこと。爆弾三勇士は九州の出身者であり、山口用助の主人であった小笠原長生が郷土の誉れとして顕彰[43]へのてこ入れをしていたのだった。

先にも述べたが、五期教科書は低学年の2学年のみの発行であり、この2学年の教科書から五期教科書全体の軍事教材の特色について述べるのは無理がある。しかし、1学年を見るかぎりでは三期からの割合の変化が、5.6％、8.3％、12.0％と順次増加傾向が伺える。六期の割合が0％であるのは教師用教科書が見いだせず、挿絵のみで構成される学習目標がとらえられないからである。2学年については5.3％、12.0％、8.0％、10.0％となっていた。四期以降はわずかながら減少傾向になっている。元々取り上げられる課数は1～3課ということもあり、全体の課数の増減で変化が著しく出てしまうのは止むをえない。

（5）六期修身教科書に現れた軍事教材

①にいさんが語る戦地の様子

　六期の『初等科修身一』（3年相当）15課「にいさんから[44]」では、兄さんから届いた手紙という形で、軍夫として従軍している兄が戦地の様子を述べている。

　　……兵隊さんたちのはたらきには、ただ、あたまがさがるばかりです。それにくらべると、にいさんたちは、もっとはたらかなければならないと思います。二三日前、病院にゐる兵隊さんたちのおみまひに行って来ました。そこには、内地から来られたかんごふさんたちが、はたらいて

をられました。女でも、お国のために、こんなに遠いところまで来て、はたらいてゐるのだと思って、かんしんしました。……

と、戦地の様子を伝えている。兄さんを通して兵隊の大変なことに比べると軍夫の仕事の楽なこと、加えて女性でも国のために尽くしていることが書かれている。あたかも男子は軍夫、女子は看護婦を志願することを勧めているかのような一文である。そして、

おまへも、さういふことをよく考へて、おとうさん・おかあさんのおひいつけをまもり、先生のおをしへにしたがって、しっかり勉強するやうになさい。

と結んでいる。そして、兄の言う先生との授業で、こうした教材と対面するのである。1年後、四年・20課「南方と私たち[45]」に会う。

……今、日本は大陸から南方へかけて東亜を新しく立てなほすために、勇ましく戦ひもし、またあたたかくみちびきもしてゐます。このために、私たちのおとうさんや、にいさんは、大陸か南方へかけて出かけて行つて、命がけのはたらきをしてゐます。……やがて、私たちがかはつて、南方へわたり、あとをひきついではたらく日がまゐりません。私たちは、その時のお役に立つやふに、今からぢやうぶなからだとしつかりとした心をやしなつておかなければなりません。

と、自らに言い聞かせる文体で述べている。三期公学校修身教科書に見る人物をもとにする例話[46]と大きな違いがある。

②修身と国語の「君が代」
「君が代」は領有開始の早期から歌われていた[47]。しかし、教材として修身書や国語読本で扱われるようになったのは2教科ともに昭和18年以降の教科書からであった。修身では『初等科修身二』（4年相当・昭和18年）3課で「君が代」が初めて登場する。国語読本では四期巻一二（6年相当・昭和17年）1課に初見。そして『初等科国語七』（6年相当・昭和19年）10課「国

歌」として再度現れている。

　当初、『趣意書』は修身の教材の選択にあたっては国語読本との重複がないよう述べていた。にもかかわらず「君が代」を2教科で扱うのは、皇民化教育の推進徹底を図る意図が強く働いたからである。『初等科修身二』で取り上げられている一文をあげる。

　　戦地で、兵隊さんたちが、はるかに日本へ向かつて、声をそろへて、「君が代」を歌ふ時には、思はず、涙が出るというふことです[48]。

『初等科修身二』の教師用教科書での要旨[49]の一文をあげる。

　　天長の佳節に因み、学校の儀式と結んで、国歌「君が代」の大意を教へ、天皇陛下に対し奉る至誠の情と御稜威を仰ぎ億兆心を一つにする無上の喜びを感得せしめ、皇運扶翼の大義に徹せしめるのを本課の要旨とする[50]。

　要旨や注意事項の文中には軍事教材に結びつく事項は見られない。兵士として「君が代」を歌うという行為は、軍人として歌うわけであるから軍事的行為のひとつと考えてよい。「君が代」を歌い、涙するという記述に美談化への傾斜を見るのである。指導要領として説明する文中にも「兵隊さんたち……涙がでる」があるのみであった。また、連絡事項に、『初等科国語三』（4年相当）の「君が代少年」があがっている。

③「普通の家庭の子」に発奮を促して「軍神」に

　三期、四期は軍人として著名な佐久間勉、乃木希典、広瀬武夫が現れている。六期では広瀬に代わりに普通の兵隊であったが特別攻撃隊に加わり軍神になった九勇士、無名の軍夫や兵隊たちが現れた。その真意は何であろう。六期修身教科書の発行は昭和18年である。この年、2月には朝鮮で徴兵制が施行。4月に連合艦隊司令長官山本五十六が戦死し、5月には米軍アッツ島上陸という戦況下であった。前年の昭和17年4月には最初の台湾人志願兵が入隊し、昭和19年4月からは台湾人に対する徴兵制実施も決定していた時にあたる。

九勇士を扱った『初等科修身三』（5年相当）14課「特別攻撃隊」では、

> 軍神と仰がれるやうな人たちは、日本の普通の家庭に育つた人であること、家庭教育や訓練によつてかういふことのできるりつぱな人になつたことを知らせ、児童に身近いものと思わせて誰でも君国のために働く覚悟を以て真面目に一生懸命になれば、このやうに崇高な働きができるものであることをさとらせ、児童の発奮をうながすやう指導 (51) することが大切

と教師用指導書は述べている。武勇に優れた軍人のみが軍神となるのではない。教師用指導書がいみじくも述べるように、普通の家庭の子の「発奮」を促すためであった。そのために普通の家庭に育つた特別攻撃隊の九勇士や、台湾人軍夫の実話教材を設けたのである。六期では36課中26課においては「おにいさん」「おとうさん」などの身近な人たちを主人公とし、普通の家庭の子を「発奮」させるようにしているのであった。

『初等科修身二』（4年相当）では20課中9課が軍事教材で45％を占めた。そして、5、6年では共に軍事教材が50％になった。そして、6学年総合の割合が30.3％となっている。同時期の尋常小学修身書での軍事教材の割合が4年以上の学年で30.0％、35.0％、20.0％である。そして、6学年総合で21.7％であることと比較すると、台湾でのそれが高くなっている。六期高学年修身教科書については、男子ならば軍夫として戦地へ赴くこと、志願兵となること、やがて実施される徴兵制に応えることを躊躇しない人材を育成することを目的にして作られた教科書であった。

3　公学校修身書と尋常小学修身書に現れた軍事教材の割合

尋常小学修身書では五期708課中89課が軍事教材であり12.6％の割合となる。それに対して、全公学校修身書433課中の65課が軍事教材 (52) で14.7％になり、国内の数値より僅かに多くなっている。公学校修身書の3期から5期の軍事教材の割合は、尋常小学修身書のそれよりも常に低く配置されていた。しかし、最終期の国民学校期となった『ヨイコドモ』『初等科修身』

の教科書のみを比較すると、台湾が119課中36課で30.3％、国内が120課中26課で21.7％という数値を示す。この時期「衆庶普ク内台一如ノ完成ニ努メ[53]」るために、台湾にも内地同様に国民学校制度が導入された。しかし、修身科の内容を軍事教材配分比率から見る分、明らかな差異が認められる。

また、公学校修身書各期各学年の総てにあてはまる変化とは言えないが、各期ともに学年が上がるにしたがって軍事教材の割合が増している。また、学年の系列からみたとき、期を増すごとに軍事教材の割合が増している。このような数値の変化は偶然の変化というより、教科書編纂に携わってきた者たちが意図的に操作していたとしか、考えられないものである。

おわりに

三期から五期の公学校修身書軍事教材の現れ方については、尋常小学修身書と比較しても、特に大な差違はない。同時期の尋常小学修身書の軍事教材の割合がわずかに高いくらいであった。しかし、六期では、これまで述べた通り台湾での割合が高い。尋常小学修身書においても軍事教材の現れ方は、最終期はその前期の割合の1.6倍となっているが、公学校修身書では、六期は四期の約3倍であった。このような軍事教材の増え方については、当時の台湾の置かれていた状況を考えるべきであろう。

この時期、台湾で進められていた南進化政策は、単に国内の軍事的経済的南方基地という位置づけだけではなかった。六期教科書が発行された時は、南進化政策が唱えられ皇民化運動が激しくなっていく時期に重なる。この時期の皇民化教育については、国語重視の教育政策について、とりわけ「漢文廃止」「国語家庭の設置」を指摘することが多く見られた。今回の小論から、「忠良ナル国民」を育成しようとした教育政策の一端を修身教科書から見出せた。南進化政策によって六期の4・5・6年の修身書は半数が軍事教材になっていた。国策としての南進化政策は、修身教科書に於いて軍事教材の増加という具体的な形となってあらわれた。台湾人児童を忠良ナル少国民とし、将来の帝国軍人を育成するべく軍事教材に満ちたものにしていたのであった。

【註】
(1) 三期～六期の4期間、6学年で24冊となるべきであるが、五期は1、2年のみしか発行されなかったために4期間20冊となる。
(2) 『台湾教育会雑誌』第1号（明治34年7月20日）「内外彙報（9）」の注意事項の五として「修身、国語、作文、習字、算術、唱歌、体操等ノ諸科ニハ相当ノ参考書ヲ備フルノ必要アリト認ムル依テ少クトモ左記ノ諸書ヲ備付クルコトヲ要ス」とあり、修身の参考書として「勅諭述義、祝祭日略義、作法教授書（以上総督府出版）　幼学綱要（宮内省出版）　小学（宗儒朱子著）」の書名が上げられている。『台湾適用作法教授書』について、台湾教育会発行、大島真太郎著『伊澤修二先生と台湾教育』（120頁）に「本島人学生に礼法の一斑を教授する参考書である」と紹介されている。
(3) 加藤は中外毎日新聞社『躍進台湾大観　続々編』昭和16年第8版（初版昭和14年）41頁で、国語読本の発行期についてふれている。一期を『台湾十五音及字母詳解』『台湾適用会話入門』等の会話主体の図書とし、『台湾教科用書国民読本』等の教科書の体裁をもったものを二期からのものと述べている。
(4) 各期とも第1学年相当の教科書の発行年。学年によって発行年のずれが見られる。現在のように一度に6学年分が改訂発行されていない。
(5) 台湾総督府『台湾公学校教科書編纂趣意書　第一篇』大正2年　6-8頁。以下、本稿での『趣意書』からの引用はすべて本書による。
(6) 定論という書かれ方ではないが、明治43年度以降使用の国定修身教科書発行にともなって出された『編纂趣意書』中には、作話ではなく仮作物語という語句になっている。「然レドモ例話ハ教訓ニ適切ニシテ且児童心意ノ発達程度ニ恰当スルモノナラザルベカラズ。第一学年ノ学校及ビ家庭ニ於ケル卑近ナル心得ヲ授クルニ当タリテハ、適切恰当ナル事実ノ例話ヲ求ムルコト難ク、為ニ已ムヲ得ズ多クノ仮作物語ヲ用ヒタリ」という一文を見るが、特に定論となったかどうかは未見である。上記の引用は以下による。仲新・稲垣忠彦・佐藤秀夫編『近代日本教科書教授法資料集成　第一一巻　編纂趣意書一』東京書籍、1982年、87頁。
(7) 三期巻一・14課「うそをいふな」、三期巻二・3課「友だちは助けあへ」、三期巻二・14課「欲ばるな」、三期巻二・17課「よく働け」、巻二・18課「悪い勧に従ふな」、三期巻3・7課「身の程を知れ」、四期巻1・10課「わるいすゝめに従ふな」。
(8) 本稿で使用している発行期については、台湾教育史研究会編『日治時期台湾公学校與国民学校　国語読本』（南天書局、2003年）による。
(9) 二期巻六・18課。
(10) 三期巻八・23課。
(11) 三期巻十・5課。
(12) 三期巻十二・3課。

(13) 三期巻十二・6課。
(14) 一期巻一二・11課、二期巻一一・17課、三期巻一一・26課。
(15) 一期巻一〇・13課、二期巻一〇・7課、三期巻九・23課、四期巻九・24課。
(16) 三期巻一二・19課。
(17) 四期巻一二・14課、五期初等科国語八（巻一二相当）6課。
(18) 台湾教育史研究会『前掲書』45-95頁。
(19) 公学校修身書での徳目の現れ方については、教育史学会第47回大会（平成15年10月）と台湾教育史研究会（平成15年11月）で発表し、詳細は「台湾教育史研究会会報」30-31号で紹介された。この拙論で「国民精神ノ涵養」徳目に含まれる二次徳目として、我が国体、天皇、皇室、皇大神宮、祝祭日、国旗・国歌、忠義、海外発展、国憲国法、公民、教育、神社、国語、国防の14をあげた。唐沢富太郎『教科書の歴史』によって分類された事例をもとにして、台湾公学校修身書での独自教材を組み込むために、新しい徳目も設けた。拙論での結論を簡単に述べておく。総督府が力を注いだのは「国民精神の涵養」「従順」「誠実」「勤労」の四大綱領と呼んだ徳目であった。とりわけ「国民精神の涵養」内の「忠義」を重んじた。逆に「進取立志」の徳目は置かなかった。それは、台湾の人々の上昇志向を危惧していたからであった。総督府は「日本国民の精神、特に忠義を重んじ、よく他に尽くし、従順で衛生に留意し、誠実に、よく働く」人間の育成を目指したのであった。そのためには、尋常小学修身書の複製を当地に移植するだけでは不十分であったので、必要に応じて独自の徳目を設けた。それらは周到な計算の上に配当されていた。
(20) 中内敏夫『軍国美談と教科書』1988年、岩波新書。唐沢富太郎『教科書の歴史』（297頁）は軍国的教材と呼んでいる。海後宗臣・仲新『教科書で見る近代日本の教育』（東京書籍、1979年、160頁）では戦時教材とし、国民学校期の教材に絞って使用している。
(21) 中内敏夫『前掲書』5-20頁。ただし、3つの条件をすべて備えていなければならないというものではない。
(22) 中内が『軍国美談と教科書』巻末にあげた尋常小学修身書に現れた軍事教材一覧では、同一教材で一期に軍事教材としながら二期三期では外していた課があった。また、逆に一期で外し二期三期に軍事教材にしている事例が見られた。そのため筆者の責任において新たに再調査を行った。
(23) 『公学校修身書　巻二　教師用』1921年第3版発行（1913年第1版発行）、34-35頁。
(24) 『前掲書』35-36頁。
(25) 『公学校修身書　巻五』1925年第8版発行（1914年第1版発行）、2頁。
(26) 『公学校修身書　巻五　教師用』1922年、2-4頁。
(27) 植民地教育史研究年報6号『植民地教育の残痕』（2004年3月発行）中、「台南・安平墓地の墓誌と公学校修身書教材」で詳細を報告した。本号にもその続編がある。

⑶ 一期巻四・20課「兵役」を初出として、二期巻六・23課「国民の公務」など。
⑶ 直接、徴兵制についての課名は見られないが、六期『初等科修身　二』（四年相当）・7課「私たちの庄」に「……青年団から今度志願兵に二人合格……、軍夫が二人戦地へ……」とある。また、同12課「明治節」に「国民は皆兵士となって天皇御統帥の下にわが国を護ること～」という記述を見る。
⑶ 三期は海軍大尉であったが、四期は海軍中佐の肩書きになっている。
⑶ 『公学校修身書　巻五　教師用』1930年、166-181頁。
⑶ 小笠原長生（おがさわら　ながなり）唐津藩最後の当主の後嗣。海軍の軍人であったが、学習院御用掛となり院長乃木希典大将のもとで役を果たす。乃木夫妻殉職後事を託される。海軍中将。勲一等瑞宝章、正二位に叙せられた。
⑶ 『公学校修身書　巻一　教師用』1928年、82頁。
⑶ 『尋常小学国語読本』1935年、61-64頁。
⑶ 『公学校修身書　巻四　教師用』1929年、153頁。
⑶ 『公学校修身書　巻五』昭和17年第14版発行（昭和5年第1版発行）51-52頁。
⑶ 『公学校修身書　巻五　教師用』1930年、195-201頁。
⑶ 五期巻一の課名については、教師用指導書がないため、これまで発行されている修身教科書の課名と挿絵を参考にして筆者の責任でつけた。
⑶ 『公学校修身書　巻二　教師用』1939年、15頁。
⑷ 『公学校修身書　巻二　教師用』1939年、16頁。
⑷ 中内敏夫『前掲書』74-97頁。筆者の勤務している玉川大学教育博物館に三勇士を形どった文鎮、絵葉書、学習帳（三勇士の表紙）が所蔵されている。
⑷ 文部省『初等科国語　二』21課、1942年。
⑷ 中内敏夫『前掲書』81頁。
⑷ 『初等科修身　一』（3年相当）1943年、58-60頁。
⑷ 『初等科修身　二』（4年相当）1943年、80-85頁。
⑷ 内容上は『編纂趣意書』で説明される実話に分類されるものであっても、それぞれが史実に基づいての話であったかどうかは未確認。本号「台南・安平墓地の墓誌と公学校修身科教材」の故陳養氏の例にあるように、実在の人物でも主人公の氏名が伏せられている場合もあり、作話ばかりとは言えない。
⑷ 台湾総督府『台湾学事法規』（1901年、105頁）、第3章教授ノ要旨及教科ノ程度中、第九条の「公学校教授ノ要旨中」、唱歌部分で「唱歌ヲ授クルニハ祝日大祭日及諸儀式ニ用井ルモノ並普通ノ歌曲ヲ授ケ耳及発声器ヲ練習シ兼テ徳性ヲ涵養セシメコトヲ要ス」と規定されており、儀式のときに「君が代」を歌うように指示されている。また、「明治四四年台湾総督府公文類纂三八（綴番号一八〇四）永久保存第七門　教育」桃園尋常高等小学校三角涌分教場、三角涌公学校尖山分校、桃園尋常高等小学校□分南投尋常高等小学校へ勅語謄本御下付ノ件　明治43年9月13日・明治44年7月10日、中の勅語奉戴式要領に「一職員児童着席　二来賓着席

三「君が代」ノ唱歌……」とあり、「君が代」が歌われていたことが記録されている。
(48)『初等科修身　二』1943 年、39 頁－42 頁。
(49) 六期での目的にあたることを教師用指導書では「要旨」としている。
(50)『初等科修身　二　教師用』8 頁－12 頁。本書の発行については、奥付を欠くために正式な発行年は不明であるが、序文中の年月日に昭和 16 年 5 月とある。
(51)『初等科修身　三　教師用』(5 年相当) 1943 年、71 頁。一般に九軍神と言われていることを取り上げている。
(52) 五期の 1 年、六期の 1 年から 3 年の教師用教科書は未確認である。これらを調べあげることで、割合の数値に多少の増加があると思われる。軍事教材となる記述は児童用教科書よりも教師用教科書の記述によることが多い。
(53) 佐藤源治『台湾に於ける国民学校の経営』新高堂書店、1943 年、38 頁。

日本占領下「昭南島」における日本語教育
―― エスニシティ構造の変化に着目して

樫村　あい子[*]

はじめに

　歴史学者の荒井信一氏によると、すべての人間が戦争に巻き込まれたという点において、第二次大戦はそれ以前の戦争とは明らかに変化したという[1]。発達した現代の産業技術が戦争に高度に応用され、その結果人間の外面だけでなく、内面まで破壊され、傷害をおわされるようになった最初の戦争である。その文脈では「現代の戦争の個人性、主観性、内面性はむしろ、現代の戦争の非人間的特質をしめす重要な徴表でもある」と指摘している[2]。

　荒井氏の提言は予兆的でもあるが、近年、独自の理論展開からオーラル・ヒストリーを含めた丹念なフィールドワークを基盤にして、駒込武、多仁安代、松永典子といった研究者が先行研究発表をしている。しかしそこでは必ずしも歴史上の「社会条件」と個々人の持つ「思想条件」[3]が融合され、完成されているとは言えない[4]という問題が指摘できる。特に、筆者が研究している「占領下の教育」という課題は従前の日本の方法では事実確認が主であった。しかし、グローバリゼーションの下、「事実」自体が多面的かつ多様的であることが周知となった現在では、従来の方法では研究を世界に据えた時に学際的発展性という点において限界が指摘できる。

　そこで、本稿では、multi-ethnic society と称されるシンガポールにおいて「社会条件」とも「思想条件」とも密接に関係するエスニシティ[5]に焦点を当て、日本占領下の日本語教育がシンガポーリアンたちのエスニシティにどのような作用を及ぼしたのかを検討したい。具体的には、第一に、シンガポール建国に大きな影響を与えた戦前の英植民地時代の教育政策によるエスニッ

---

[*]　一橋大学大学院社会学研究科博士後期課程

クグループの社会階層構造と言語環境を見る。そして日本の占領政策と教育政策との対比によりシンガポーリアンたちのエスニシティ構造がどのように変化させられていったかを概観する。その上で、日本・シンガポールのオーラル・ヒストリーで解明された日本占領下の日本語教育の「実態」を提示する。ここではシンガポールにおいて日本語普及の代表的役割を果たした軍管轄の成人向け日本語学校及び私立日本語学校を扱う。

現在、約8割を占める中国系住民の「記憶」がナショナル・ヒストリー形成に多大な影響を持っていることから考えても、今後、日本占領下のシンガポールの日本語教育を分析・攻究する際だけではなく、現代のシンガポールでの教育問題を読み解く上でも、重要なキーワードとして「エスニシティ」は挙げられるのではないだろうか。

なお、本論文中で使用している「オーラル・ヒストリー」とは、1）聞き取り調査は、国内外ともに2000年、2003年、2004年にインフォーマントと面談形式で行ったものからの抜粋、2）シンガポールのNational Archives所蔵の証言テープ、3）国内外発行の証言集の3つを主に元にし、分析・解釈している。

1、英植民地政府下の社会階層構造と教育政策

戦前シンガポールで、イギリス政府は中国系・インド系住民をあくまで「移民」としてみなしたのに対し、マレー系に対してはサルタン王制を認めて土着の民族として扱った。そのため積極的な英語教育政策を展開することはなく、他言語に対しても基本的には放任の形をとったので、英語は次第にエリート言語化し、マレー系（人）に対しては「農民」教育をするにとどめた。そのため、エスニック[6]コミュニティごとの個々の言語社会は並存する形で多言語社会が存在していた。

つまり、イギリス政府は、英語教育による植民地統治政策をとらなかったため、「住民の言語の不統一」、「人種・民族ごとの言語の雑性」はそのまま温存され、未発達となったのである。

1）英植民地下の社会階層構造

　以下の図1は英植民地政府下の社会階層構造をエスニックグループ別に図にしたものである。

　中国系、インド系ともに植民地政府は移民として見ていた。そのため、「移民は本国へ帰国する」という前提のもと、積極的な統治・教育政策はとらなかった。中国系は職種的には商品売買等の経済活動に従事し、チャイナタウンを形成していった。インド系もやはり植民地政府からは移民として区別されたが、本国インドも英領下であったため中国系と同一の扱いであったとは言えない。いわば出稼ぎ的な扱いであり、インド本国との行き来も頻繁であった。職種的には多くはエステート労働者であったが都市のインド系は単純労働に就いた。対して、マレー系について植民地政府は、土着の民族として文化的にも不干渉の姿勢をとったが、大原（2002年）によると、1930年代には実は「土着のマレー系」の多くはシンガポールのような都市部の仕事をしており、ジャワ人を先祖とする移民である「非土着のマレー系」とに区別されると言う[7]。しかし、英植民地政府にとって都合のいいことに、中国系・インド系・マレー系たちはそのエスニックグループ内部でも出生地により小集団化され、互いに協力や組織化することはなく「労働市場」としてのシンガポールに分割居住していた。そのため、教育政策については、植民地政府は彼らが本国の教育を行うことについて基本的に彼らの自由にまかせ、少数の現地人の下級官吏養成の必要のために英語学校を彼らに開放した。その結果、支配言語である「英語」はエリート言語としての位置におかれたが、中国系、インド系の定住化が進むとともに次第に社会的共有言語としての教育的役割をも担う形となっていった。

図1　イギリス統治下の社会階層構造

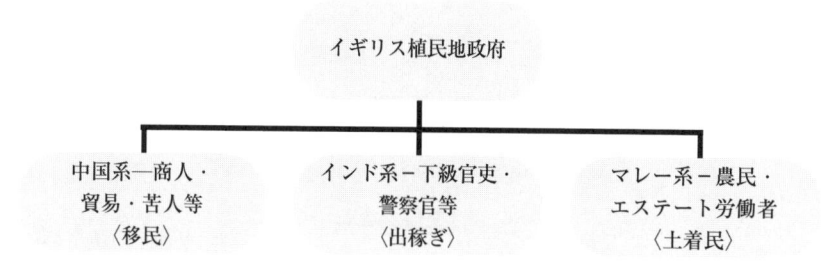

```
                    イギリス植民地政府
         ┌──────────────┼──────────────┐
   中国系―商人・      インド系―下級官吏・    マレー系―農民・
   貿易・苦人等         警察官等            エステート労働者
    〈移民〉            〈出稼ぎ〉            〈土着民〉
```

2）英植民地下の言語環境と植民地政府の教育政策

　英植民地下の言語環境を図示すると以下のようになる。中央にはエリート言語としての「英語」が入る。

　このような言語環境は1）の植民地政府の各エスニックグループに対する姿勢とともに、植民地政府の教育政策により作られた。

　植民地政府は教育に対しては非常に消極的であったと言える。初期の教育はシンガポールを含めた植民地に赴任した官吏の子弟のために行われていた。後期になっても表1を見みれば分かるように、官立の学校は英語学校のみである。また、英語学校のほとんどは初期からミッショナリーの手によって設立運営されていた。

　中国語系の学校は幇と呼ばれる組織が資金を出し合い設立したり、本国から教師を招いたりと本国とのつながりが深かった。エステート内では学齢児童が10人以上の場合は必ず学校を作ることとの法令を出していたが、インド系に対して就学義務はなかった。そのため、ある程度の資金的余裕があり、高等教育を希望する向学心がある者、社会的優位性を望む者たちは初めから英語学校への入学を選択する結果となっていき、図2のような言語環境が形成されていった。

表1は戦前のシンガポールにおける各言語学校数である。中国系学校が最も多いことからは、中国本土との密接な関係が見て取れるが、表2と合わせても中

図2　イギリス統治下のシンガポールの言語環

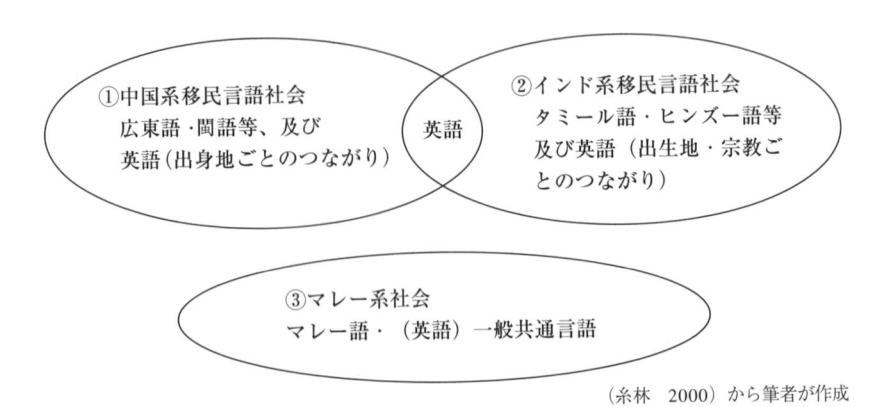

①中国系移民言語社会
広東語・閩語等、及び
英語（出身地ごとのつながり）

英語

②インド系移民言語社会
タミール語・ヒンズー語等
及び英語（出生地・宗教ごとのつながり）

③マレー系社会
マレー語・（英語）一般共通言語

（糸林　2000）から筆者が作成

国系住民の教育アスピレーションの高さがわかろう。また、次いでインド系住民の英語学校入学数が多く、英語学校本来の設立目的であった植民地政府子弟の教育の役割は、日本占領直前時には形骸化していた。

表1　戦前の「昭南市」における各学校数
マライ語学校

学校	男	女	計
マライ語学校	22	6	28

中国系学校

学校	官立	補助金アル私立	私立	計
中国系学校	0	44	285	369 *

＊　中国系学校には営利目的の学校、幇組織の学校の他に華僑学校があったため、計はあわないと推察される。なお、華僑学校の実態については不明である。

タミール語学校

学校	官立	補助校	私立	計
タミール語学校	0	4	7	20 *

＊　タミール語学校はエステート内小規模個人経営が多かったため、計はあわない。

英語学校

学校	官立	補助校	私立	計
英語学校	15	15	59	89

(出典)　以上は徳川義親『マライ教育事情』1943年より筆者が作成

表2　英語学校における人種別生徒数

人　種	人　数
ヨーロッパ・ユーラシアン	5.225
マライ人	5.032
支那人	39.701
印度人	12.536
其の他	1.020
計	63.514

(出典) 徳川義親『マライ教育事情』1943年

　マレー系については、植民地政府の教育方針派はあくまで「農民」を育てるためであったので、マレー語学校に対してだけ補助金を出さなかったり、英語学校への道を意図的に閉ざしたりしたとされている。しかし、以下のインタビュー回答からもわかるように、植民地政府の方針とともに、彼らの宗教的理由から英語学校に入るマレー系は少なく、エリート言語の獲得という点からマレー系の置かれていた社会階層構造内での位置がうかがえる。

〈オーラル・ヒストリーから〉

「戦前の社会環境や学校について教えてください」という筆者の質問に対する回答。
・インド系イスラム教徒のH氏の回答
　「イスラム教徒は戦前（ミッショナリーの）英語学校に行くのは難しかった。友人の結婚式などで教会に行くのさえもできなかったのだから。」と宗教的規制が強かった事を述べた[8]。
・インド系ヒンズー教徒のB氏の回答
　「戦前、マレー人は仕事のせいで田舎に住んでいたので、教育を受けるのも交通などの事を考えると大変だったと思う。」と教育環境について説明した後、「マレー人はタクシー運転手になれればよかった」程度だと、当時のマレー人の教育アスピレーションを見ていることを示してくれた[9]。この発言の背景には彼自身は戦前英語学校に学び、日本語学校での優秀な成績により、当時勤

めていた郵政局での出世を経て戦後郵政局長にまでなったことが影響していると思われるが、中国系の方に聞いてもマレー系の教育アスピレーションについては、もともとの土地の人たちといった認識であり、高い評価は返ってこなかった。しかし、インフォーマントたちはエスニシティにかかわらず、自分たちのコミュニティ外に出ての買い物時や他の民族とのコミュニケーションには簡単なマレー語を使用したと述べていることから、当時のシンガポールを「マレー人の土地」として認識していたとも言える。

3）日本軍の民族政策の概観

ところが、日本占領下の日本語学校においてはエスニシティによる区別はなかった。日本占領下の日本語教育の現場では全てのエスニックグループが同じ「日本語」を習うことになり、初めて各グループが一同に机を並べ同じ教室と言う空間を共有し、同じステージに立ったわけである。先行研究では日本語教育が「民族間の離反を挑発した」(10)といわれているが、初めて同一のステージに立たされたシンガポーリアンたちにとって、日本軍の民族政策はその差異をより鮮烈に表出したのだろう。

日本軍の民族政策の内容は軍の政策にも明記されているように、中国系は敵性外国人とされ、「大検証」による教師の虐殺は現地学校の教師不足を招く結果となり「奴隷化教育」「教育機会の剥奪」といった現在の代表的言説になっている。

表3は各エスニックグループへの日本軍の教育政策に対する姿勢を端的に表している。

まず、多くの中国系初等学校の生徒たちは、日本軍の教育に抵抗を示した。背景には「大検証」という大量虐殺と共に、女子の間ではレイプに対する恐怖

表3　シンガポールの昭南時代 (11) と戦後の学校数および学生数

	昭南時代		1946年	
	校数	学生数	校数	学生数
華文学校	21	2,543	125	46,699
英文学校	36	5,000	51	23,821
マレー語学校	22	4,572	26	5,551
タミール語学校 (12)	9	789	4	538

(出典)　許・蔡編(1984=1986:215)より筆者作成

心、そして本国とのつながりをもった親たちの強い意志の影響があった。

　加えて、1942年4月18日にマライ軍政監部より通牒された「小学校再開ニ関スル件」によると、初等教育の予定教育科目は「唱歌・体操・遊戯・手工・図画・日本語・作文・園芸とし、土日を除き毎日3時間授業すること」と規定されていた。
　しかし、「それはあくまでも軍政監部の発想であって、現場の実状はそれより遙かにかけ離れた苦しい歩み方を余儀なくされていた。」（シンガポール市政会　1986：196）

　具体的には、昭南特別市教育科教育科長だった原田歴二が『日本語中心の教育といっても、第一、日本語を教える先生もいなければ、教科書もない。さしあたっては「従来通りの教育を続けよ」と教育科のインスペクターに指示せざるを得なかった。』（シンガポール市政会　1986:197）と回想しているように、物資の欠乏とともに、日本語を教える教師の不足が大問題であり[13]、表4が示すように授業内容も教育としては乏しいものであった。

　具体的政策経緯を追って見ると、軍は当初、慎重かつ強硬な対策を教育の場でとった。表1を見ると、シンガポールにおいて最も数が多かったのは中国系学校であり、エリート校のステイタスを与えられていた英語学校においても、生徒は中国系が多数を占めていた。にもかかわらず、前出の1942年4月18

表4　1943年3月現在の昭南特別市某男子普通学校（支那語学校）の時間割

時間＼曜日	月	火	水	木	金	土
8:30～10:00	農業	農業	農業	算術	農業	農業
10:00～10:30	日本語会話	算術	算術	幾何	体操	日本語会話
10:30～11:00	算術	幾何	代数	日本語読方	日本語読方	運動
11:00～11:30	代数	日本語読方	地理	日本語会話	代数	唱歌
11:30～12:00	地理	図画	図画	日本語書取	日本語書取	
12:30～1:00	日本語読方	日本語会話	日本語読方	衛生	衛生	
1:00～1:30	植物学	唱歌	日本語会話	植物学	修身	
1:30～2:00	手工	日本語書取	手工	日本語書取	地理	
2:00～2:30	支那語	支那語	支那語	支那語	唱歌	

（出典）南方軍政総監部調査部『占領後ニ於ケル「マライ」ノ初等教育』（1943年）より筆者作成

日付「小学校再開ニ関スル件」では、中国系学校の再開は認められず、教育用語としての中国語も禁止された。また、英語学校は閉鎖され日本語学校にとって代わったため、実質的に中国系の教育機会は剥奪される結果となった。教育言語は、日本語とマレー語と規定され、例外としてインド系学校では、日本語とタミール語の使用が許可された。

しかし、7月になり、新たに軍政機構の刷新がおこなわれ、軍司令部から独立した最高行政機関として第25軍軍政監部が設立されると、軍政指導の精神は文治主義に転換する。これを背景に教育政策では、10月には「教育ニ関スル指示」[14]が出され、中国系学校の再開が認められた。また、この指示中、中国系も被統治民として「東亜ノ民」とされ、表4のように中国語が補助語として使用許可された。従来までの、作戦第一主義より、建設第一主義に変換したこの時期は、日本語教育にも力が注がれ始めた時期でもある。11月には「昭南日本学園」を引き継ぎ「馬来軍政監部国語学校」が開設される。

しかし、1943年12月付南方軍総監部調査部の『占領後ニ於ケル「マライ」ノ初等教育』によると昭南特別市の中国系学校再開率は、6.2％にとどまっている。就学児童数に至っては、戦前の児童数3万7505人に対し、6748人と戦前の18％の就学率しかない。

英語学校に学び、その後働きながら日本語教育機関に敗戦まで通った中国系シンガポーリアンのC氏に当時の中国系社会について尋ねたところ、「華僑のなかでも、日本を憎んでいた人たちは、学校には行かなかった[15]」との回答を得た。

他にも中国系学校の低再開率には、「大検証」にて、教師などのエリート層がスパイとの、回答を得た。や共産党員容疑で、「検証」の対象になったことに加えて、知識階級であった教員たちは、他の民族に比べ他の職を得やすかったため転職して他地域に避難したという背景も指摘できる。しかし、最も大きな理由は将来を見据えた上でのエスニシティに基づいていたと考えられる。

では、優遇措置をとられたマレー系とマレー語学校について日本側の政策を見てみよう。

1942年11月の総務部総務課による『民族対策参考資料』内の「教育上の民族対策」では、

　　　現地民族ノ教育ニ就キテハ当分ノ間積極的方向ヲ執ルハ日本語普及ヲ

着眼トナシ馬来語学校ヲ開設シ其ノ他ノ学校ニツキテハ教育ノ強制乃至ハ普遍化ニ関シテ積極的ニ急グノ要ナシ（後略）

と、マレー系、マレー語学校優遇政策が当面の指針とされ、その他の民族に対しては教育を抑制している。マレー系に対する優遇政策は、反日意識が薄く植民地政府の「農民教育」により高等教育へ進む者も少なかったため、ナショナリズム意識の昂揚も低いと日本軍に思われたためである。日本軍はマレー系を教育により統治政策に内包することで積極的に協力させようとした[16]。日本軍は、マレー語学校は無償で開校し、マレー系に対して教育の門戸を拡大させる方針をとった。そのため、馬来学校は他の民族学校の中で、一番高い再開率になった。再開率は96.4％にも上った。ここで特筆すべきは、児童数である。前出の『占領後ニ於ケル「マライ」の初等教育』ではマレー系のシンガポールの戦前児童数5339人に対し、戦中の1943年4月には5933人と増加しており、111.1％の増加率となっている。

実際、日本占領時にシンガポールにおいてマレー系下層住民への教育の機会の拡大、もしくは自信を付与した事は、元南方派遣留学生の戦後の発言からも指摘されている。

が、誤解してはならないのは、日本側はマレー系住民への教育向上を特に意図したものでないことである。英植民地下の彼らのおかれた環境から考えて、マレー系住民に教育獲得の環境が戦前は極端に少なく、シンガポールの社会構造からエリート言語である「英語」を獲得する機会が極端に制限されていたため、戦争による社会構造の変化の結果として、彼らマレー系住民が自ら教育を通じ、社会的地位の向上の機会を日本占領下に獲得していったのである。

ところで、インド系学校再開率は45.0％であったのにも関わらず、戦前の児童数811人に対し、戦中の児童数は868人と増加率は107.0％であった。インド系に対するこのような結果の理由は、日本軍が藤原機関（通称F機関）を使い、戦中よりインド人との協調路線をとったことや、「インド独立」を打ち出し、「インド国民軍」編成に力をいれたことの、影響があったと見られる。加えて、英植民地下の教育環境では、インド系学校は、エステート内雇用労働者のために設立されていたものがほとんどだった事から、教育目的と労働上の要求とが離反していたため、全課程を終了する児童が極めて少なかったのが実状であった。しかし、マレー半島よりは都市化していたシンガポールにおいて

は地域性からエステート労働者より、単純労働や下級官吏職に就くものも多く学校教育には熱心だった。しかし、戦前の一部の公立校と個人経営の学校では、教育レベルに開きがあり、彼らの本来の教育アスピレーションに応えられていなかった。このような背景はよりよい就職口に直結する日本語教育を甘受させる形となり、学齢児童は日本軍が再開させた初等教育機関に集中した。インド系住民に対して日本軍は、「インド独立」の旗印を掲げ、インド国民軍の結成で軍への協力を奨励したことで、軍が「他の欧米への反植民地的文脈でインド系住民を利用する目的」に生徒たちを巻き込んだともいえる。

2、日本語教育機関の実態

1）成人向け日本語学校

　シンガポールの日本語教育機関で教育内容・規模ともに最も充実していたのは、第25軍宣伝班に徴用されていた神保光太郎がクイーンズストリートに開設した昭南日本学園に始まる、馬来軍政監部国語学校、昭南特別市クイーンズストリート日本語教習所だった。
　これら三つの日本語学校は、行政上の管轄が名称と共に変わっただけで、同じ建物を使用し、教師たちも多少の入れ替えはあったものの、シンガポーリアンたちには一連の学校と記憶されている[17]。
　以下は馬来軍政監部国語学校の組織・授業内容について表にまとめたものである。
　馬来軍政監部国語学校は、昭南特別市クイーンズストリート日本語教習所に引き継がれる。
　成人用のこの一連の日本語教育機関では、それまで、男女別の学校に行っていたものが男女混合クラスで勉強し、他のエスニックグループと初めて席を同じにして教育を受けるという経験をした。本稿では細かに見ることはしないが、日本側教師陣は授業で特別にエスニシティにより区別や差別をしてはいなかったようである。クラスわけも多民族混合、男女混合であり、どのエスニックグループに対しても、「日本語を学ぶ生徒」という枠組みで授業内容は組み立てられていた。

馬来軍政監部国語学校　1942年11月～1944年1月

開設	軍政監部に管轄を移管し開設
校長	小川　徳治（？）
教員	昭南日本学園からの教員に加え、生徒の便宜を考え女性教員を配置。9名
入学者数	総入学者は、1304名。5回の卒業生を送りだし、総数は872名になった。
生徒の構成	成人対象ではあったが、小学生から熟年世代[18]まで在籍。人種は中国系・インド系・マレー系・ユーラシアンなど混合。男女も混合クラスであった。
クラス編成	午前・午後・夕方の各2時間。初等科・中等科・高等科・のちに専修科の3カ月課程。1943年末に郵政局特別科が敷設され、4回176名の卒業生をだす。
教育内容	日常会話を主とし、カタカナから入り、ひらがな、簡単な漢字、唱歌を教える。直説法。学内では日本語のみを使用。
教科書	邦人学校の教科書を参考に、教師達の手作り。『国語読本』巻1－3
閉園	第25軍がスマトラに移ったため、また軍事的背景から昭南特別市に移管。

（出典）表は、宮脇（1991）を参考に、筆者が2000年に行った国内での教育者とシンガポールにての被教育者5人からの聞き取り調査、およびNational Archives所蔵による証言テープと資料、国語学校「同窓会」会報より作成。

　そのため、漢字に慣れていた中国系の生徒は読み書きの覚えが他のグループより早く、インド系のある地方の出身者は発音が日本語と似ていたため話すことには成長を見せたなど、ここでもエスニックグループごとの特徴が現れ、日本語教育の場で非意図的に生徒たちに他のエスニシティを意識させる結果になっていった。

　もちろん、日本軍は日本語コンクールの開催や、新聞への投書掲載というプロパガンダ、日本語学校の成績による職業斡旋などを通じて意図的にも各エスニックグループの日本語能力を競わせる方針をとった。それらは日本軍の民族政策の土台の上で、それまで、孤立的独自的に存在していたエスニックグループに自らのエスニシティを他のエスニシティと比較することに結びついた。

　次に、私立の日本語教育機関ではどのような組織・授業だったのかを見てみよう。

2）私立の日本語教育機関

　私立の日本語学校については、ほとんど解明されていないのが現状であるが、聞き取り調査とフィールドワークより本願寺日本語塾について次のことが判明した。

私学—昭南本願寺日本語塾　1942年2月～終戦直前

開設	Oxley Riseにあったユダヤ人の別邸を占領軍が接収した。各部隊が本願寺の面倒を見ていたようで、総司令部の直轄のようだった。 南方総軍の下、従軍僧として従軍していた岡本泰雄が開設。
所長	岡本　泰雄
教職員	専任講師として英語のできる、現地在住の日本人女性岡本春子[19]氏を雇用。約1年後、元ハワイ本願寺教師清原某氏2名と重藤氏他1名が着任する。昭和18年になると、昭南本願寺、輪番[20]と日本語学校長を岡本泰雄氏が兼任し主任講師として岡本春子氏が任命される。他、講師は若干名で、現地人の講師もいたもよう。
クラス編成	初めは、1時間半くらいの昼間のクラスのみで、40-50人に教えていたが、生徒数が増加していったため、授業時間も、1時間、40分と短縮していった。
生徒	中国系・マレー系が多く、マレー本土から通ってくるものもいた。商売をしていたものが多かった。
授業内容	日本語が主で仏教的なことは教えていなかった。
教科書	60代の中国系現地人の元教授を雇い、マレー語・英語・日本語の教科書や辞書を編纂した。(岡本泰雄編・著『日本語読本』巻1－2か?)
授業料	無料

岡本泰雄氏長男泰仁氏、および、同じくシンガポール南方総軍に配属されていた山代秀道氏からの聞き取り調査から作成[21]

　本願寺日本語学校は私学の日本語学校のなかでもいち早く昭南島に設立された。その後、多くの私学の日本語学校ができたようであるがその記録はほとんど残っていない。授業料が無料だったことや現地人が教師をしていたことから、生活や経済活動の上で必要にせまられた現地住民が比較的気軽に通ってきていたようである。授業内容は馬来軍政監部国語学校に比べると簡単かつ実用的な内容レベルだったが、教師は必要に応じて英語を用いて説明をするなどしていたようである。クラスについては多民族混合、男女混合クラスであり、各エスニックグループの習俗・習慣への配慮はなかったが、各語対応の日本語辞書を編纂するなどの活動は生徒のエスニシティを意識したものであった。

3）エスニシティの変化

　このように、日本占領下の日本語教育の現場では全てのエスニックグループが同じ「日本語」を習うことになり、英植民地時代のエスニシティの社会構造は変化した。戦後の個々人の「日本占領下の日本語教育」に対する意味付けは

多様性を見せるが、これには、「エスニシティ構造の変化」が大きく影響していると指摘できる。「エスニシティ構造の変化」についてはマレーシアとシンガポールを比較することでより鮮明になる。

シンガポールと袂を分かち合ったマレーシアのマハティール元大統領の言葉とシンガポールの元上級相であり、現大統領の父となったリー・クアンユーの言動を見てみよう。

マハティールは2003年に出版した『立ち上がれ日本人』のなかで、

> 旧宗主国は支配者であったにもかかわらず、植民地の社会問題には一切関心を払いませんでした。彼らはより多くの富を搾取しようと、人口分布が変わるほど多くの外国人労働者を移住させました。そのために、やがて独立した旧植民地の国々は、経済格差のある多民族・多宗教の国家となってしまいました。にもかかわらず旧宗主国は、困難に直面したこれらの国々にむかって、自らがかつて連れてきた外国人を不当に扱っていると冷淡に批判する。彼らはいとも簡単に、自分たちが行ってきた不公平な振る舞いを忘れてしまうのです[22]。

と、グローバリゼーションと旧宗主国（ここでは英国）に苦言を呈していると共に、中国系住民との問題を示唆している。

マレーシアは英植民地から独立した後、マレーシア連邦を築くが、1965年にはシンガポールを独立させる。その背景には中国系住民に対する危機感があった。

マハティールは日本占領については過去のことであり、日本の戦後の復興に学ぶべきだとする「ルック・イースト政策」をとり、一応の成功を収めた。その際、元南方特別留学生として日本語を学習し日本文化を学んだエリート層の協力があったのは周知のとおりである。

対して、外国人労働者出身であったリー・クアンユー元上級相の言動と国家建設は、明確な日本占領と日本語教育に対するマハティールとの認識の相違がある。彼は「マレー人の間には強い連帯感があった。この連帯感が実は華人やインド人など彼らより精力的で勤勉な移民に圧倒されてしまうというマレー人の危機感から出ていることに気づいたのはだいぶ後のことであった」と述べているが、すでに、日本占領下の学生時代に「華人やインド人の社会は連帯する

という意識が足りなかった。危機感がないので一体感もなかったのである」と回顧録 (23) に記していることから、彼は日本語教育から「危機感」で「一体感」を醸成するということを学び、その後の国家建設に役立てた。多民族国家であるシンガポールにおいて「危機感を共有」した日本占領時代は、ナショナル・アイデンティティ育成のキーワードとなっていき、日本語教育も現在もその中核として大量虐殺とともに語られている。加えて言語政策の重要性も日本占領により気づかされたと回顧している。各エスニックグループは日本占領中、日本語教育の場で空間の共有をし、英占領下で存在しなかった「危機感の共有」を体験した。この「危機感の共有」の体験はその後のシンガポール社会の変化のダイナミクスの一要素となったと言えるのではないだろうか。

おわりに

　本稿では、英植民地政府統治による政策と社会階層構造・言語構造が日本占領下の日本語教育にどのような影響を与えていたかを整理・検討し、シンガポールにおいてエスニシティの社会的変化が日本占領下に起こり、その誘発剤として日本語教育が機能したことを考察してきた。
　今回、本稿で著者が「エスニシティ構造の変化」というものに特に着目したのは、はじめに述べたように、それが戦後の多民族国家シンガポールの設立へと繋がり、現在の「日本占領下の日本語教育」を意味づけている大きな要因であるにもかかわらず、先行研究では一連の歴史的流れの中ではほとんど触れられていなかったからである。
　「エスニシティ構造の変化」は、大きくはマレーシアからシンガポールを分断させ、それぞれのエスニックソサエティを戦前のシンプルな並列社会から、複雑で多層的な社会へと変化させた。そしてシンガポールという移民国家は社会的マジョリティとマイノリティを生み出したのである。
　また、ポストコロニアルな観点から見ても、日本占領下のシンガポールにおける日本語教育が生み出した「エスニシティ構造の変化」と「危機感の共有」体験は、リー・クアンユーという指導者によって、その後のシンガポール建国の過程でも現在のシンガポールの教育政策でも愛国心涵養の求心力となっている。

そこで、今後の課題として、「現在の問題が過去の課題とどのように結びついているのか」という歴史性に沿って戦後のシンガポールも含めた一連のステージ上で「日本占領下の日本語教育」がどのように位置づけられているのか。また、位置づけられるのかを日本とシンガポールから双方向的に考察する必要性をあげる。それには、「日本占領により変化したエスニシティ構造がシンガポールで英語を公用語としたことにより再びどのように変化していったのか」といったマクロな視点と個人の記憶、オーラル・ヒストリーを使ったミクロな視点での検討を同時に深めることが重要であるだろう。

【註】
(1) 荒井信一「戦争体験とオーラル・ヒストリー」『歴史学研究』1988 年、p93
(2) 同　　p113
(3) その人個人の生活観、界観、所与の条件を指す。
(4) その方法は大別すると１つには供述調書・ルポに代表される事実の探求・調査型、第２として解釈分析が欠落した聞き書き（事実の保存）、第３には量的調査に代表される社会調査型。そして４番目として意識分析型であるライフヒストリー・ライフストリーに大別される。以上は相互に結びつき補完しあっている。しかし駒込氏を例とすると「日本側の文教政策影響が、対象国の変化を完全に照射しており日本側の政策変更に反映されていることが前提になっており」その日本側の政策変化を「文化統合」として集約している。つまり、個人と政策を結ぶ関係とそこに存在する多様性が見えていない。また、満州文化の独自性の認識と戦時期の欠落は氏の論文を不完全なものとしている。
(5) 本稿中ではその時々の multi-ethnic society を形作る ethnicity (ethnic ethos)を指すとする。
(6) 言語・宗教・慣習などの文化的諸特徴を共有する成員よりなる集団の意であるが、日本語訳は通例「民族」とされている。本稿では具体的には中国系・インド系・マレー系、その他の住民を指す。なお、「多民族社会」等広く一般的に使われている用語と日本側史資料においては「民族」をそのまま使用している。
(7) 大原始子『シンガポールの言葉と社会』三元社、2002 年、pp.95-101
(8) 2003 年 9 月 26 日　シンガポールにてインタビュー。
(9) 2003 年 9 月 23 日　シンガポールにてインタビュー。
(10) 許雲樵原編、蔡史君編　『新馬華人抗日史料』文史出版、singapore、1984 年
(11) 日本軍は 1942 年 2 月 17 日にシンガポールを「昭南島」と改めた。
(12) 一部のインド人はインド国民軍に加入し前線に送られ犠牲になったため、生活苦から敗戦直後は子供達の就学機会が奪われた（謝・蔡編 1984=1986）。
(13) 南方派遣要員が始まったのは 1943 年に入ってからだった。

⑭ 1943年12月付南方軍政総監部調査部の『占領後ニ於ケル「マライ」ノ初等教育』60-2
⑮ 2000年9月　シンガポールにてインタビュー
⑯ 軍政監部、マレー人の指示を得るため、スルタン工作を展開し、間接的にマレー系に対し好印象を持たせた。
⑰ インタビュー中も授業内容は殆ど同じだったため学校名の混乱が多々みられた。
⑱ 聞き取り調査時にインフォーマントより使われた表現だが50-60代を想定していると思われる。
⑲ 岡本春子については、筆者の岡本氏と元同じ部隊の従軍僧の山代秀道氏からの聞き取りでは、「現地在住の日本人女性であり、岡本氏の妻ではなかった。」と証言している。彼女の出自についての明確な回答は得られなかった。
⑳ 主に寺院の事務をつかさどる僧の役名。
㉑ 2000年9月25日、岡本泰仁氏（東京都豊島区所在誓願寺現住職）への電話による聞き取りによる。および、同年10月15日、山代秀道氏（現画家）への電話による聞き取りと10月30日消印の書簡による。
㉒ マハティール・モハマド著、加藤暁子訳『立ち上がれ日本人』新潮社、2003年
㉓ リー・クアンユー著、小牧利寿訳『リー・クアンユー回顧録　上』日本経済新聞社、2000年

【参考文献】
荒井信一「戦争体験とオーラル・ヒストリー」『歴史学研究』1988年
リー・クアンユー著、小牧利寿訳『リ・クアンユー回顧録』上下、日本経済新聞社、2000年
マハティール・モハマド著、加藤暁子訳『立ち上がれ日本人』新潮社、2003年
多仁安代『大東亜共栄圏と日本語』　到草書房、2000年
松永典子『日本軍政下のマラヤにおける日本語教育』風間書房、2002年
駒込武『植民地帝国日本の文化統合』岩波書店、1996年
宮脇弘幸・明石陽至共編、南方軍政関係資料32『日本語教科書――日本の英領マラヤ・シンガポール占領期（1941-1945）』龍渓書舎、2002年
大原始子『シンガポールの言葉と社会』三元社、2003年
池端雪浦編『東南アジア史Ⅱ　島嶼部』山川出版、1999年
梅根悟監修、世界教育史研究会編『世界教育史体系6 東南アジア教育史』講談社、1976年
糸林誉史『シンガポール　多文化社会を目指す都市国家』三修社、2000年
シンガポール市政会『昭南特別市史』社団法人日本シンガポール協会、1986年
明石陽至「軍政下シンガポール・マラヤにおける日本の教育政策」『国立教育研究所紀要』国立教育研究所、1992年

明石陽至「日本軍政下のマラヤ・シンガポールにおける文教施策―― 1941-1945」1997年

許雲樵・蔡史君編、田中宏・福永平和訳『日本占領下のシンガポール』青木書店、1986年

宮脇弘幸「南方占領地における日本語教育と教科書――マレー・シンガポールの場合 (1942-1945)」『成城文芸 第126号』、1989年

宮脇弘幸「シンガポール・マレーシアにおける皇民化教育の聞き取り調査」『成城学園教育研究所年報 第14集』、1991

宮脇弘幸「マラヤ・シンガポールの皇民化と日本語教育」『文化のなかの植民地』197-208,岩波書店、1993年

第25軍軍政監部「昭南華僑資料及び民族調査資料」

徳川義親『マライ教育事情』、1943年

大本営政府連絡会議『南方占領地行政実施要領』、1941年

南方軍政総監部調査部『占領後ニ於ケル「マライ」ノ初等教育』、1943年

4 南方軍総司令部指示「小学校再開ニ関スル件」『昭和十七年南方軍各方面作戦計画等綴』、1942年

軍政部第25軍軍政部長渡辺大佐名で昭和17年4月19日付「華僑工作実施要領」

南方軍政総監部調査部『占領後ニ於ケル「マライ」ノ初等教育』、1943年

総務部総務課『民族対策参考資料』内の「教育上の民族対策」、1942年

富集団指令部「華僑工作実施要領」『戦時月報（軍政関係）昭和17年11月末日』

馬来軍政監部『戦時月報（軍政関係）1943年6月末日』、『戦時月報（軍政関係）1943年9月30日』

馬来軍政監部『軍政月報1944年2月29日』

南方軍総司令部「対印度略案」『南方軍状況報告』1942年2月7日付

許雲樵・蔡史君編『新馬華人抗日史料』文史出版、1984年

Yoji Akashi, 1976, "Education and Indoctrination Policy in Malaya and Singapore under Japanese Rule" <u>Malaysian Journal of Education vol.13</u>

Yoji Akashi, 1980, "The Japanese Occupation Of Malaya :Interruption Or Tran" <u>Southeast Asia Under Japanese Occupation</u> Yale University Southeast Asia Studies.

Ⅲ．研究ノート

戦前の台湾・朝鮮留学生に関する統計資料について

佐藤由美＊・渡部宗助＊＊

はじめに

　戦前の日本＝「内地」では、当時、日本の統治下にあった台湾や朝鮮出身の留学生たちが数多く学んでいた。「留学生」という呼称は、日本の統治下であったことや、「内地」定住者の子弟が含まれていたことを考えると必ずしも適切ではないかもしれないが、彼らの多くが言語や文化を異にする「内地」に進学機会を求め、高等・専門教育機関、あるいは中等教育機関に在籍し学業を続けていたことにかわりはない。それでは、「領台」（台湾1895年）・「併合」（朝鮮1910年）から、「解放」（1945年）までの間に、一体どれだけの台湾・朝鮮出身留学生が「内地」で学んだのだろうか。

　近年の留学生史研究に関する動向をみると、大学史の編纂に際して戦前の台湾・朝鮮留学生について記録する大学が増えてきたほか、学校別の留学生史研究が進みつつある。筆者（佐藤：2004）も戦前、青山学院に学んだ台湾・朝鮮留学生の調査・研究を進めてきたが、そのなかで中学部の留学生数が多いこと、台湾と朝鮮の留学生には学校種別、専攻別の就学状況に違いがあることなどの知見を得た。

　留学生史研究ではこのような学校別の就学状況を明らかにすると同時に、それを相対化することが必要であろう。そのためには、台湾・朝鮮留学生の年度ごとの総数、大学、専門学校、中学校、高等女学校、実業学校といった学校種別の留学生数、専門・高等教育機関における専攻別の留学生数などの全体的傾向を捉える必要がある。しかしながら、留学生に関する統計資料は意外にも揃っていない。台湾留学生数の変遷については、かつて筆者（渡部：

＊　青山学院大学・専修大学（非）、＊＊　国立教育政策研究所（名）

1974）が『台湾総督府学事年報』などをもとに明らかにしたものの、朝鮮については調査機関や調査の目的によって留学生数が大幅に異なるなど未整備な点が多く、いずれも「領台」・「併合」から「解放」までを統一的な方法で調査した統計は見当たらないことがわかった。

そこでこの研究ノートは留学生史研究の基礎作業として、戦前の台湾・朝鮮留学生に関する統計資料の紹介、留学生総数の把握、各学校種別・専攻別留学生数の変遷など台湾・朝鮮留学生の全体的傾向を明らかにしたいと考えている。この「研究ノート」の構成は、1．台湾留学生に関する統計、2．朝鮮留学生に関する統計、3．台湾・朝鮮留学生に関する同時調査の統計となっている。

1．台湾留学生に関する統計

（1）『台湾総督府学事年報』

台湾留学生に関してはどのような統計があるか、まず【表1】「台湾留学生数の各学校段階別・年度別変遷」を掲げたが、ある意味ではこれに尽きているとも言える。これは、筆者が1974年に作成した論考（広島大学・大学教育研究センター『大学論集』第2集）に多少の修正を施したものである。

出典は『台湾総督府学○○年報』と一部『台湾学事一覧』である。前者の『学事第一年報』は、1904年（明治37）に台湾総督府民政部総務局によって発行され、その収録事項は1902年（明治35）中のものと推定される。「推定」されるというのは、この『学事年報』の「第一〜第三」年報は、日本国内ではその所蔵が確認されず、台湾大学（台北）に所蔵されており（台湾大学旧蔵『日文台湾資料目録』1992）、筆者はその実物を未だ見ていない。日本では「第四年報　明治38年」（明治40年発行）以後、「第三十六年報　昭和12年度」（昭和15年発行）までは手にすることができる。「学事年報」の編纂・発行主体は、総督府の行政機構改革に対応して、1919年には民政部内務局、1926年には文教局に変わったが、学務関係部・課が所掌した総督府行政事務として一貫したものであった。『台湾総督府統計書』（「第一年報　明治30年」〜）と同様に「台湾総督府事務成績提要」の一環であった。「学事年報」の調査は、1908年（明治41）分の「第七年報」以後「暦年調査」から原則「年度

調査」に変わったが（訓令第79号）、同一主体による編年体の統計書としての精度は高いと言える。

　後者の『学事一覧』は、所在が確認できるものでは1924年（大正13）9月発行（同年4月末日調査）のものが最も古く、大判1枚もので表が「台湾学事統計一覧」、裏が「台湾学校分布図」である。小型の葛折り判（38頁）を経て、小型の「冊子」体になるのは、1942年（昭和17）3月発行の「昭和16年度」版からで、「昭和17年度」版までの発行が確認されている。ちなみに『台湾総督府事務成績提要』も「昭和17年度」（1944年6月発行）までである。この「学事一覧」の統計データは、「学事年報」の統計と同一値であることが判ったので、「学事年報」の発行・所在が確認できない「昭和13年度」以降は、「学事一覧」からのデータを採用したが、それが【表1】である。

　それでは、「学事年報」や「学事一覧」で、「留学生統計」はどのように扱われたか。先に「第一～第三」年報は未見と済ませたが、「留学生」のデータが登載されるのは1909年（明治42）発行の「第六年報　明治40年」以降のことなのである。しかも、正確には「統計」ではなく、「学務提要」の「本島人内地留学者監督」という「記述」においてであった。「統計」として遡及のデータ（明治39年以降）が記載されるのは、「第八年報　明治42年度」以降の事である。【表1】で、1906年（明治39）からのデータを載せた所以である。しかも最初の3年間は正確には「暦年末」調査によるものであった。何故、1907年（明治40）年かと言えば、記述の「標題」にあるようにこの年総督府が「内地留学者」の「指導監督ノ周密ヲ図」るための施策を打ち出したからである。総督府は、1907年6月5日に「内地留学本島人生徒ノ監督ニ関シ嘱託員任命通牒ノ件」を発し、受け手の「内地」府県知事へ留学者についての「報告方」の照会および当該校への「指示方」を依頼し、他方で送り手の島内「地方庁」へ留学者に関する学籍簿に匹敵する詳細な状況を「其都度」報告するように通達したのである。「留学生ハ［島内］地方ニ在リテハ先覚者ノ地位ヲ占メ其ノ成業ノ如何ハ本島啓発上影響スル所少カラズ従テ其ノ指導監督ハ深ク注意ヲ要スル」と認識したからであった（「学事第六年報」）。［この島内「地方庁」への「通達」を『台湾教育沿革誌』では、1月としている。］

　それまで総督府は「内地留学」について政策がなかったか、というとそうではない。張 美玲の「台湾総督府の留学生政策」（『信大史学』24号）によれば、

【表１】台湾留学生数の各学校段階別・年度別変遷

年度 \ 学校段階	初等教育	中等教育	実業教育	高等学校大学予科	専門教育	大学	特殊教育	その他	合計
1906（明39）	10	9	4		13				36
1907（明40）	19	22	14		7				62
1908（明41）	23	13	15		8			1	60
1909（明42）	28	30	20		13		3	2	96
1910（明43）	43	41	23		15		3	7	132
1911（明44）	65	52	32		18		4	5	176
1912（大元）	76	94	47		35		2	10	264
1913（大2）	57	130	75		39		3	11	315
1914（大3）	47	155	69		45		3	6	325
1915（大4）	40	179	53		50		2	3	327
1916（大5）	82	183	74		55		4	17	415
1917（大6）	83	201	88		86		5	19	482
1918（大7）	63	200	38		102		19	71	493
1919（大8）	91	219	46		119		29	60	564
1920（大9）	94	231	49		139		52	84	649
1921（大10）	116	297	48		173		58	65	757
1922（大11）	40	252	46		182		206	17	743
1923（大12）	39	291	52	73	165		224	18	862
1924（大13）	37	292	45	77	145		233	21	850
1925（大14）	21	275	36	114	123	29	190	40	828
1926（昭元）	18	253	36	75	153	71	165	115	886
1927（昭2）	16	441	55	147	260	121	95	105	1,240
1928（昭3）	18	544	86	153	296	121	95	92	1,405
1929（昭4）	20	661	90	179	251	103	71	74	1,449
1930（昭5）	22	514	79	170	246	132	67	87	1,317
1931（昭6）	28	615	119	155	296	148	46	94	1,501
1932（昭7）	34	586	108	124	330	184	52	209	1,627
1933（昭8）	28	537	79	105	310	193	72	196	1,520
1934（昭9）		582	136	161	636	197	254	11	1,977
1935（昭10）		632	190	139	691	217	300	16	2,185
1936（昭11）		776	188	149	747	205	292		2,357
1937（昭12）		905	217	154	880	211	445		2,812
1938（昭13）		1,298	352	145	1,250	313	765		4,123
1939（昭14）		1,783	478	177	1,554	337	1,078		5,407
1940（昭15）		1,726	544	201	1,798	310	1,436		6,015
1941（昭16）		1,823	634	249	1,992	303	1,675		6,676
1942（昭17）		1,793	694	258	1,939	330	2,077		7,091

① 出典は1906年〜1937年が台湾総督府『学事年報』、1938年〜1942年が台湾総督府『学事一覧』である。
② 学校段階別の表記が『学事年報』と『学事一覧』では異なるが、ここでは『学事年報』に拠った。「中等教育」は中学校と高等女学校を指し、「特殊教育」（昭和5年より「各種教育」）は各種学校と進学予備校等を指す。「初等教育」の昭和9年以降の空欄は項目がなくなったことを意味している。

1899年（明治32）「国語学校語学部留学生支給規則」の制定において「内地留学」政策が表れるという。次いで、筆者も前出論文で紹介した1902年（明治35）10月の「台湾総督府直轄学校留学生規則」の公布である。これは国語学校を念頭においたものであったので、それに対応した「台湾総督府国語学校留学生支給規則」（訓令251）が定められた。1906年（明治39）年にはその対象を「医学校」にも拡大すると同時に従前の「支給規則」を整備・改正した「台湾総督府直轄学校留学生学資金並旅費支給規則」（訓令93）を公布した。これらが台湾総督府の「官費留学生」政策・制度と言えるものであるが、その実態は未だ明らかでなく、わずかに「第七年報　明治41年」に留学生60人中6人が「官費留学生」だということが明示されているのみである。先の「留学生監督」の設置・委嘱は、私費留学生の増加に対応したものであったと推定される。他に、総督府農事試験場が、日本へ留学生を派遣したことも知られている。

「台湾総督府学事年報」の留学生統計は、その後「第二十二年報・大正12年度」版よりその記載事項に変更を加えて、女性の数値を追加するとともに日本での「府県別人員」と「学修科目別人員」もあわせて記載するようになった。標題も「本島人内地留学者」に改めた。それは「第三十一年報・昭和7年度」版からは「本島人内地在学者」に変わった。「学事一覧」も翌「昭和8年度」版からそれに倣ったが、この「内地留学者」から「内地在学者」への呼称の変更には意味があったと思われる。なお、「学事報告」等から読みとれる特徴については、（渡部：1974）を参照してもらいたい。

（2）台湾協会・東洋協会関係

日本統治初期の台湾留学生については、『台湾協会会報』（1898年10月創刊）である程度知ることができるが、「遊学」も含めれば1896年（明治29）にはその来日が見られる。台湾からの留学生については台湾協会が深く関わったので、1899年（明治32）以後の年次総会「会務報告」では留学生のことに言及された。しかし、明治30年代を通しての正確な数はつかめない。記事に表れる固有名詞（人名）を手がかりに、東京帝大農科大学実科、東京盲学校、明治女学校、慶応義塾、明治学院、立教中学、工手学校等への入学は確認できる。

先に述べた台湾総督府の「留学生監督」は正式には「東京留学本島人生徒監

督」といい、1907年（明治40）初代嘱託には石田新太郎（元国語学校教授）、次いで翌1908年には田中敬一（元国語学校教授）が委嘱されて満6年務め、1914年には門田正経（東洋協会・幹事）がそれを継いだ。留学生監督は、台湾協会内で事務をとり、1912年に台湾人留学生寄宿舎・高砂寮（東洋協会専門学校構内）の開設後はその管理も委ねられた。台湾協会（1907年、東洋協会となる）は、台湾からの留学生の窓口となるだけでなく、当初より宿舎の斡旋、入学準備指導などの監督方を依頼されたほか、学資補助なども行なっていた。そのような関係で、台湾協会・東洋協会は留学生の受け手としての留学生データを掌握していたのである。在京留学生のみであり、しかも調査日なども一定していないが、『台湾協会会報』の後続誌である東洋協会機関誌『東洋時報』（101号・1907年2月〜）から台湾留学生の動向をつかむと、大体下記のようになる。

台湾留学生数（在京）の動向（東洋協会年次総会「報告」に依る）

1908年（明41）	32人（117号）	1915年（大4）	121人（200号）
1909年（明42）	43　（128号）	1916年（大5）	203　（213号）
1910年（明43）	54　（140号）	1917年（大6）	211　（225号）
1911年（明44）	70余（153号）	1918年（大7）	280余（236号）
1912年（明45）	120　（164号）	1919年（大8）	349　（249号）
1913年（大2）	記述なし（176号）	1920年（大9）	461　（261号）
1914年（大3）	記述なし（189号）	1921年（大10）	528　（273号）

（　）内は『東洋時報』号数

『東洋時報』誌は、1922年（大正11）1月号（280号）から『東洋』に改題するとともに評論雑誌としての性格を強め、東洋協会の会務報告も簡略となって留学生数も掲載されなくなった。しかし、大正期の1920年（大正9）には東洋協会に、朝鮮学生督学部が置かれるなど、朝鮮、中国大陸への関心を強めていた。

（3）台湾総督府東京学生事務所

その他の統計には、台湾総督府東京出張所内の東京学生事務所（設置年は不明）が発行した『台湾学生東京在学者数一覧　昭和14年度』がある。わずか8頁の冊子であるが、「台湾学生」の在学校名とその在学人員が、各種学校60

校、予備学校15校を含む大学、専門学校、中等学校、実業学校など290校・約3900人に及んでいることが分かる。この冊子の最後には「在京台湾学生累年比較表」（各年4月30日現在）が付されている。「昭和」に入ってから14年間のデータであるが、ここでも「学事年報」と同様1930年（昭5）から翌年にかけて減じている。台湾からの留学生の8割以上が在京者であったことも「学事年報」と対比させるとよく分かるので、【表2】として掲げた。この「東京在学者数一覧」では「大学専門部」を「大学」に入れているが、制度論としては「専門学校」である。統計の「読み」・解釈で迷う事例の1つである。

【表2】在京台湾学生累年比較表（各年4月30日現在）　　　　台湾総督府東京学生事務所

学校段階 年度	中学校高 等女学校	中等実業 学校	高等学校 大学予科	専門学校	大学	各種学校	計	前年比較
1926年（昭元）	224	29		342			595	
1927年（昭2）	341	65		446			852	257
1928年（昭3）	473	84		556			1,113	261
1929年（昭4）	529	137		629			1,295	182
1930年（昭5）	604	128		710			1,442	147
1931年（昭6）	572	145		719			1,436	△6
1932年（昭7）	514	120		763			1,397	△39
1933年（昭8）	416	90	120	506	185	204	1,521	124
1934年（昭9）	388	98	147	588	178	243	1,642	121
1935年（昭10）	434	150	129	654	181	288	1,836	194
1936年（昭11）	586	155	143	709	169	280	2,042	206
1937年（昭12）	737	178	148	812	173	440	2,488	446
1938年（昭13）	806	171	134	1,027	190	733	3,061	573
1939年（昭14）	1,000	205	168	1,258	196	1,052	3,879	818

①前年比較中の△印は減少を示す。
②1932年以前の各種学校は中等実業学校欄中に含まれる。
③1932年までの高等教育関係は一括されている。

2．朝鮮留学生に関する統計

（1）朝鮮留学生統計の種類とその特徴

　朝鮮留学生に関する統計資料は、【表3】A～C群の3種類に大別することができる。A群は朝鮮総督府および留学生監督機関による統計、B群は留学生の取締を目的とした内務省警保局保安課と文部省教学局企画部思想課の統計、C群は文部省普通学務局が各直轄学校、各府県（公私立）学校を対象に調査し

た統計である。【表3】は現時点で入手できた資料をもとに留学生総数の年度別変遷を示したもので、今後、表中の空欄が埋まる可能性はあるものの、朝鮮留学生に関する統計資料の未整備な状況をよく表わしている。

　各統計資料にはさまざまな留学生情報が掲載されている。①留学生総数、②東京・地方別、③大学、専門学校、中学校、高等女学校といった学校種別、④官費・私費別、⑤男女別、⑥大学・専門学校などの専攻別、⑦府県別、⑧出身道別などである。同一資料でも年度によっては掲載情報が異なり、「併合」の1910年（明治43）から1945年（昭和20）までを統一的な方法で調査した統計は見当たらない。

　A群の『最近朝鮮事情要覧』（大正12年版から『朝鮮要覧』、昭和9年版から『朝鮮事情』）は、「帝国ノ施設経営ノ一斑及内地人発展ノ状況其ノ他朝鮮ノ事情ヲ記述シ概ネ統計表ヲ附シ以テ概括的観察ノ便ニ供セム」目的で1911年（明治44）に刊行された。留学生統計は「教育」の章にあり、以後毎年、官費留学生の履修学科別や東京・地方別の留学生数が掲載されている。その1911年（明治44）6月27日には、朝鮮総督府令第78号「朝鮮総督府留学生規程」が定められ、官費・私費ともに留学が規制されたが、私費留学生については「400ヲ超エ」などの表現にみられるように大掴みな把握しかされていなかった。同じく朝鮮総督府編纂の『朝鮮教育要覧』は、1913年（大正2）6月の初版の後、数年に一度の頻度で発行され、「留学生」の章が設けられていた。留学生総数は『最近朝鮮事情要覧』と一致している。

　A群の残り3点の資料は留学生監督機関が中心となって作成した統計と推察され、「在内地朝鮮学生調」や『奨学部報』には留学生統計のなかで最も多くの情報（上記①〜⑧）が掲載されている。朝鮮留学生の監督は、「併合」当初、朝鮮総督府内務部学務局所管の朝鮮留学生監督部が行なっていたが、1919年（大正8）4月から東洋協会に引き継がれて、翌年には朝鮮学生督学部が設置された。東洋協会の機関誌『東洋時報』の諸報告欄に「朝鮮学生監督の件」が掲載されたのはそのためである。その後、1925年（大正14）には朝鮮教育会奨学部が設置され、『奨学部報』が発行されるようになる。朝鮮教育会（会長は朝鮮総督府政務総監）は学務局内にあり、「在内地」の奨学部長は会長から委嘱されることになっていた。『奨学部報』19号（昭和8年5月3日）冒頭の「在内地朝鮮学生生徒調査に就き」には「左記在内地朝鮮学生生徒調査表は毎年の例に依り朝鮮学生生徒在学の諸学校に委嘱し、その報告に基き作製せるも

のなり」とある。この「毎年の例」がいつから始まったのかは明らかではないが、遅くとも1925年（大正14）には実施されていた（奈良女子大学所蔵「校史関係資料」）。また、「在内地朝鮮学生調」と『奨学部報』にみられる掲載情報や形式には共通点が多いことから、それ以前の可能性も考えられる。

いずれにしてもA群の資料は、朝鮮総督府・学務局とその「内地」出先機関である留学生監督機関によって作成・公表された留学生統計ということができる。なお、朝鮮教育会奨学部は1941年（昭和16）2月に朝鮮奨学会に改組したが、朝鮮人学生の学籍調査事業は継承された。

B群の内務省警保局保安課および文部省教学局企画部思想課による統計調査は、社会運動に参加する朝鮮留学生の取締を目的に行われた。府県別・学校種別・男女別の情報が掲載されており、その学生数はA群の『奨学部報』と比較すると大幅に多いことがわかる。これは社会運動に参加すると目された入学準備中の者や正規の学生以外もカウントしたためと思われる。朝鮮留学生には苦学生が多く、短期間で退学や転学を重ねるケースも見受けられた。

C群の文部省普通学務局による統計は「併合」前の1905年（明治38）8月22日に文部省普通学務局から各地方長官、各直轄学校宛に出された通牒「発普二一七号　清韓国留学生収容学校名及収容員数調報告方」を出発点にしている。この調査報告をもとに作成されたのが「在本邦清韓国留学生員数表」（【表3】C群明治41～43年度）であるが、この調査は「併合」以後も続けられており、「官立学校在学支那朝鮮留学生員数調」（大正六年五月末日現在）、「公私立学校在学支那朝鮮留学生員数調」（同）をはじめとする8点の資料が外務省外交史料館に保存されていて、大正14年までの留学生数を把握することができる。直轄学校は学校別、公私立学校は府県別・男女別の情報が掲載されている。なお、1905年の通牒（発普217号）は、1923年（大正12）7月の通牒照普33号で「自然消滅」扱いとされた。

（2）朝鮮留学生統計から読み取れること

さて、【表3】から読み取れることを整理してみよう。まず、「朝鮮総督府留学生規程」により留学が規制されていた大正期前半は、50名以内の官費生と500～600名前後の私費生で安定した数値になっている。ところが1920年（大正9）11月に留学が「自由化」（「朝鮮総督府留学生規程」の廃止）されると、

戦前の台湾・朝鮮留学生に関する統計資料について　91

【表3】朝鮮留学生全体数の資料別変遷

	最近朝鮮事情要覧	朝鮮教育要覧	A 在〔内〕地朝鮮学生調		東洋時報	奨学部報	社会運動の状況	B 内地在朝鮮人学生の状況	C 在本邦清韓国留学生員数表
	朝鮮総督府	総督府内務部学務局	総督府〔内務部〕学務局		東洋協会	朝鮮教育会奨学部	内務省警保局	文部省普通学務局企画部思想課	文部省普通学務局
明治41年度									270
42年度									323
43年度	官費 40								420
44年度	官42 私費400ヲ超エ								
大正元年度	官費50 私費400ヲ超エ		535（官43）	453（官43）		279			
2年度	官費49 私費600ヲ超エ		682						
3年度	官費49 私費550ヲ超ヘ	578（官費41）	582		582				?（直轄）＋474（公私立）
4年度	官費41 私費550ヲ数ヘ		607		600有余				?（直轄）＋386（公私立）
5年度	官費38 私費500余名		574		約600				54（直轄）＋405（公私立）
6年度	官費33 私費500余名		658						59（直轄）＋417（公私立）
7年度	官費36 私費500余名	770（官費36）	768		777				68（直轄）＋514（公私立）
8年度	官費35 私費600ヲ数ヘ	678（官費34）	678						76（直轄）＋366（公私立）
9年度		1,230（官費35）	1,141		1,230	715			75（直轄）＋779（公私立）
10年度		2,235（官費40）	2,235		1,629				119（直轄）＋949（公私立）
11年度		3,222（給費54）	3,222		3,220	1,667			?（直轄）＋933（公私立）
12年度		992（給費56）			3,900余				?（直轄）＋1,364（公私立）
13年度		1,530（給費63）	1,167						?（直轄）＋1,505（公私立）
14年度		2,694（給費70）	2,694						?（直轄）＋1,914（公私立）
昭和元年度		3,945（給費80）	3,945						
2年度		3,861（給費75）	3,861			3,275			
3年度	3,753（給費78）					3,239			
4年度	3,769（給費80）					3,753	4,433		
5年度	3,793（給費46）					3,769	5,285		
6年度	3,601（給費15）					3,793	5,062		
7年度	3,368（給費9）					3,601	4,977	4,977	
8年度	4,087（給費2）					3,368	5,369	5,369	
9年度	4,519					4,087	6,093	6,093	
10年度	4,954					4,519	7,292	7,251	
11年度	6,397					4,954	7,810	7,815	
12年度	7,589					6,397	9,914	9,912	
13年度	9,086					7,589	12,356	12,359	
14年度	11,007					9,086	16,304	16,304	
15年度	13,273					11,007	20,824		
16年度	18,951					18,951	26,727		
17年度						※12,741	29,427		
18年度	24,108								
19年度									

付記　A群の昭和19年度の、※印の数値の出典は、朝鮮奨学会『昭和十九年度「朝鮮奨学会」大学高等専門学校朝鮮人学徒在学者数調』及び「昭和十九年度（七月現在）内地中等学校ニ在学スル朝鮮人生徒一覧表」（外務省外交史料館「著舎各文書」所収）。

統計の種類によって数値は異なるものの、その数字は破竹の勢いで伸びていき、昭和10年代後半には、統計によっては2万名を超えるようになった。1923年度（大正12）に一時1000名を下回るのは関東大震災の影響である。同年の『東洋時報』に3900余名とあるのは震災前の統計数値であると考えられる。

次に【表4】により学校種別の就学状況をみておきたい。実業専門学校は1926年（昭和元）と1927年（昭和2）にしか数値がないが、その他の年は専門学校または実業学校に含まれるものと推察される。師範学校は、東京及び地方の官公私立師範学校の統計であり、高等師範学校在学者と府県の師範学校在学者の区別は不明である。高等学校、大学予科の留学生は順調に大学学部に進学したようである。中学校には【表4】の期間だけでも延べで1万人を超える朝鮮人生徒が学んでいた。高等学校や大学予科に進学した者もあったであろうし、専門学校、大学専門部に学んだ者もあったであろう。朝鮮留学生の場合、専門学校、大学専門部への進学者が多いが、中等教育を朝鮮で終えてから「内地」へ進学する学生も多かった。各種学校というのは主に進学予備校を指すが、延べで1万人を超えており、浪人生が多かったことを物語っている。

【表5】は専門・高等教育機関に学んだ朝鮮留学生の専攻別（履修学科別）就学状況を示したものである。参考までに延べ数の合計を出してみたが、法学を学んだ者が圧倒的に多く、商、経済、文と続いている。この傾向は独立運動、社会運動に参加する目的の留学生が多かったことや、弁護士を志す留学生が多かったことと関係している。ちなみに【表6】は朝鮮総督府『統計年報』に掲載された官費留学生の専攻別就学状況である。朝鮮総督府の政策の反映であろうか、医学、農林、工業が多く、【表5】とはまったく違った傾向を示していた。

3．台湾・朝鮮留学生に関する同時調査の統計

以上、台湾留学生と朝鮮留学生に関する統計についてみてきたが、それぞれが個別にそれを作成していたことが判った。それでは、同一の主体が、同時に調査した留学生統計はないのだろうか。以下、それに関する統計を見てゆくことにする。

（1）直轄学校学生生徒本籍別調

【表4】朝鮮留学生の学校種別在学状況

	大学学部	大学予科	高等学校	専門学校	大学専門部	実業専門学校	師範学校	中学校	高等女学校	実業学校	各種学校	合計
大正9年10月	29	40	—	384		—		99		72	517	1,141
大正14年7月	122	246		360	約500	—	—	267		83	485	500超	約2,563
昭和元年12月	214	169	153	1,035		142	91	424		207	1,510	3,945
昭和2年末	222	177	155	952		166	79	385		281	1,444	3,861
昭和4年末	336	299	135	1,106			69	540		478	806	3,769
昭和5年末	423	340	96	412	690		8	598	64	744	418	3,793
昭和6年末	365	343	71	320	655		4	813	54	606	269	3,601
昭和7年末	436	312	72	345	625		4	799	58	603	114	3,368
昭和8.10.1	453	423	42	376	642		4	858	44	475	770	4,087
昭和9.10.1	539	498	34	465	746		5	857	40	644	735	4,519
昭和10.10.1	549	534	164	554	821		2	987	68	536	739	4,954
昭和11.10.1	750	731	191	653	1,216		0	1,191	69	555	1,041	6,397
昭和13.10.1	1,207	958	84	873	1,361		0	1,682	102	1,324	1,495	9,086
昭和14.10.1	1,401	1,041	118	1,075	2,591		0	1,732	125	1,092	1,794	11,007

【出典】朝鮮総督府学務局「在内地朝鮮学生状況」〔大正10年〕、「大正十五年在内地朝鮮学生状況」、朝鮮教育会奨学部「昭和元年十二月現在在内地朝鮮学生調」、「昭和二年十一月現在　同」、「在内地朝鮮学生状況調（昭和五年末現在）」（以上、『日本植民地教育政策史料集成（朝鮮篇）』第51巻（下）所収）、『奨学部報』19号、同20号、同22号、同23号、同24号、同27号より作成。

付記　合計欄の下線は疑義のある数値であることを示している。

【表5】朝鮮留学生の専攻分野別在学状況

	法	経済	商	理	工	農林	水産	師範	文	音楽	美術	家政	医	薬	合計
昭和元年末	607	205	447	61	514	115	10	243	320	33	36	—	149		2,740
昭和2年末	448	213	474	106	547	157	13	182	369	45	50	—	146		2,750
昭和5年末	667	290	215	80	58	141		95	433	14	42	30	99	4	2,175
昭和6年末	634	317	201	43	42	230	3	84	402	14	30	27	71	9	2,112
昭和7年末	567	241	152	21	18	116	1	78	263	4	27	27	80	8	1,603
昭和8.10.1	590	168	140	11	61	60	4	55	125	7	23	44	65	15	1,368
昭和9.10.1	671	283	235	23	68	63	2	65	166	14	30	64	76	30	1,785
昭和10.10.1	939	296	301	11	56	82	2	100	120	17	37	103	82	37	2,183
昭和11.10.1	1,248	313	337	24	78	154	4	94	186	25	31	93	77	56	2,732
昭和13.10.1	1,579	580	455	21	68	180	4	100	298	78	44	110	149	83	3,747
昭和14.10.1	1,924	738	801	52	185	364	6	100	439	64	87	79	121	115	5,075
合計（延数）	9,874	3,644	3,758	453	1,695	1,662	56	1,196	3,121	315	437	577	1,472		—

【出典】朝鮮教育会奨学部「昭和元年十二月現在在内地朝鮮学生調」、「昭和二年十一月現在　同」、「在内地朝鮮学生状況調（昭和五年末現在）」（以上、『日本植民地教育政策史料集成（朝鮮篇）』第51巻（下）所収）、『奨学部報』19号、同20号、同22号、同23号、同24号、同27号より作成。

付記　①合計欄の下線は疑義のある数値であることを示している。
　　　②昭和元年末と昭和2年末の合計は筆者の算出した数値である。

【表6】朝鮮官費留学生の専攻別就学状況

	政治法律	農林(農業)	蚕業	水産(業)	工業	商業	医学	教育	美術	音楽	其ノ他	合計
明治43年度	3	6	0	0	9	4	1	2	—	—	7	32
44年度	2	13	4	1	8	4	7	2	—	—	3	44
大正元年度	1	18	0	0	10	6	10	2	—	—	3	50
2年度	0	14	4	0	12	3	11	2	—	—	1	47
3年度	0	11	0	2	10	4	16	2	—	—	2	47
4年度	0	4	0	0	7	2	10	2	—	—	1	26
5年度	0	5	0	1	4	3	10	5	—	—	1	29
6年度	0	4	0	1	2	1	4	4	—	—	1	17
7年度	0	5	0	1	4	4	8	6	—	—	2	30
8年度	0	6	0	2	6	10	11	9	—	—	3	47
9年度	0	2	0	0	3	8	7	10	1	1	3	35
10年度	2	1	0	0	3	6	7	9	3	1	1	33
11年度	3	2	1	0	6	9	12	5	1	5	5	53
12年度	0	3	1	0	7	8	10	15	5	0	7	56
13年度	1	4	1	0	3	4	8	3	6	0	7	37
14年度	0	7	2	0	7	7	12	14	7	0	20	76
昭和元年度	4	3	8	1	7	7	12	10	2	0	27	81
2年度	6	7	12	1	10	6	13	0	3	0	20	78
3年度	4	6	17	4	6	5	18	7	1	2	11	81
4年度	3	10	13	5	4	3	18	9	1	3	8	77
5年度	2	6	4	4	3	1	12	3	0	1	10	46
6年度	2	2	0	1	1	0	5	1	0	0	3	15
7年度	2	0	0	0	0	0	4	0	0	0	2	8
8年度	1	1	0	0	0	0	0	0	0	0	0	2
9年度	0	0	0	0	0	0	0	0	0	0	0	0
10年度	0	0	0	0	0	0	0	0	0	0	0	0
合計(延数)	36	140	67	24	132	108	219	134	31	9	147	

出典　朝鮮総督府『統計年報』各年度版「官費留学生状況（内地留学）」
付記　①留学生数は各年度末日調査によるものである。
　　　②明治43年度から大正3年度まで、「教育」は「其ノ他」に含まれていた。大正4年度版で修正されている。
　　　③大正11年度版から「官費留学生」は「在内地給費生」となる。
　　　④「美術」、「音楽」は大正9年度から新たに加わった履修学科である。
　　　⑤昭和11年度版（昭和13年3月刊行）から昭和13年度版（昭和15年3月刊行）に「在内地給費生」に関する統計はない。以後は未見。

　文部省の留学生受け入れ制度は、1901年（明治34）の「文部省直轄学校外国人特別入学規程」で一応のレールが敷かれた。主に清国、韓国からの留学生が対象であった。それ故に、文部省は先にも述べたように1905年（明治38）に通牒を発して逐年の両国留学生（数）調査を指示したのである。この調査は、韓国「併合」後も、「支那留学生」を主にした形に多少の変更を加えながら継続された。しかも、上記の「特別入学規程」は「台湾人若クハ朝鮮人ニ準用」するとされた（明治44年11月省令16号）。「外国人留学生」政策に変化が現

れるのは、大正も半ば1920年代である。台湾・朝鮮留学生が急激に増加するとともに、中華民国からの留学生受け入れが政策課題となっていた（1921年の第44帝国議会・衆議院「建議」など）。文部省普通学務局は先の1905年の「通牒」を廃止して、改めて「外国学生ニ関スル事項」の報告を求める通牒（照普33号）を地方長官や直轄学校長に発した。1923年（大正12）7月の事であるが、その時「朝鮮人、台湾人」についてはそれに準じて、しかも「別ニ朱書」で報告するように求めた。それらは公表されなかったが、それとは別に文部省官房文書課は各種の統計調査を実施していた。その中に「文部省直轄学校学生生徒本籍別人員」調べがあり、その「本表」の外に「台湾人、朝鮮人及外国人」の統計があった。それは創刊されて間もない『文部時報』で公表され、1919年（大正8）から1934年（昭和9）までの直轄学校在学の台湾、朝鮮「学生生徒」数を知ることができる。

　同一時期の「台湾留学生」と「朝鮮留学生」の動向を比較しやすい形にして作成したのが、【表7-1】【表7-2】「文部省直轄学校　台湾・朝鮮学生生徒人員」（毎年9月30日現在）である。この表からは色々なことが読み取れる。両留学生の時系列変化、増加率の違い、専攻分野・領域の特徴（高等師範、医薬系と農業系の専門学校など）、さらにはその背景にある両地における進学機会としての高等教育機関設置状況、そして政治状況と社会運動、朝鮮の場合は「官費学生」との関連なども分析対象になるであろう。

（2）戦時期の留学生統計

　1930年代からの「アジア・太平洋戦争」期の台湾・朝鮮留学生は、愈々、益々「留学生」としての性格を奪われていくのであるが、その時期「外地」出身学生のあり様が思想対策としても、人的資源論としても教育審議会や大東亜建設審議会などで真剣に議論された。1939年（昭和14）に文部省教学局が調査・作成した統計はその基礎資料として利用された。

　これを【表8】として掲げた。この資料は、その標題の「用語」からも窺われるように「外地学生」に対して「内地」との一体化を図りながらも、その矛盾を表現するものであった。この統計は、①学校種別調、②学校別調、③府県別調から成る冊子で、「中等学校」生徒数については①と③とで多少の違いもあるが、ここでは①の方を掲げた。総計2万人強の内、大学、高等・専門学校

【表7-1】文部省直轄学校 台湾・朝鮮学生生徒人員 文部省（毎年9月30日現在）

学校段階	大学		高等学校		高等師範		専門学校 医・薬		工業		商・商船		農業		その他		盲聾唖学校		計	
年度	台湾	朝鮮	台湾	朝鮮	台湾	朝鮮	台湾	朝鮮	台湾	朝鮮	台湾	朝鮮	台湾	朝鮮	台湾	朝鮮	台湾	朝鮮	台湾	朝鮮
1919 (大8)	5	6	7	14	－	14	10	6	5	3	7	11	－	2	2	4			36	58
1920 (大9)	11	5	6	13	3	10	9	4	4	3	5	16	－	3	9	12			47	66
1921 (大10)	13	10	9	20	4	26	8	3	7	6	7	22	1	10	4	19			53	116
1922 (大11)	17	19	22	45	9	12	6	4	6	5	6	30	1	3	9	25			76	143
1923 (大12)	17	25	34	80	1	36	4	2	10	19	8	35	－	11	9	37			83	245
1924 (大13)	18	42	41	105	7	30	1	1	21	23	8	41	－	9	9	47			105	298
1925 (大14)	27	65	41	121	15	52	5	2	25	33	9	57	－	18	8	39	－	－	130	387
1926 (大15)	40	96	50	145	13	79	3	2	27	53	9	44	1	52	9	31	1	－	151	502
1927 (昭2)	55	107	46	152	4	42	5	5	29	49	12	64	3	43	10	34	1	2	163	496
1928 (昭3)	47	132	42	159	5	53	8	4	32	37	14	63	5	67	12	36	2	2	163	550
1929 (昭4)	65	139	37	142	8	57	7	4	31	22	10	46	2	63	11	34	3	3	176	511
1930 (昭5)	83	149	25	106	6	40	3	1	－	－	20	49	4	21	3	45	1	3	145	414
1931 (昭6)	92	137	22	78	3	29	10	－	18	9	5	25	1	27	11	24	2	2	167	331
1932 (昭7)	116	155	17	42	2	23	8	－	14	9	4	15	1	15	8	21	2	3	172	283
1933 (昭8)	115	139	17	40	3	19	5	－	12	11	2	13	1	15	8	20	2	1	165	258
1934 (昭9)	125	134	18	34	5	18	8	－	9	14	1	25	2	19	10	20	2	1	180	265
累計	846	1,360	434	1,296	88	540	100	38	250	296	127	556	21	378	132	448	15	14	2,013	4,926

[出典] 『文部時報』第31,69,103,125,167,196,237,263,302,338,370,404,436,476,502号

付記
① [高等師範学校] には、女子高等師範学校および臨時教員養成所を含む。
② [大学] の学生には、本科以外の実科生、研究生、聴講生などが含まれる。
③ [盲、聾唖学校] の欄は1926年 (大正15) から新たに設けられた。
④ [計] の欄の下線は、疑義のある数値である。
⑤ [累計] は実数を示すものではない。比較相対的目安として掲げた。

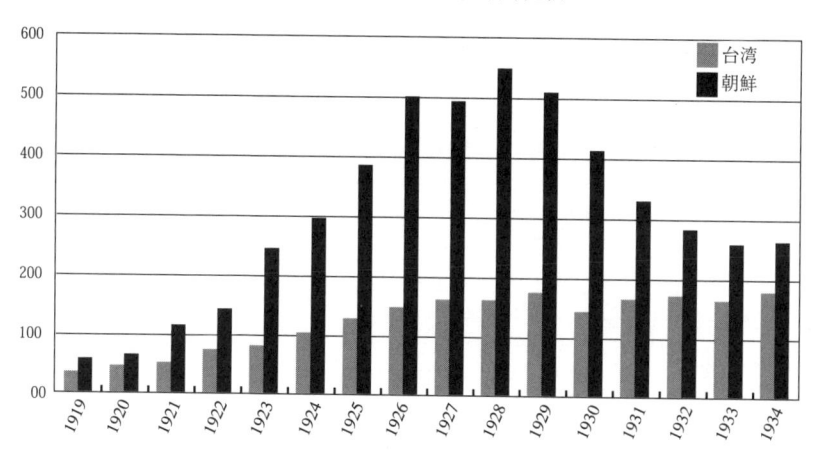

【表7-2】文部省直轄学校台湾・朝鮮留学生生徒人員の各年比較

で8700人という数値を記憶に留めたい。

おわりに

　以上、植民地台湾・朝鮮からの留学生に関する各種の統計資料について紹介してきたが、これらの「統計資料」を今後の研究にどう活用するか、その際留意すべきことは何であろうか。そして、留学生研究の意味はどこにあるだろうか。
　それは第1に、「文部省年報」などと同じ問題があるが、国家とその行政機関による統計調査には必ずそこに政策的意図が込められるということである。政策決定の基礎とされるのが一般的であるが、不都合な統計は陽の目を見ないこともあるし、平時においては公表データであっても、戦時にあっては「秘密情報」にもなる。しかし、同時にそこには意図せざる「真実」が顔を覗かせることもある。したがって、歴史研究においては当然の事として、「統計資料」批判が求められる。ここで紹介した統計資料においても全く同様で、統計資料も政策との関係で読む必要があるし、調査項目の変更も見逃せない事である。例えば朝鮮留学生において顕著な、留学生監督機関・団体の統計と内務省警保局のそれとの違い、その違いが台湾留学生についてはどうかという問題。それ

【表8】　半島人、台湾本島人学生生徒在籍数調

文部省教学局　1939年（昭和14）9月調査

学校段階	地域	半島人	台湾本島人	計
大学（a）	帝大　（7校中7校）	145	88	233
	官立　（11校中10校）	37	89	126
	公立　（2校中2校）	3	10	13
	私立　（25校中22校）	5,209	892	6,101
	計	5,394	1,079	6,473
高等学校（b）	官立　（25校中22校）	120	24	144
	公立　（3校中1校）	7	－	7
	私立　（4校中1校）	1	4	5
	計	128	28	156
専門学校（c）	官立　（63校中53校）	206	66	272
	公立　（10校中5校）	9	14	23
	私立　（91校中73校）	873	925	1,798
	計	1,088	1,005	2,093
A＝（a＋b＋c）		6,610	2,112	8,722
中学校（B）	師範学校（d）	5	－	5
	中学校（e）	3,523	1,450	4,973
	高等女学校（f）	368	119	487
	実業学校（g）	4,265	468	4,733
B＝（d＋e＋f＋g）		8,161	2,037	10,198
各種学校（C）		3,446	976	4,422
総計（A＋B＋C）		18,217	5,125	23,342

①本資料の標題は、原典のままである。
②高等師範学校は、官立専門学校に分類されている。
③原典には、「府県別調」も掲載されているが、省略した。

らについては調査目的、調査主体、調査方法・時期などの検討を必要とする。同じ文部省の「統計資料」でも、統計調査部門の官房文書課と原局である普通・専門学務局及び教学局などでは調査目的を異にする。さらには、統計資料における「在籍者」と「在学者」の違いも留学生研究では小さくない問題であるようには思う。

　第2に、統計資料の、特に長期的、逐年通時的統計の植民地教育史研究にとっての意味に関する事である。統計資料は、それをグラフ等視覚的に表現できる魅力もあり、「思い込み」を一瞬にして打ち砕いてしまう威力も秘めている。ある歴史像の再確認にも、意外な発見による歴史像の修正・転換の契機にもなり得る。例えば、留学生10人単位の時期、1000人単位の時期、1万人単位の時期、それぞれに共通する問題・課題と共に、質を異にするものもあったはずである。その「桁ちがい」の意味も十分に考慮されなければならないだろう。

それらは、通時的にみて初めて触発され、自覚化されることが少なくない。そもそも留学生数とは、通常調査時点での在籍、在学人員を示すだけで、その累年加算数は留学生の実数を示すものではない。在学年数分が重複カウントされるからである。したがって、留学生の実像は、入学者数、その卒業率と中途退学率、それらの長期的、逐年通時的統計によってはじめてリアルになるであろう。そのような量的、通時的把握の中でこそ、留学生一人ひとりの個性的存在の意味も明らかになるという仮説を持っている。

　第3に、それではそもそも植民地教育史研究において、留学生研究はどのような意味があるのだろうか。植民地本国と植民地との支配・被支配の関係において、留学生政策と留学生の具体的姿は何を明らかにするだろうか。台湾、朝鮮からの留学生は、それぞれの同一世代における「国語」（日本語）に通じた、主観的にも客観的にも少数「エリート」層であったと思われる。彼らは、台湾、朝鮮から「内地」に渡り、そこで「文化」を選択的に吸収したり、あるいは拒否したりしながら人間形成を遂げていった。そこでは、個人的にも集団的にも、大きな歴史の流れに翻弄されたり、それを受容したり、それに戦いを挑んだりの人間的、民族的営為を重ねた。その留学には常に葛藤があり、挫折があり、卒業という成就があってもその人生が確実に拓かれるというような将来でもなかった。そういう彼らに日本が与えた「教育・文化」は何であり、与えなかったのは何か。留学生たちは、台湾、朝鮮における教育と日本における教育、その両方を体験した少数者であり、それ故に両方の問題点も良く見えていた貴重な存在であった。台湾、朝鮮における教育・文化の歴史的自己意識とその相対化認識、「内地」日本の近代教育・文化の歴史的検証、そして台湾、朝鮮と日本の「ポストコロニアル」の視座の模索等々に、留学生たちの記録や証言は不可欠であり、その意味で留学生研究は可能性に満ちた領域ではないだろうか。

Ⅳ．研究の広場（研究動向）

韓国留学中のことども

三ツ井　崇*

はじめに

　筆者は、2003年4月から2004年3月まで大韓民国へと留学したのだが、本誌編集委員会からの要請で、韓国の研究動向を紹介せよとのことであったので、ここに紙面を割いていただいて簡単な文章を書くことになった。もとより、筆者自身の体験の範囲によるものなので、「研究動向」の総体を紹介することは不可能であるが、留学中にふと感じたことを綴らせていただくことにして、韓国の朝鮮近代史研究の一端をご紹介できたならと考えている。

1．歴史教科書問題に関するひとつの試み [1]

　いくつかの経験の中で、まず「2003年　韓日歴史関連学会共同会議」への参加について触れておきたい。これは、新しい歴史教科書をつくる会（以下、つくる会）の中学校用歴史教科書が文部科学省の検定に合格した2001年の暮れに東京でおこなわれた「日韓合同歴史研究シンポジウム――教科書問題」の第2回目のシンポジウムをソウルでおこなったものである。周知のとおり、つくる会教科書の検定合格という事態を機に、日本と他の東アジア諸国との間で歴史教育のあり方を再検討する雰囲気が一気に表面化した。それは、つくる会とその教科書叙述への批判にとどまることなく、すべての歴史教科書の記述の検討、教科書編纂制度の批判的検討、歴史教育者どうしの教育実践

＊　日本学術振興会特別研究員、愛知大学非常勤講師

問題の討究、東アジア共通の歴史認識の構築など幅広い領域ですでに進行していたさまざまな取り組みの意義を顕在化させ、また新たな取り組みを生むにいたったのであった。

　日韓合同による2001年12月22日（於東京）、2003年6月21日（於ソウル）の2回のシンポジウムもまたそのような流れのなかに位置づけられる。日本と大韓民国の歴史学・歴史教育関連の5学会ずつ（[日本側] 歴史学研究会・歴史科学協議会・歴史教育者協議会・日本史研究会・朝鮮史研究会、[韓国側] 歴史学会・韓国史研究会・韓国歴史研究会・日本史学会・歴史教育研究会）が共同主催する形でとりおこなわれたシンポジウムであるが、日本と韓国、歴史学と歴史教育それぞれの枠を超えて共通の場で共通の問題に取り組んだことの意義は非常に大きい。

　筆者は、当時、留学中でありながら主催団体の一つである歴史学研究会の担当委員としてこの会議に参加する機会を得たのであった。紙幅の関係上、詳細に記すことができないが、会議の記録（おもに報告内容）と感想は別稿にゆずる（注1参照）ことにし、以下でごく簡単にそのときの様子を振り返ることにしたい。

　報告は、午前と午後に2本ずつ行われた。報告者は、石山久男氏（歴史教育者協議会）、鄭在貞氏（ソウル市立大学校）、木村直也氏（産能大学）、韓雲錫氏（当時ソウル大学校、現尚志大学校）の4人である。石山、鄭両氏の報告は、日韓双方における歴史教科書問題の現状についての報告であった。つくる会による他の教科書への攻撃とその教科書内容への影響が深刻な一方、今日にいたるまでの日韓ないしは他の諸国との間においてさまざまな「歴史対話」が存在することを両者の報告から知った。とくに歴史教科書問題で有名な鄭氏は、「対話」の継続によって「歴史認識をめぐる韓国と日本の相互理解は驚くほど進展するだろうし、両国にとって宿命のように垂れ込めている歴史の影を取り払えるようになるかもしれない」と期待を寄せつつも、「[両国の] 歴史認識に対する相互理解が「対話」を通じて一直線的に改善されるとは思えない」と不安を語り、「韓国と日本の歴史研究者と歴史教育者はどのように考え、どのように行動しなければならないのだろうか」と課題を投げかけたのは印象的であった。

　木村氏の報告は、近世〜幕末・維新期〜近代の日朝関係の変化を華夷秩序の影響という観点から整理し、東アジア華夷秩序の影響力を無視して、日本を

「自主独立国」としたつくる会教科書の記述と、他の日本史教科書における、近世の「交隣」関係から近代の征韓論へという記述の飛躍を問題点として指摘した。韓雲錫氏の報告は、日韓の歴史教科書問題を解決するための方法の模索について、ドイツとポーランドにおける共通歴史教科書編纂の取り組みの事例を参照しながら提言をおこなったものであった。

　2001年末のシンポジウムの際とくらべて、報告数は格段に少なかったものの、報告内容はどれも濃密で、総合討論時にも活発な意見交換が行われた。とくに日本史、東洋史、西洋史の枠、ないしは歴史研究者、教育者、市民運動家の枠を超えた活発な議論は、とても見ごたえがあり、紙幅の関係上、ここで詳細に報告できないのがとても残念である。2001年のシンポジウムとともにその成果は、歴史学研究会編『歴史教科書をめぐる日韓対話——日韓合同歴史研究シンポジウム』(大月書店) として刊行された。日韓合同での共通副教材作成をはじめとし、歴史教科書問題に関わる交流が多様化する中で、それら個別の取り組みの特長を活かしつつも、相互に集い情報を交換できるような場もまた必要であろう。この日韓10学会の取り組みが、このような場としてうまく機能できるかどうか、まだ模索中である[(2)]。

2．植民地期朝鮮社会をどうとらえるか？

①「親日派」研究と「植民地近代性」

　さて、筆者は2003年4月に留学を開始するため渡韓したのだが、受け入れ先のソウル大学校韓国文化研究所での手続き、入管での外国人登録手続きを済ませ、ホッとするかと思いきや、さっそく大変な仕事が舞い込んできた。尊敬する知り合いの代役として、シンポジウムでのコメンテーターを引き受けねばならなくなったのである。同年5月に釜山でおこなわれた「釜山抗日学生義挙国際学術シンポジウム」という集まりで、まだ語学に不安のあった筆者がある発表者に対するコメントをしたのである。目の前には、アジア・太平洋戦争下で学生生活を送った韓国人の老人たちがいて、筆者を見て、「三ツ井先生、謝罪のことばはありますか？」との質問をされた。わたしはこの重い質問に軽々しく答えることはできないが、自分なりの答えを準備はした。ただ、司会の配慮

でこの問いに筆者が答える順番は回ってこなかった。どうにかこうにかコメンテーターの仕事をやり遂げ（その後、帰国までに学会発表やコメンテーターの仕事を何度も引き受けさせられたのには正直大変な思いをしたが……）、この後もこのときの主催者側のスタッフとは懇意にさせてもらうことになった。

　そして、このときの人脈で、日・中・韓の3国の研究者が集まって、「侵略戦争時期、親日朝鮮人の海外活動」に関する共同研究をやろうということになったのである。これを聞いたとき、最初とまどった。というのも、韓国で日本人が「親日派」問題について何か発言するというのは、いったいどうなのだろうかと考え込んでしまったからである。折りしも帰国直前の段階で、韓国では「日帝強制占領下親日反民族行為の真相究明に関する特別法」が通過した（2004年3月2日）。その意味で、この共同研究は時宜にかなっているということにもなるのかもしれないが、共同研究の趣旨は学問的な検討にあるとのことで引き受けることにした。この研究はいまなお進行中であるため、現段階で評価を下すことはできないが、留学終了後の5月下旬に釜山でシンポジウムがあり、筆者もコメンテーターとして参加した。「日本では親日派問題をどうとらえるか？」との質問を受け、筆者は、「親日派問題の究明は、日本の支配の構造を明らかにするためものでなければならない」と答えた。親日派糾明が社会の大きな関心事となっている韓国において、この答えは、日本人らしい「及び腰」の答えととられたようだ。日本の研究がすべて「右翼的」と批判する研究者も出てくるなど、わたしにとって決して居心地のよい場ではなかったが、そのような批判に対しては、反論も必要であろうし、発言の機会があれば反論する準備もできていた。しかし、これもまた時間の制約でその機会を得ることはなかった。ただ、この後の食事会で、ある韓国人研究者は、「三ツ井さんのいうことは、本当は正しい」と言ってくれた。と同時に、この「本当は」ということばに韓国での「親日派」研究の困難さと苦悩を見た。

　近年では、「親日（派）」を「対日協力（者）」と言い換える向きもあるが、ともすれば糾弾のイメージを伴いがちな前者に代えて、日本の植民地支配の構造を探る意図を明確化するために後者の用語が使われるようになってきている。その是非はともかく、「親日派」問題は、近年の「植民地近代化」ないしは「植民地近代性」に関する議論とも大いに関わってくる。簡単に言えば、被支配者側にとっては植民地というきわめて主体的活動が限定された空間において、植民地権力の側から準備された「近代」的空間に甘んじることによって、民族

の生きる道を見出そうとする朝鮮人の動向を通して、逆にそのような形で支配を貫徹に導こうとする支配者側の思惑と支配の全体的構造を見出そうとするのが、これらの「近代」に関わる議論である[3]。とくに、「植民地近代化」論については、かつて日本植民地教育史研究会のシンポジウムでも発題されたことがあるのを記憶している。韓国の若い大学院生レベルにおいてもこのような関心があるのには驚いた。日本の研究動向もよく知っており、質問攻めに遭って大変な思いをしたこともある。わたし自身、このような研究に関心はあったものの、本格的に携わってはいなかったのでちょっと苦労したのを覚えている。ともすれば日本では、韓国の研究動向に対して、民族主義的だと固定的で否定的なイメージを抱きがちだが、その変化の速度は日本よりも速いような印象を受けた。もっとも、日本でも韓国でも「植民地近代化」・「植民地近代性」にかかわる議論に対しては、批判的にとらえる人も多い。一度議論の整理が必要なようだが、それに関してはいずれ試みることにしたい[4]。

②ナショナル・ヒストリー解体への動き

　そのような変化は、「国史」(national history) の解体という動きに顕著に現れていたように思う。2003年8月21日、ソウルで「批判と連帯のための東アジア歴史フォーラム」主催の公開討論会「国史の解体へ向けて」が開かれたのである。同フォーラムは日本と韓国の歴史・文学研究者などが「東アジア民衆の歴史的経験を土台とし、未来に対する彼らの切実な希望と過去に対する徹底的な自己反省を込めた省察的東アジア歴史像を構築」することを意図して「連帯」した集まりである[5]。「国史」の解体は、同フォーラムの活動の一つの試みであるが、これを韓国でおこなったということの意味は非常に大きいと言える。この公開討論会自体は、あらかじめ配られた資料の内容をすでに土台として、いきなり討論会が始まってしまったために、それまでの経緯を知らない聴衆にとっては、なじみにくいところがあったようだが[6]、韓国の歴史学が一面において「国史」の解体へと向かわねばならない理由（ないしは研究状況）は何であるのかを深く考えさせてくれる討論会であったと思う。
　討論会の争点は、大別すれば、「民族主義史学」の解体、「近代」への評価、西洋中心主義の克服、「帝国」と植民地の関係性、といったところであったと考える。必然的に「国史」解体の代案として想定されているのは、西洋ではな

く「(東) アジア」を軸とした歴史の多面性を描くという点に要約されるだろうか。「国史」(ないしは民族主義史学) が指向していた権力側からの歴史叙述に対抗することが主眼であったのであろう。これは、さきほどの「近代性」の議論とも関わるし、つくる会教科書の記述に対する批判としても機能しうる。しかし、このような代案に対して、必ずしも深く議論されたとは言いがたい。やはり、韓国で「国史」の解体を唱えることが日本におけるそれへとどのようにつながっていくのだろうか。これはフロアにいた多くの人が感じたと思われる。

　もう一つ、重要な問題が隠されている。わたしと同じくフロアにいた知人と話している際に、ここで言う「国史」とは何であるのか。普遍的な意味でのナショナル・ヒストリーを指すのか、近代日本および朝鮮で出来した特殊具体的な「国史」(ないしは「民族主義史学」) であるのか、わからないという意見を耳にした。つまり、史学史的知識を多分に要する主題であるということが、とくに若手研究者の間では重要になってくる。次に、解体の対象として想定されているものが何であるのかによって、解体後新たに構築されるであろう歴史叙述のあり方も変わってくるだろうということである。これは先にも述べたように、個々の論文に対する検討からではなく、それに対する討論の段階から始まってしまったために生じる疑問であった。この手の集まりにはつきものの時間不足によって、この点は十分に検討されることはなかったが、ここでも韓国の「国史」専攻の大学院生を複数見かけ、歴史学の状況が動いていることを肌で感じた。この公開討論会の成果は、2004年3月に林志弦・李成市編『国史の神話を超えて』(ヒューマニスト) として刊行され、同年10月には日本語版が『植民地近代の視座——朝鮮と日本』(岩波書店) として刊行された。

おわりに

　繰り返すが、小論は「研究動向」を俯瞰するには決してふさわしいものではなく、わたしの留学期における見聞を若干披露しただけのものに過ぎない。わたしが関与している集まりの中には、まだ進行中のものも多く、現段階で成果に対する評価を下すことのできないものもある。そうした動向には、継続して関与しつつ、いずれ機を改めて論じる機会があればと考えている。

【註】

(1) 本章の記述は、三ツ井崇「はじめに」（歴史学研究会編『歴史教科書をめぐる日韓対話――日韓合同歴史研究シンポジウム』大月書店、2004年）、同「「韓日歴史関連学会共同会議」参加記」（同上書所収）、同「歴史教科書問題に関する一つの試み――〈日韓合同歴史研究シンポジウム〉の成果と課題」（朝鮮語、『韓日民族問題研究』第7号、2004年）の内容をもとにしている。

(2) 第3回シンポジウムは、1月29～30日に東京で開催された。

(3) 韓国での有名な研究としては、金晋均・鄭根埴編『近代主体と植民地規律権力』（文化科学社、ソウル、1997年）、金振松『ソウルにダンスホールを許せ――現代性の形成』（現実文化研究、ソウル、1999年）、権ボドゥレ『恋愛の時代――1920年代初半の文化と流行』（現実文化研究、ソウル、2003年）、尹海東『植民地の灰色地帯――韓国の近代性と植民主義批判』（歴史批評社、ソウル、2003年）、チョン・ジョンファン『近代の本読み――読者の誕生と韓国の近代文学』（プルンヨクサ、ソウル、2003年）などがある。

(4) 現在のところ、並木真人「植民地期朝鮮政治・社会史研究に関する試論」（『朝鮮文化研究』第6号、1999年）、松本武祝「朝鮮における「植民地的近代」に関する近年の研究動向――論点の整理と再構成の試み」（『アジア経済』第43巻第9号、2002年）、並木真人「朝鮮における「植民地近代性」・植民地公共性」・対日協力――植民地政治史・社会史研究のための予備的考察」（『国際交流研究』（フェリス女学院大学）第5号、2003年）、板垣竜太「〈植民地近代〉をめぐって」（『歴史評論』第654号、2004年）などで動向を確認できるが、これは朝鮮だけの問題ではない。なお、台湾については、『アジア遊学』No.48（2003年）の「特集：台湾――模索の中の躍動」が、「植民地近代」について扱っているが、日本の植民地・占領地史全体のなかで「植民地近代」をとらえる視角はまだ存在していない。

(5) 「'批判と連帯のための東アジア歴史フォーラム'趣旨文」『国史の解体へ向けて資料集』（ヒューマニスト、ソウル、2003年）、207頁。

(6) 原智弘「「公開討論会　国史の解体に向けて」参加記」『歴史学研究』No.787、2004年、60～61頁。

人口センサスをいかに読むか
――明治三十八年　臨時台湾戸口調査関連刊行物を中心に

冨田　哲*

　人口ノ多少其ノ構成及其ノ発達ヲ攻究セハ則チ国勢民情ノ帰嚮スル所ヲ審ニスルヲ得ヘシ此ニ因テ民人文化ノ度ヲ察スヘク殖産興業ノ改進ヲ徴スヘク公衆利弊ノ伏スル所ヲ討ヌヘク彼我得喪ノ存スル所ヲ明ニスヘシ之ヲ要スルニ各般行政ノ基礎タリ社会公衆ノ規準タルモノ之ヲ措テ他ニ求ムヘカラス
　　　　――臨時台湾戸口調査を前にしての台湾総督児玉源太郎の諭告 [1]

1．「明治三十八年　臨時台湾戸口調査」の関連刊行物

　1905年（明治38年）におこなわれる予定だった日本初の国勢調査は、その準備過程での政府の動きが必ずしも積極的とは言えず、また日露戦争の影響もあって、結局日本本土における実施が見送られた。しかし台湾においては、民政長官後藤新平が、調査機関として設置された臨時台湾戸口調査部の部長にみずから就任し、同年10月に実地調査がおこなわれた。個々人に対する調査項目は、「氏名」、「所帯主トノ続柄又ハ所帯主若ハ所帯トノ関係」、「種族」、「男女ノ別」、「出生ノ年月日」、「縁事上ノ身分」、「本業名」、「本業ノ地位」、「副業名」、「副業ノ地位」、「常用語」、「常用以外ノ語」、「讀ミ書キノ程度」（かなの読み書きの程度）、「不具ノ種類」、「不具ノ原因」、「阿片煙吸食者」、「纏足者」、「出生地」（「内地人」のみ）、「原籍」（「内地人」のみ）、「國籍」（「外國人」のみ）、「渡台ノ年」（「内地人」のみ）、「常住地」と多岐にわたっている [2]。日本領土内における初の本格的な人口センサスとなったこの臨時

---
* 淡江大学日本語文学系

台湾戸口調査（以下、1905年調査）に関連して、総督府は後日、以下の刊行物を出版している。

① 臨時台湾戸口調査部『明治三十八年　臨時台灣戸口調査職業名字彙』、1907年。
② 同上『明治三十八年　臨時台灣戸口調査集計原表（全島之部・地方之部）』、1907年。
③ 同上『明治三十八年　臨時台灣戸口調査要計表』、1908年。
④ 同上『明治三十八年　臨時台灣戸口調査結果表』、1908年。
⑤ 同上『明治三十八年　臨時台灣戸口調査記述報文』、1908年。
⑥ 台湾総督府官房統計課『明治三十八年　臨時台湾戸口調査顛末』、1908年。
⑦ 台湾総督府総督官房統計課『明治三十八年　漢訳臨時台湾戸口調査記述報文』、1909年。
⑧ The Imperial Printing Bureau. *The Special Population Census of Formosa 1905: Report of the Committee of the Formosan Special Census Investigation*, 1909. (3)

これらのうち、⑤は「戸口調査ノ結果ヲ記述論究シタルモノニシテ本調査最終ノ目的タリ」と説明されており(4)、各調査項目に関するデータとそれらに対する分析が記述されている。なお、この内容を漢文および英文で記したものが⑦と⑧である。

⑤の分析の根拠となったデータは④におさめられている。同書は「集計原表ノ事実ヲ分合シテ之ニ比例ヲ附シ」たものであるが(5)、この「集計原表」、つまり結果表作成のもとになった統計表を収録しているのが②である。

⑥はその書名のとおり、1905年調査の顛末を記している。調査に向けての本格的な準備の開始から臨時台湾戸口調査部の設置、実査を経て、その後の集計作業、調査部廃止に至る過程の記述はきめこまかい。ここからは、たとえば調査委員およびその作業を監督する監督委員に、教員も少なからず駆り出されていたことが分かる(6)（なお③には、各調査委員、監督委員の官職が記されている）。また、当時設置されていた20の地方庁の1つ台北庁では、警察官吏や公学校職員以外に「土語」に通じている調査委員が少なかったため、管内の総督府国語学校、総督府医学校、公学校の生徒あるいは卒業生から通訳者を手配

することにし、国語学校126名、医学校35名、公学校9校の152名を得た、というできごとも紹介されている[7]。

①は、調査で回答があったとされる「本業名」「副業名」の一覧であり、4299の職業名が収録されている。これらは、内閣統計局の立案による職業分類にほぼしたがって職業名を分類した「分類引」、「内地名」をイロハ順に並べた「イロハ引」、そして「土語名」の漢字表記を字画ごとに並べた「字画引」という3つの方式の索引からなっている。職業名は、いずれも「内地名」と「土語名」が上下に（あるいはその逆に）配列されている[8]。

職業分類の第4款（「公務及自由業」）第30項（「自由業」）第171目は「教育ニ関スル者」であり、日本語名では61の職業名を数える。たとえば、台湾総督府国語学校（附属学校を含む）、台湾総督府医学校、台湾総督府警官及司獄官練習所の教職員としては以下のものがあがっている。

・台湾総督府国語学校（以下略）教授、助教授、教諭、嘱託、雇、雇教員、裁縫助教授、書記、傭員、守衛、小使、寄宿舎小使、第二附属学校教諭、第二附属学校雇教員、第三附属高等女学校雇人、第二附属学校小使
・台湾総督府医学校(以下略)助教授、舎監、書記、嘱託、雇、雇員、病理教室助手、小使
・台湾総督府警官及司獄官練習所(以下略)教官、教官兼舎監、書記、嘱託、雇、守衛

また他にも、「書房教師」、「公学校訓導」、「小学校教員」、「台北第一尋常高等小学校教諭」、「台北幼稚園保姆」、「土語教師」などといった職業名が並んでいる[9]。

台湾では1905年調査の後、1915年にやはり臨時台湾戸口調査が、そして1920年からは5年ごとに1940年まで、日本本土と同時に計5回の国勢調査がおこなわれた。これらの調査に関する刊行物も多数出版されているのだが、本稿でくわしく言及する余裕はない。ただ、朝鮮、樺太など他の「外地」のものとともに、復刻版『外地国勢調査報告　第5輯：台湾総督府（戸口）国勢調査報告』（文生書院、全65冊）が刊行されていることをここに付記しておく。

2. 調査主体の意図への注目

　上記のとおり、1905年調査では「常用語」、「常用以外ノ語」、「讀ミ書キノ程度」が「内地人」、「本島人」、「外国人」すべてを対象として調べられており、記述報文では、「常用語」と「常用以外ノ語」が「言語」という章で(ここではそれぞれ「常用語」、「副用語」)、そして「讀ミ書キノ程度」は「教育」という章で結果の分析がなされている。教育史研究が、たとえば台湾人への日本語の広がりがどの程度のものだったのかを考察しようとすれば、ここに示されている詳細なデータはまちがいなく有益なものであろう[10]。

　しかしわれわれが、1905年調査の刊行物のみならず人口センサスの結果を史料として利用する場合、それらの数値がいかにして導き出されてきたのか、またその結果を調査主体がどのように解釈したのかという点に無関心であるべきではないだろう。すなわち、どのような調査項目や対象が選択されたのか、調査、分析の道具としていかなるカテゴリーが設定されたのか、また、調査主体が結果から何を見出し、当該社会をどのように「想像」するにいたったのかということも重要な研究課題として位置づけられなければなるまい[11]。

　一つの例をあげたい。それは、1905年調査記述報文で言語、教育として論述されたことがらが、その後の調査でどのように取り扱われたのかということである。

　1915年の第二次臨時台湾戸口調査は、1905年調査と同じく、「内地人」、「本島人」、「外国人」のすべてを対象として、あらゆる使用言語とかなの読み書きの程度を調べている。また、記述報文で前者について「言語」、後者について「教育」という章を立てているのも同様である[12]。しかし、1920年におこなわれた第一回台湾国勢調査では対象が限定され、「内地人」の「土語」と、「本島人」および「支那人」の「国語」、そして「本島人」と「支那人」のかなの読み書きが調査されたのみであった。記述報文の章立ても「土語を解する内地人」、「国語を解する本島人及支那人」、そして「仮名を知る本島人及支那人」へと姿を変えている[13]。さらに1930年の国勢調査になると、かなの読み書きは「国語普及ノ程度」という調査項目の一部を構成するものに「格下げ」されており、記述報文にあたる刊行物では「本島人特殊の事項」という章の中に、「纏足者」と並んで「国語普及の程度」という節が置かれている[14]。「本島人」

のみならず「内地人」や「外国人」までも対象としていたかなの読み書きの調査が、「本島人」の日本語能力の一部に組みこまれていく過程は何を意味しているのだろうか。

これを理解するためにかぎになると思われるのが、1905年調査記述報文で示されているかなの読み書き調査にあたっての基本的な姿勢である。その教育の章は冒頭で次のように述べる。

　　　本章ハ題シテ教育ト云フト雖教育全般ノ調査ヲ為スノ謂ニ非ス蓋シ斯ノ如キ調査ハ不可能ノ事タルヲ以テナリ今之ヲ教育ノ方面ヨリ言フトキハ智育ノ一部タル読ミ書キノ程度ヲ知ルニ過キス乃チ或意味ニ於テハ寧ロ文盲ノ者ヲ調査シ以テ他ノ半面ニ於ケル事実ヲ知ルト云フモ可ナリ

つまり、かなを「文盲ノ者」を調査するための基準としてもちいたいというのである。この調査が識字の問題を問おうとするものであったことは、後の部分でかなを採用した理由の一つとして「欧米先進国ノ実例ニ徴スルモ「あるふあべつと」ヲ標準トシテ読ミ書キノ程度ヲ調査セルモノ多シ」と述べられていることからもうかがい知ることができる。そうである以上、ある文字体系の読み書きができるか否かということと、その文字によって表記される言語が話せるか否かということは、概念上はっきり区別されなければならないが、実際、記述報文は「言語ハ人類天賦ノ機能ニ依リ各人等シク之ヲ使用シ得ルモ文字ハ教育ニ依リテ始メテ習得スルモノナルカ故ニ文字ノ智識ハ教育ノ有無ニ伴フモノ」であると論じている[15]。

もっとも、「内地人」および「外国人」に対する調査は「本島人」に対するものほど重要視されてはいなかったのかもしれない。1905年調査の記述報文は、かなを採用したいまひとつの理由として「我カ新教育ノ普及」の度合いをあきらかにすることをあげているし、1915年調査記述報文も、かなは「本島人ニ対スル国民教育普及ノ状況ヲ観察スル」のにふさわしいと述べており[16]、1920年調査記述報文も「前二回の臨時戸口調査にては、本島現在の総ての種族に通じて此の調査を施行したるも、其の主眼とする所は本島人に於ける普及の程度を知るに在りたり」としている。しかし、この記述報文で、かなの読み書きの対象が「本島人」と「支那人」に限られたことは、かながそれまでの調査でまがりなりにも果していた識字の指標としての役割を大きく弱めることに

なったとは言えないだろうか。

　こうした調査方法の変化は、直接的には、当時総督府の主務官庁であった拓殖局が調査事項の削減を求めたことによって引き起こされたようである[17]。しかし、各記述報文の描写を通してみてみると、一連の変化は、前2回の記述報文が言うところの「教育」が地位を低下させて行く過程とも解釈できそうである。これを、そのときどきの教育政策や教育を取り巻く状況とのかかわりで考察するとすればどのような説明ができるだろうか[18]。また、「欧米先進国」のセンサスを参考にし、識字の指標としてのアルファベットにかなをかさねあわせた1905年調査担当者たちとその後の担当者たちの意図の間に、非連続性を見出すことは可能だろうか。

3．おわりに

　最後に、冒頭に掲げた児玉源太郎の諭告に戻りたい。諭告に言う「各般行政ノ基礎」や「社会公衆ノ規準」を必要としたのは、言うまでもなく台湾総督府である。そしてそれらを得るべく調査項目、カテゴリを設定し、さまざまな変数の間の相関分析によって数値を導き出し、さらにそれを分析して論述をおこなったのは総督府の調査従事者であり、「本島人」が大多数を占める被調査者ではもちろんなかった。人口センサスがわれわれに提示する一見客観的なデータは、その実、けっして客観的なものではありえず、それらをもとに語られる分析、論述も、当然のことながら語る主体の被調査者に対する視線から自由であるはずがない。

　1905年の国勢調査の中止にもかかわらず、総督府が臨時台湾戸口調査の名のもと調査をおこない、その後も日本統治時代を通して継続的に実施されていった人口センサスを、われわれはどう読んでいけばいいのか。センサスを読むという行為は、いかにその刊行物を利用するにせよ、単にデータを拾い上げるにとどまらない深い考察を必要とするものである。

【註】
(1)『明治三十八年　臨時台湾戸口調査顚末』、32-34頁。
(2) 臨時台湾戸口調査部『明治三十八年　臨時台湾戸口調査記述報文』、1908年、13-

25頁

(3) 『明治三十八年　臨時台湾戸口調査顛末』、295-296頁、および『明治三十八年　漢訳臨時台湾戸口調査記述報文』、42-44頁の記述による。なお、1905年調査によって10月1日時点での静態人口が一応あきらかにされ、その後の動態人口を継続的に把握する体制が整えられた。漢訳記述報文は、『台湾現住人口統計』(1905年末、1906年末)、『台湾人口動態統計』(1905年、1906年)、『台湾人口動態統計記述報文』(1906年)も関連出版物に含めている。

(4) 『明治三十八年　臨時台湾戸口調査顛末』、296頁。

(5) 同上。

(6) 上掲書、59-67頁。「臨時台湾戸口調査事務取扱規程」には「戸口調査委員長(各地方庁の庁長が就任。筆者注)ハ台湾総督府所属行政各官衙吏員、学校職員又ハ公医ニシテ調査区内ノ事情ニ通暁シタル者ノ中ヨリ調査委員及監督委員トナルヘキ者ヲ選抜スヘシ」とある(37頁)。

(7) 上掲書、75-77頁。

(8) 所帯票に記載された職業名には、もともと「内地語」で書かれたものもあれば「土語」で書かれたものもあった(『明治三十八年　臨時台灣戸口調査職業名字彙』、第1編「注意」)。

(9) 『明治三十八年　臨時台灣戸口調査職業名字彙』、150-153頁。

(10) 詳細については、冨田哲「1905年臨時台湾戸口調査が語る台湾社会——種族・言語・教育を中心に」『日本台湾学会報』第5号、2003年、87-106頁を参照願いたい。

(11) 人口センサスを、統治者による植民地の「想像」のしかたを示すものとして位置づける議論については、ベネディクト・アンダーソン『増補　想像の共同体——ナショナリズムの起源と流行』白石さや、白石隆訳、NTT出版、1997年、274-284頁を参照した。

(12) 台湾総督官房臨時戸口調査部『大正四年　第二次臨時台湾戸口調査記述報文』、1918年、277-355頁。

(13) 上掲書、341-383頁。

(14) 1925年と1935年の調査は簡易調査であり、言語やかなの読み書きに関する事項はなかった。

(15) 『明治三十八年　臨時台湾戸口調査記述報文』、270-271頁。

(16) 『大正四年　第二次臨時台湾戸口調査記述報文』、327頁。

(17) 台湾総督官房臨時国勢調査部『第一回台湾国勢調査（第三次臨時台湾戸口調査）顛末書』、1924年、27頁。

(18) あくまで試論的な議論にとどまるが、冨田哲「日本統治期台湾でのセンサスとかなの読み書き調査」『社会現語学』Ⅲ、2003年、43-57頁は、このような問題意識にもとづいている。

V．旅の記録

台南・安平墓地の墓誌と公学校修身書教材（その2）

白柳弘幸＊

1 はじめに

『植民地教育史研究年報』第6号で報告した「台南・安平墓地の墓誌と公学校修身書教材」の、その後の調査経過について述べる。前号に於いて、台湾総督府昭和18年発行の『初等科修身一』14課「心を一つに」に載る、無名の主人公は安平墓地に埋葬されている故陳養氏であること、陳氏死去の記事が日本国内の新聞に掲載され、陳父子実名入の文書が外交史料館に所蔵されていたことを報告した。これらから、当時、陳氏死去の出来事はそれなりに知られていたのではないかと予想した。しかし、墓誌に「七生報国ヲ遺言セリ」と刻まれた史料元は見出せないままであった。

2 台南にて

中京大学台湾総督府文書調査団とともに台南を訪問したのは平成15年3月23日。調査団訪問時にお会いした何世忠氏からいただいた『安平人[1]』に、安平墓地十二軍夫についての一文を見出した。何世忠氏とファックスでやりとりし、陳氏の親族の消息を尋ねた。そして「光復後、陳氏の関係者は高雄に引っ越した。その後の消息はわからない。しかし、私の叔父が陳氏と同じ部隊にいたので彼のことを知っている。その叔父と会わせる」という内容の返事を得た。

再度、台南を訪問したのは11カ月後の平成16年2月22日。何世忠氏宅に

＊ 玉川大学教育博物館

安平墓地十二軍夫の墓。一番右奥が故陳養氏の墓（2004年2月）

て、何世忠氏と叔父の何亦盛氏にお会いした。以下は、何亦盛氏が話してくださった略歴などである。

　大正9（1920）年生まれで、現在（調査時）83歳。日本名は何成。安平公学校を卒業。当時の校長は島津先生、担任は田中先生。安平公学校を卒業後、台南の明石鉄工場へ就職。そして昭和12（1937）年、18歳の時に、志願ではないが軍夫となって大陸へ渡った。当時、安平からは300名程 [2] が軍夫として大陸に行った。そして、故陳養氏と同じ中支派遣軍平田部隊高橋部隊本部黒河隊小行李 [3] に配属された。陳氏の死去にも立ち会った。昭和12年に安平出身者の内12人が大陸で戦病死し、その墓が安平墓地の十二軍夫の墓になっている。戦地に赴いた約300名の内、現在、もう数人しか生きていないのではないか。生き残っている数少ない者の一人だと思う。軍隊に行く前に勤めていた鉄工所での給料は月給10円にならなかった。軍隊での軍夫としての給料は1カ月40円で、1日あたり1円50銭。教員の1カ月の給料が24円であった時、月給40円は高給だった。軍隊での給料はちゃんと支払われていたが、上官の命令を

絶対に守ることなど軍隊での生活はとても厳しかった。

　持参した東京朝日の記事（昭和12年10月1日付朝刊）を何亦盛氏に読んでさしあげる。うなずきながら聞き、書いてある内容には間違いないとのこと。教科書文も読むと、これも間違いないと。そして、何亦盛氏は自ら手に取り一字一句確かめるかのように声を出して読まれていた。「この通りだった」と、新聞記事、教科書文には間違いがないと重ねて言われる。そして、「この出来事についてはよく覚えている。しかし、当時は大陸を転戦中であったため、このことが新聞や教科書に載ったことまで知らなかった」と述べた。何世忠氏も『台湾日日新報』などに載ったことは覚えていないとのこと。
　このような会話を重ね、何亦盛氏が陳養氏についての映画を戦地で見たと言われる。ニュースではないのかと聞くと、間違いなく映画であったと断言する。部隊への慰問で映画をよく見たそうである。移動があり、いつ、どこで見たのか、映画の題名も思い出せないが、その1つであるとのこと。その後、署名入りの日章旗、勲八等瑞宝章の勲記を見せてくださる。国民党支配下の時も捨てきれなかったとのことであった。

3　台北・中央図書館台湾分館にて

　墓誌に刻まれている「七生報国ヲ遺言セリ」の書かれている新聞雑誌を見出すために、台南で何氏に会った後、台北の国立中央図書館台湾分館を訪問。国会図書館所蔵の『台湾日日新報』マイクロフィルムには欠号[4]が多く「陳養氏死去」の記事を確認できないままであったからである。台湾分館所蔵『台湾日日新報』縮刷版から記事掲載を調べたが、ここでも関係記事を見出すことはできなかった。もっとも縮刷版が日本で製作されたマイクロからの印刷であったとすれば、掲載が確認できなくて当然である。
　戦前の台南近辺で発行されていた新聞は『台南新聞』『台中新聞』『台湾新民報』の3紙。『台湾新民報』のみマイクロ化されていたが、昭和12年頃ものはまだマイクロ化されていない。『台南新聞』には縮刷版があるが、同様にこの時期のものはなかった。残された調査は台湾分館日文書架の各種雑誌を調べ上げることであった。

『まこと』というタブロイド版の新聞、昭和12年10月10日発行分に目指す記事が掲載されていた。「『我亡き後は二人分御国のために働け』との遺言に奮ひ立つ本島人青年　楠公父子を髣髴　上海戦線涙の美談」と見出の記事。本文の内容は『東京朝日新聞』に掲載されたものとほぼ同様。見出が「楠公父子を髣髴」とあり、この記事から「七生報国ヲ遺言セリ」の一文が刻まれたのであろう。調査の一つの山を越えた思いであった。

4　マスコミあげて「誉れの軍夫」を広めた皇民化運動

①レコードと総督府発行雑誌

　台南で何亦盛氏に映画の話を聞いた時、「誉れの軍夫」という題のレコードがあったことを思い出す。国会図書館で『台湾日日新報』マイクロで陳氏の記事を見つけていた時にレコード広告を見ていたのであった。何かしら関係があるのかもしれないと思い、帰国後、再度国会図書館へ。「誉れの軍夫」のレコード広告の初見は昭和13年4月7日夕刊2面下段に歌詞入り[5]で掲載されていた。これは十二軍夫の墓が建立された時に重なる。コロンビア側の記録[6]では昭和13年5月の発売とあり、正式記録よりも新聞広告の方が早くなっている。「誉れの軍夫」は栗原白也作詞、鄧雨賢作曲、歌は霧島昇であった。レコードのB面は「軍夫の妻」で歌は渡辺はま子で、当時のコロンビアのスター歌手が採用され、2曲ともに時局歌となっていた。「誉れの軍夫」の曲は台湾の懐メロとされる「雨夜花」に日本語の歌詞をつけたもので、今でも台湾で歌われることがあるとのこと[7]。

　この調査を進めていた折、本誌第6号の拙文を見た植民地史研究者の知人より、総督府発行の『部報[8]』、『輝く日の丸[9]』、『億兆一心ただ赤誠[10]』の3誌にも、陳氏の記事が載っているとの連絡を受けた。『輝く日の丸』の表紙裏に「本印刷物は中等学校生徒並に小公学校児童に対する訓話資料として、毎月二回乃至三回連続刊行の予定であります。之が刊行の目的は生徒児童及び、之等を通じて父兄並に一般大衆に、支那事変に対する正しい認識と、皇国民たるの信念とを啓培せんとするにあります[11]」と述べられている。本誌は台湾の公小学校児童や中学校生徒に広く配付し、副読本として利用されたものであっ

た。皇民化教育を推進する総督府としては陳氏を「誉れの軍夫」とし、父の死を受け止め父の分をも国のために尽くそうとする息子を称える出征美談として、最大限利用したい話であった。このために外務省外交史料館文書「台湾ニ於ケル民心ノ動向及島民ノ時局認識状況如何」にも残されたのであろう。

②映画「誉れの軍夫」

『台湾電影戯劇史』に「台湾人做軍夫出征美談的故事片『栄誉的軍夫』(全七本(12))……台湾プロダクション的『誉れの軍夫』五本(三十年九月)……『出征美談誉れの軍夫』五本(三十年十月)(13)」と、同種の映画が3本作られたとある。すべて陳氏が扱われていた内容であるか否かは不明である。「国策的色彩の強い映画製作一辺倒になった。出征軍夫の美談を扱った『誉れの軍夫』などは知られる(14)」とあるところから、この映画は映画研究者には著名なのであった。同種の映画を3本も製作させたのは、出征美談を広め台湾人軍夫の志願者を増やしたい総督府としての思惑が見て取れる。

　陳氏が亡くなった昭和12年9月28日以降、修身教科書発行までの動静を時系列であげてみる。亡くなった3日後の10月1日『東京朝日新聞』、同月6日『国民新聞』、同月10日『まこと』、同月11日『部報』、11月14日『輝く日の丸』、12月12日『億兆一心ただ赤誠』、昭和13年4月十二軍夫墓地造営、同年5月レコード「誉れの軍夫」、昭和14年4月台湾映画協会・映画「栄誉的軍夫」、昭和15年外交史料館文書、昭和16年9月台湾プロダクション・映画「誉れの軍夫」、同年10月同プロダクション・映画「出征美談誉れの軍夫」、そして、昭和18年3月修身教科書採用となった。

5　おわりに

　志願出征した台湾人軍夫死去の出来事を、新聞3紙(15)、総督府発行誌3誌、レコード1枚、映画3本が取り扱い、最終的に総督府発行の修身教科書教材として採用された。ラジオについては未調査だが、当時の台湾マス・メディア総出でこの出来事を取り上げ、一般大衆への情報伝達が行われていたと言える。親子で志願出征し戦病死した父親、それを受けとめる息子の話を美談化させ、

教科書掲載にまで推進させたのであった。陳父子の話は「君が代少年」や「サヨンの鐘」と同様に、教科書に載るべくして載った出来事へと仕立てあげた。これら一連の出来事は皇民化運動推進のために、総督府がマスコミをどのように操作したかわかるものであり、皇民化運動を検証する手がかりを与えてくれる事例になるのではないかと考えられる。

【註】
(1) 何世忠『安平人』台南安平文教基金会　民91年　44-45頁。
(2) 『前掲書』では400人となっている。
(3) 『前掲書』では「中支派遣軍連隊本部平田部隊黒田支隊」(47頁)とある。本文中の表記は何亦盛氏に書いていただいたものをもとにした。小行李とは軍隊の戦闘または宿営に必要な弾薬や糧秣を運んだりする部署の名称。
(4) 故陳養氏が亡くなった日の翌日、9月29日から1カ月間の新聞でマイクロに落とされたものは朝刊16日分、夕刊23日分であった。総計で65％の残存率。
(5) 「一、赤いたすきに　誉れの軍夫　うれし僕等は　日本の男　二、君にささげた男の命　何で惜しかろ　御国のために　三、進む弾丸　ひらめく御旗　運べ弾丸　続けよ戦友（とも）よ」レコード番号29704
(6) コロンビアレコード『コロンビアレコード邦楽総目録』(昭和14年度版) 10頁。
(7) Taiwan Tips http://www.tom310.com/taiwan/taitip3-1.htm　確認日2004/10/21
(8) 「発しては万朶の桜　美談集録」『部報』臨時情報部発行。昭和12年10月11日。第4号　19-20頁　内容的には東京朝日とほぼ同様。東京朝日の10日後に発行。
(9) 「父子二代の誉」『輝く日の丸』文教局学務課　昭和12年11月14日　第6種、32-38頁　父子の会話が織り込まれ脚色されている。
(10) 「本島出征軍夫美談」『億兆一心ただ赤誠』国民精神総動員本部　昭和12年12月3日　教化印刷物10　成人の巻　6-10頁　台湾日日新報に拠るとの注意書きがあるが、新聞記事掲載は未確認。『輝く日の丸』が児童用であれば、本誌は成人向け。
(11) 台湾総督府文教局学務課『輝く日の丸』第五輯　昭和12年10月　表紙裏。
(12) ここで「本」という単位が使用されている。この場合、作品の数ではなく映画フィルム本体を数える「巻」の意味としてとらえるべきであろう。
(13) 呂訴上『台湾電影戯劇史』銀華出版社　中華民国五〇年　14頁。
(14) 門間貴志『アジア映画に見る日本Ⅰ』社会評論社　1995年　210頁。
(15) 『台湾日日新報』『大阪朝日新聞台湾版』にも掲載されたと思われるが未確認である。

VI. オーラル・ヒストリーを考える
──私の体験

貴重で切実な肉声をどこまで把握できたのだろうか

新井淑子＊

　私が、植民地台湾の高等女学校（以下高女と略記）の卒業生や女教員に聞き書きをした経緯や経験を少しく述べたい。お茶の水女子大学女性文化センター（現在「ジェンダー研究センター」と改称）の高等女学校研究会で、その研究と一部併行し日本や「外地」の高女（日本人）の卒業生にアンケート調査をした。「外地」の高女で共学した現地の方の調査の一環として山本禮子先生（和洋女子大学名誉教授）と私が、台湾でそれを1992年9月から開始した。203名の回答中34名が女教員であった。そこで、単独で95年前後からその34名を中心に次々と日本と台湾の教育者、研究者、同窓会等の関係者の紹介をいただき（422＋24＝）446通を発送し、有効回答数は105通であった。422通中30通は個人に依頼したがそのままか、死亡者や受取人不明者で返送もあり、回答者が自主的にアンケート用紙をコピーして該当する方に依頼されたりと、変則的に女教員にアンケートを依頼しつつ聞き書きを開始した。93年8月、前年お世話になった高雄高女同窓会長が、私たちの訪台に合わせ、かつての高女で20名位の方たちに会わせてくださった。

　当日の聞き書きでは、全般的に親日的でありながらも民族や教育の差別等は鮮明である方が多い。小学校、高女共に日本人の教師や友人から差別されなかったのは、参加者の3分の1程度であり、その方たちは高女時代を懐古し、現在も日本人と交流があり、趣味の和紙や本等は日本から取り寄せていた。3分の2の方々は、日本人の差別を赤裸々に告白された。植民地統治下での高女の入学試験（小、公学校の教育内容の相違、高女では1学年165名中台湾人16名が入学等）、日本人が級長で副級長が台湾人、教師の評価等や同級生の日本人による民族差別等枚挙に遑がない。その内、「血染めの旗」と

＊　埼玉大学

「千人針」を「岡山憲兵隊」へ届けたこともある軍国少女から女教員となった女性が、高女在学中「台湾人として侮辱された」、2つの事例をあげたい。

「直截に言います。日本人は良い人と悪い人とね、みんないました。本当に優しい人も……とってもいい先生もおりますよ。……私たちは当時は台湾の人だから、やっぱり遠慮して無口でしたの、あまりべちゃべちゃ話しません」。「戦争」中に高女生が「家庭の統計」（家族構成、年齢、職業等）をとった。それを見て日本人生徒が話し合っていた。台湾人を「ビイだビイだって言うんですよ。ビイ、ビイは『あんた』ですよね……みんな台湾人の人をね、ビヤと言います」。「わたしたちには直接言いませんよ。私たちはみんな家庭のいい人ばっかし、こう学校に入っていますから」。「高雄では高雄港でみんな労働者がいるんですよ。高雄港で仕事して、労働している人がバスにのりますでしょ」「汗をかいて臭いでしょう。そしたらね、日本の方がね、生徒が『臭い、いやー、汚い。臭い、臭い』ほんとに臭いから、みんなこう言いますよ。そして、臭い人はここの学校入ったら、ビヤ、ビヤって私わかりません。ビヤってどんな意味かわかりません」。「『ビヤってなんて意味です』あなた、あなた、ビイ、ビイ、それ、ビヤ、ビヤ。私たちには言いませんよ」。「台湾の人にビヤビヤと、こう侮辱するんです」。勤労「動員しているときにね、台湾の人は、その頃家庭に6名、7名、8名、10名も子どもをよく生みました。それを日本人が『このビヤ、あんなに豚みたいにころころ生んで。何ですか』って、ある友達が」「クラスでね、そう言ってばかにするんですよ。戦争しているから、米なんかないでしょ。そしたらね、90何歳、80何歳のおばあさん、おじいさんがおります」。その人を「これ何歳、何歳って言いますでしょ。『このおばあさんなんか、早く死んでしまえ。ごくつぶしだ』って、6名の中の一人が言いました。今台湾の人こんなにして侮辱しているので立ち上がって怒りました。『ビヤって何ですか。ビヤって何ですか。このおばあちゃんにね、早く、ごくつぶしだけ早く死んでしまえ。』子どもはころころ転がって豚みたいに、あんまりビヤをばかにしています。この台湾には、このビヤがいなければ、あんた何かなんですか。日本人はみんな要求、いっぱい肉とか魚とか配給します。日本人は人よりも多くもらって、そして、ビヤは、あんな労働している人が、こんな小さな肉をもらって、それも、こう、一日中待たなければいけない。こんなようなその、かわいそうなめにあっているんですよ。『あんたなんか、相当な生活をしているし、ビヤはこんなに苦しんでいるの。それが分かりませんですか』。

後で、あの方来て『森田さん〔「改姓」名〕すみません、さっき言ったこと、すみませんでした』って私に謝ったの。『ええ、いいんですよ。あのね、そんなにビヤを馬鹿にするんでないんです。ビヤだって人間ですよ』」「私たち台湾人はね、やっぱり人間ですよ。私はね、日本をね、軽蔑しているのではありません。ただ、こうして、侮辱されたのが憎らしかったんですよ。どうもすみませんでした」。「私はね、あの、日本がね、こうして、こうしているとき、私はとっても日本人を尊敬しています」。(略)

教員であった在郷軍人が訓練で高女に来て授業を参観し、発言の多い生徒が「『級長』か」の問いに「『あれはチャンコロだからね、級長なんかになれないですよ』」。それを聞いて「教室へ入ったとたんにその人のこう、襟のところ引っ張ってね、『何がチャンコロか』って、喧嘩して、涙ポロポロ流し、私はそれが憎らしくて、泣いた。その人も」。先生が来て「二人とも目にゴミが入ったんじゃないですか。なにを泣いてる、二人ともそこ(「眼科」)行って目洗って来い」と。『先生、○○さんが私にチャンコロと言ったから、泣いたんです』」。教師は「同じことを繰り返した」。仲のよい「あの人は私にチャンコロだって、だから、よっぽど、ほんとによっぽど、しゃくにさわりました」と。

この発言には参加者からの意見が出た。「『チャンコロ』って言われたら台湾の人、子どもの自尊心を傷つけた」。「チャンコロ」とはの問いに「清国の奴隷……清国は大陸ね、奴隷、奴隷、奴隷のことを『チャンコロ』っていう」。「我々は、日本と清国と戦争して、清国が負けて、清国からあの日本にね、あれされたんでしょう。それでね、とても悲しいのに、さらに、チャンコロって言われて、ますますみんな侮辱されちゃったり」。「ここらの人はみんな負け嫌いなんです。ことに高雄(高女)に入る人って頭が良いでしょ。頭が良いほどね、シャオピイって言い方が分からない。自尊心が強くてね」、と。

後に、その言葉を校長が職場で頻繁に使用し、それで退職した女教師や職場でじっと耐えた女教師たちにも会った。「一視同仁」と言いながら校長に同調する教師もいた。

上記の女性たちの発言は文章で何行かで要約した記述はできる。しかし彼女たちが、その時代に生きた日々を語ることは、時には発言中に強烈な怒りを想起してか、声高となり頬が紅潮する方もいた。それも民族の侮辱や悲しみや怒り等を、敢えて私たちの研究の趣旨を理解してくださった上での発言であるこ

とに感謝したい。植民地とはいえ、人権を無視した行為やその統治下の生徒の苦悩、教員のそれへの対処の苦慮等を痛感した。日本人として大変なショックであり、正視しがたくだんだん頭をたれ、植民地にされた国民の苦悩を痛感し、それらを無駄にはできない。後世に残すのが、聞き書きをさせていただいた者の使命であり責務のように思えた。そしてこの仕事を続けるうちに贖罪の気持ちもあり、その時代の人間の営みの一端を、彼女らの生のことばを文字化することに徹したが、その発端は以上のような発言であった。

その後、高女卒の教員の単独調査と研究を95年頃から開始し、科研費（3年間）をいただき「植民地台湾における高等女学校出身の女教師の実態と意識」を報告した（1998年3月〈費用の関係で534頁に縮小〉）。なお報告集は直接お聞きした台湾の方に発送し、思いがけず2名が50余年ぶりに消息がわかり喜んでいただけた。反面、お世話になった教師、研究者や機関にも届けられなくて失礼しているのが大変心苦しい。

聞き書きで狼狽した1995年8月15日。「村山首相は人に優しい政治といっているけど、私たちを何十年も捨てたままで、何が人に優しい政治か」「日本の戦争責任をどうしてくれるのか」「村山首相に伝えて欲しい」とのことば。対する私は「日本人である私にも流れている残虐な血。政府の代表ではなく個人研究で訪台し資料収集中です。女教員関係の資料は少なく教育理念や教育制度の研究の蓄積はあっても、それらを推進した教員の研究は管見の限り少ない。特に女教員研究は。植民地教育の全体像に迫る研究の一助になればとの思いで聞き書きを続け、それを研究テーマに反映させたいためにお世話になっている」等。私は全くの無力で総理に伝えられない。研究着手の経緯等も話して「お許しを頂きたい」と。個人と国家、国家の歴史的行為が及ぼす戦争を知らない世代は、その責任をどのように果たせるのか。

たくさんの日台の教師や研究者等に支えられている。この原稿執筆中に、遺族の聞き書きでお世話になった方の連れ合い（在米）のご逝去の報せと「新潟の地震の影響は」という電話が台北と嘉義からあり、老齢化が心配な方々の支援で「台湾の女教員史」研究に取り組んでいる。

パラオでインタビューを重ねてきて思うこと

岡山陽子*

　パラオでインタビューを始めてから、ほぼ4年になろうとしている。その間、様々な方のお話を伺ってきたが、すべての方からライフストーリーを伺ったわけではない。私自身が興味を持っているテーマに沿った話を伺うこともあったが、そのようなテーマを研究したいと思い始めたきっかけこそは、パラオの方々からライフストーリーを伺った経験によるものだ。お話を伺ううちに興味が湧き、研究テーマとなり、様々な世代の方たちとインタビューを重ねることになった。また一方で、ライフストーリーのインタビューも重ね、いろいろな方の人生をうかがうことができ、自分自身が生きてきた道を振り返り、将来の自分にも思いを馳せることができた。

　この小稿を通して、私が体験したライフストーリー・インタビューの面白さや難しさなどについて伝えられたら、と思う。

　以前にも書いたことだが、あるテレビ番組の中で発せられた、パラオ人女性の「戦争中日本の兵隊さんはかわいそうだったねえ」という言葉が私のパラオへの関心をかき立てた。パラオは日本に占領されていたのに、なぜこういう言葉が出てくるのだろうか、その理由を知りたい、と私はパラオへ出かけて行った。

　その最初の旅で出会ったのが、テレビで話をしていた女性、ナニさんである。彼女は、首都コロールに住む高齢者の中で語り部のような役割を持っていたようだ。しかし、話を聞かせてくださいと頼むと、そのうち話すから、と言われてしまい、すぐにはインタビューすることができなかった。ナニさんと話せる機会を待つ間、ペリリュー島のステイシーさんを紹介された。彼女は民宿を経営しているので、泊まってインタビューをすれば良い、との息

＊　茨城大学

子さんからの気遣いを受け、私はペリリュー島へ渡った。
　彼女は大歓迎をしてくれ、私は、早速インタビューを始めたいと申し出たが、またしても、あなたが帰るまで時間があるので話はいつでもできるから、と、海で遊んだり遺跡巡りをしてらっしゃいと言われてしまった。内心、焦ったものの、話してくださらないのに、聞くことはできない、と諦め、海で遊んだ。
　そうこうしているうちに、日本からの電話だと呼ばれた。父が倒れた、という知らせだった。ステイシーさんもびっくりされ、すぐに帰ったほうが良い、ということになった。当日のボートはもうなかったため翌日のボートを頼み、成田までの切符を予約し、帰国の準備を整えていた。すると、ステイシーさんが、さあ、話をしよう、と言い出したのである。急いで、父の貸してくれた三脚を組み立て、テープレコーダ、ビデオをセットしてインタビューを始めた。親の話、幼い頃育った村の話や、学校を卒業した後に看護婦の見習いをしていたが、自分はパラオ人なので正式の看護婦になることはできなかったという話。学校教育については、公学校に通い、日本語を習った、という話はしてくれた。だが、詳しい話を聞こうとすると、話を変えられてしまう。翌日も出発までの時間、インタビューに応じてくださったが、日本時代の学校の話になると別の話になってしまった。結局、日本時代の学校の話を詳しく聞くことはできなかった。ボートの時間が近づくと、彼女は「さらばラバウル」の替え歌で見送りに立ち、そして、父の無事を祈っているからと言ってくださった。短い滞在の中、娘のように接してくださったことに感謝の念でいっぱいだったが、「なぜ、学校の話を詳しくしてくださらなかったのだろうか」という疑問が残った。
　コロールに帰ると、夜の飛行機まで時間がある。早速、ナニさんに電話をして事情を話した。すると、では夕食後話をしましょう、と言ってくださった。そして、2時間にもわたって話を聞くことができた。彼女の生まれ、育ちから現在の生活まで、まさしく彼女のライフストーリーだった。戦前、公学校で優等生だったナニさんは、補習校に通うことができて親元を離れ寮生活をしたそうである。その際、日本人家庭で働き、小遣いをもらっていたそうだ。彼女が垣間見た日本人の奥さんたちの話も興味深かった。パラオ人だということで、土間での作業しかさせてもらえなかったそうだが、少女の彼女は大人の生活をしっかりと見ていた。時には、大人の世界の秘密さえも垣間見てしまうことがあったそうだ。戦争中の話では、日本兵用の食べ物がなくなりパラオ人が食べ終えて捨てた蟹の殻を漁っていた兵隊もいたということを聞いた。脱走兵をか

くまったという話もあった。まさに、人間のドラマ、ライフストーリーを聞くことができた。このインタビューの中で、ナニさんは日本の占領を非難することはなかった。日本兵は本当にかわいそうだったと確かに話された。しかし、インタビュー最後の言葉は「赤いときは赤く、青いときは青く生きるんですよ」と締めくくられた。そして、熱心なカトリックの信者でもあるナニさんは、お父様の無事を祈っていますから、とおっしゃった。

　この最初の二本のインタビューは、その後亡くなった父からの、最後の贈り物だったのではないか、と今では思う。慎み深いパラオ人は、そう簡単には心を開かない、と後に分かったからである。その後もパラオを訪れインタビューを重ね、日本を誉める言葉は何度も聞いた。しかし、日本時代への非難を聞くことはなかった。

　何回目かのパラオ訪問の折、パラオで最初にインタビューをしたステイシーさんの妹、クーキーさんと会うことができた。彼女は戦後生まれで、英語で教育を受けアメリカ留学も経験していたので、英語で話をすることにした。私は思い切って、どうして皆、日本の悪口を言わないのか、と尋ねてみた。「言うわけないでしょ」と彼女はきっぱりと言った。パラオではゲストをもてなすことが常識だから、ゲストである日本人のあなたを傷つけるようなことは言わない、ということだ。衝撃だったが、その言葉だけで引き下がることはできない。彼女に、未来の世代のためにも過去に起きたことを知りたい、パラオ人の本当の気持ちを話してもらうことはできないものか、と尋ねた。日本時代の悪口を言われても言った人を嫌いにならないから、とも話した。そういうことなら、と、彼女は大叔母を紹介してくれて、私はようやく、日本時代の良かった話だけではなく、辛かった話もしてもらうことができた。また、クーキーさんからは、姉のステイシーさんが日本時代の学校で大変嫌な思いをしていたことも聞くことができた。日本時代の教育が体罰を伴っていたこと、パラオ人に対しては、とても不公平な教育だったことなど、お姉さんから散々聞かされたそうだ。それに対して、アメリカの教育がいかに自由で、パラオ人に対しても高等教育の機会を与え、パラオ人が自立するための教育だったかを、クーキーさんは熱弁を振るった。

　その後、あるパラオ訪問時に、コロールにあるシニアシチズンセンターでナニさんと話をしていた。そこでは何人もの高齢の女性が集まり、籠づくりをしていた。と、突然、その女性達が甲高い声を張り上げ歌い出した。踊り出した

人もいる。私がびっくりしていると、ナニさんが囁いた。日本人のお客さんが来たからね、と。しかしナニさんが次に発した言葉は、「日本人はこわいからね。どこで何を聞いているか分からない」というものだった。先のインタビューで、彼女からは日本時代の悪口はまったく聞かれなかった。では、私のインタビューに対して話されたのは、「よそ行きの話」だったのだろうか。まだ本音は聞けていないのだろうか。どうしたら本音が聞けるのだろうか。私は思い悩んだ。我が指導教官が、"Jet in, jet out"（「飛行機に乗って現れ、あっという間にまた、飛行機で去って行く」というような意味で教官は使った）のような研究者ではだめだ、とおっしゃったことを思い出していたのだ。しかし、例え「よそ行きの話」だったとしても、その時、その場で、その方が話してくださったという点は真実であると思い至った。その点は明確にしていかなければならないし、何を真実とするかは、非常に難しい点であるとも思う。

　そもそも、日本時代の話を聞くこと自体が、時代の経過、体験者の高齢化とともに難しくなっている。アンガウル島での悲惨な戦争体験を話してくださり、「戦争は嫌だ。絶対にだめだ」と涙ぐまれたアキタ氏。彼も今では心臓病を患っておられる。彼の親友で、今は亡きリックス神父は、過去に日本語を強制されたことで、このように今でも日本語を話すことができます、と温和な顔でおっしゃった。また、こういう話は聞いてくれる人がいるうちにしておかないと、と二日間にわたり話してくださり、さらに話し足りない、もっと話すことがあるから泊まっていくようにと薦めてくれたユキコさん。あんなにお元気だったのに今では話すことも難しい状態だそうだ。こうした方々とのインタビューで残されたテープは、歴史的にも大変貴重な存在になっていくのであろう。

　インタビューをした後、テープやMDを聴いて書き起こすのは、かなり大変な作業だ。だが、そうしていると、話してくださった方たちの表情が思い浮かび、何とか協力しよう、と思ってくださっていた気持ちが伝わってくる。このテープの山をできる限り早く書き起こし、「私が聞いた彼らの話・ライフストーリー」を何とかして伝えて行きたい。そうすることで、インタビューに応じてくださった方々の気持ちに少しでも応えられるのではないかと思う。

＊文中の氏名は仮名を使用した

オーラル・ヒストリー調査方法と課題
―― シンガポールでの体験

樫村あい子＊

1 〈私の基本的調査スタイル〉

　ひと口にオーラル・ヒストリーと言っても、内容はインタビューをはじめ、出版された口述記録集、自伝、販売されているテープやCD、ビデオ、DVDまで口述記録が基本史料になっているものはすべて含まれると私は思っている。しかし、最も代表的かつオーラル・ヒストリー調査の醍醐味を味わえるのがインタビュー調査ではないだろうか。人に話を聞くというのはなんて難しいのだろう……、といつも思い知らされるが、初対面からだんだんとうち解けていき、雑談をしてくれるまでにいくと最高に面白いのも事実である。また、インフォーマントの服装や現在の暮らしぶり、しぐさやお話をしてくださる時の表情などはその方の人となりが見えて興味をそそられる。特に女性のインフォーマントの服装やしぐさは私の関心の的である。そこには、聴き手（調査者）に対するインフォーマントの身構えが出ているからである。
　私は、インタビュー調査での基本的なことは以下の6つのことであると思う。
第1には事前調査の必要性である。第2にはインタビュー（質問）の方法。第3は道具の問題。そして第4には場所。第5としてインフォーマントとの関係性。そして最後にインフォーマントへのアクセスの手順と事後処理の方法である。
　第1と2の事項については「自分が何を知りたいのか」という目的に関わるだろう。問題の基本的背景はおさえておくべきだがその質問事項に囚われ、話が薄いものになってしまう場合もあることに気づく。特にライフ・ヒスト

＊　一橋大学大学院博士課程

リーを聞きたい時などは注意が必要であろう。私は初めてのインタビューに臨むとき、某教授から、「まずはインタビューが楽しい出会い、対話であれば一応成功ではないか」とのご示唆をいただいた。それは「信頼性の構築」という後々も最も大切なことへつながることがあるからである。

　第3と4の事項はどのような地域でフィールドワークを行うかに影響されると思う。インフォーマントによっては最新機器を見慣れないものとして拒絶する場合もある。シンガポールの場合はインタビューを行おうとすると、まず1回目から家に招かれる場合は希であるので、聞かれたくない話も含まれることを考えると場所の設定はインタビューの雰囲気づくりを左右する。

　第5の事項は、シンガポールの場合、具体的にはインフォーマントの性差つまりジェンダーや、聴き手とインフォーマントのエスニシティが大きく影響する。後述するように男女、年齢、現在の生活によりインフォーマントの対応は変わってくる。最後の事項については公開の承諾を得る機会でもあるという意味で重要である。多民族国家であるシンガポールにおいては言語の問題も大きいことも指摘したい。

2 〈シンガポールでの体験〉

　この例は第五の事項とも関係するが、大抵の女性のインフォーマントは、見知らぬ客人を迎える時は着飾って身ぎれいにしておいでになる。しかし、その度合いは現在の彼女たちの生活レベルを表している。ある方は大きなサファイアのイヤリングをつけて、ダイヤの指輪をなさっていた。また、ある方はこざっぱりとした服装であったが、つつましげに見えた。前者の方は日本占領期には小学生で「当時のことは、食糧難と治安が悪かったこと、憲兵隊が怖かったことについてはよく覚えている。でも、子どもだったので宿題がなくてよかった」などとドライブをしながら、まるで世間話のように語ってくれた。一方、後者の方は日本占領時には大学生だった。中国系住民の大量虐殺である「大検証」のことを含め、まず私に「必ずシンガポールの歴史を勉強してから来なさい。私はあなたに歴史のレクチャーなどはしたくないわ」と事前の手紙にて釘をさし、4年間の手紙とカードのやり取りを経ての面会だった。昼食をごちそうし、彼女を近くのバス停までタクシーで送った出費は正直、貧乏学生の私に

は痛かったし、インタビュー自体もテープを回すことは拒否され、時間も制限され彼女の内面には入り込めなかったが、「私との想い出に」とクッションカバーのプレゼントをいただき、本当のインタビューにこぎつけるまで頑張ろうと思えた。えてして、女性のインタビューには地ならしが必ず必要である。

こちらも、女性であるので策を弄することもある。例えば、お会いするときの服装は悪い印象をもたれないように髪型や化粧にも気をくばることで、インタビューがしやすくなる場合もあることを学んだからである。後者の女性に日本で撮った写真を面会前に送ったところ、「シンガポールの目抜き通りにいる日本のショッピングガールと変わらないわね」との返事を頂いた。そこで、実際にお会いした時には、シンガポーリアンの女性にならってストレートの黒髪にし、服装も学生らしく（？）ジーンズ姿でお会いしたところ、彼女が好印象を持ってくれたのが一目でわかった。いくら事前に自分の日本での活動内容やインタビューの主旨を手紙等で知らせておいても、インフォーマントも調査者を選ぶという当たり前のことにあらためて気づいた次第だった。

基本的にはシンガポールは暑いのとこちらが学生であるのでインフォーマントに堅苦しさを与えないためにもスーツ姿でお会いすることはしないが、相手の指定してきた場所の雰囲気には合わせるよう心がける。自宅に招待された場合のために失礼にならないようワンピースなどを必ず一枚は持って行く。靴は現地調達したほうが安いのでスニーカーで日本から行って、サンダルをシンガポールで買い、スケジュールにあわせて選んで履くことにしている。

3〈シンガポールにおける調査の特徴〉

①都市化の問題

シンガポールは都市化が進んでいるので、インタビューは必ずアポイントを事前にとらないとできないと言えよう。国全土が都市化されているので、ちょっと話を聞きたくて、その辺の人に声をかけてようものならキッド・ナッピングと間違われてしまいかねない。その辺の事情は東京と一緒である。だからといってチャイナタウンの裏通りあたりで「戦争中の話を聞きたい」と言える雰囲気でもない。こちらは、身の危険を感じるからである。というのも国のいた

るところに「戦争資料館」や「歴史資料館」が建設されており、「日本軍の占領時代」＝「中国系住民の大量虐殺」は共通した展示物になっており、都市開発されたチャイナタウンにも最近観光の目玉として同様の歴史館がオープンした。中国系住民の声は国の声になっている。そして、彼ら・彼女たちはいつまでも日本占領の悲惨さを語り継いでいくことで、「民族共通の歴史」を構築しようとしている。

　よって、歩き回って足で話を聞くことができないシンガポールでは、きちんとした紹介機関や紹介者を通じ、事前に自己紹介と調査意図を記した手紙なりを送りアポイントを取って会いに行く方法が効果的だと思う。私が会った限りでは、インフォーマントが別のインフォーマントを紹介してくれるということもあまり期待できない。これは②の問題とも関係していると思う。

②エスニシティの問題

　結局、現在でもシンガポールはシンガポーリアンの名のもとに多民族が存在しているのである。それは、職業の分別や住居の住み分けからもゆるやかに分かる。よって、エスニシティの問題はインタビューの際にも気をつけねばならないことである。シンガポールの National Archives でさえその方法論を書いた小本の中でインフォーマントのエスニシティや文化には注意を払うことに触れている[1]。具体的には、宗教・生活習慣・服装・言葉などであり、文中にはインフォーマントが出したおやつに手をつけるかどうかまで記されているのには驚くと同時に勉強になった。

4 〈「語られない声」の問題〉

　戦争体験にいたっては「生き残った人々のインタビューが真の証言[2]といえるのか」といった疑問が自分自身に投げかけられる時もある。特にシンガポールでは大きな虐殺があり、圧政が敷かれた。日本人には話せない、話したくない記憶の問題をどのように扱うかは今後の課題である。さしあたっては、話してくださった方に、話さない（せない）人たちの主な理由を聞いてみたりしている。また、私は「話さないこと」にも個々人の日本占領に対する意味づけ

があると思う。しかし、その意味づけをどのように知るかという明確な方法はまだ確立してはいない。

　また、他の問題として「国のバイアス」の問題を指摘したい。加害国の日本人で、インフォーマントは被害国の国民であるという立場がバイアスとなって、インタビューに応じてくれたインフォーマントの正確な心情吐露を妨げる場合や、こちらの質問や相手の答えを婉曲して受けとらせるというミスリーディングをうむ場合もあるのではないか。このことは、インタビュー後の分析・解釈作業時に頭に入れておかなければならないと思っているし、今後の執筆活動で取り組みたい課題である。

5 〈最後に〉

　何度かのインタビューをしてみて最も有効かつ大きな存在は仲介者であった。インフォーマントが信頼している仲介者がいるかどうかでインタビューはぐっと行いやすくなる。しかし、国内外のフィールドワークで最も痛感していることは、中国の研究者斉紅深先生のお言葉「オーラル・ヒストリーにはお金と時間がかかる」である！

【註】
(1) *ORAL HISTORY MANUAL*, ORAL HISTORY DEPARTMENT, 1988
(2) この場合の「証言」とは、歴史事実の裏打ち作業や発見という文脈で用いられるものではなく、より精査され、真実とみなされた法廷における「証言」と考える。ちなみにシンガポールの場合 National Archives で集められ保存されているインタビューは、法廷証拠（証言）として採用されるほどの信憑性を与えられており、日本と比較して格段に高いオーソライズが付与されている。

韓国・大邱での聞き取り調査

片桐芳雄*

　韓国大邱市の慶北大学に外国人特別研究員として滞在したのは、1996年9月から翌年8月までの1年間であった。この間、97年3月から6月にかけて13人に各約2時間、翌98年1月に再訪韓して補充調査として4人、計17人の聞き取り調査を行なった。調査の具体的方法、内容及び問題点等、その概要は、98年3月の第1回研究集会で報告し、さらに年報第1号に「記憶された植民地教育——韓国・大邱での聞き取り調査をもとに」が掲載されている。ここでは、なるべく重複しないことを述べておこう。

　私の韓国での研究課題は「日本統治下韓国における教育実態の調査研究——主として初等教育を中心に」というものであった。私は当初から、聞き取り調査を実施すること、史料調査は、可能な限り、個別の学校所蔵資料を対象とすることを心に決めていた。総督府資料からは見えてこない教育の実態に少しでも迫ってみたい、と思ったのである。総督府関係の資料ならソウルに滞在するに及くはない。また、日本でも見ることができる。先行研究も、ある程度はある。それとは違うアプローチをしてみたい。それが大邱のような地方都市への滞在という条件を活かす道である、と私は考えた。

　大邱は、ソウル、釜山に次ぐ韓国第3の都市。朴正煕、全斗煥、盧泰愚とつづく軍事政権時代の大統領の地盤であり、韓国で最も保守的と言われる都市である。しかし人情に厚く、同じく日本の第3の都市、当時私が住んでいた愛知県の名古屋とどことなく似ている。私は、この都市が気に入った。

　それまで、もっぱら日本を対象に研究してきた私が、なぜ韓国に滞在することになったか。まずは私と韓国との関わりについて述べねばならないかもしれないが、紙幅の関係で省略する。

＊　日本女子大学

住む所も決まり、ようやく生活のペースを掴みはじめてから、私は聞き取り調査のことをあれこれ考えた。対象は？　方法は？　結局私は、慶北大学の「名誉学生」というお年寄りの学生たちに協力を願うことにした。名誉学生たちは、高齢になって大学に入学しようというのだから、勉学への意欲はもとより、時間的・精神的にも余裕のある人々であった。これらの人々は、植民地時代にも恵まれた境遇にあった可能性が高い。しかしいわゆる「従軍慰安婦」にされ、日本政府への賠償請求訴訟の原告の一人となった李容洙さんも名誉学生の一人であった。もう70歳近かった彼女の夢は、大学院に進学して国際法を研究し、将来は国際弁護士になって日本政府の法的責任を追及することであった。彼女は私に、やさしく、きびしく、姉のように接してくれた。1年間ではあったが、いわばキャンパスを共有した名誉学生たちとの信頼関係は私にとって貴重な体験であった。彼ら（彼女ら）の幾人かとの交流は、今でも続いている。

　前掲の文章で述べたような準備期間を経て、滞在約半年後の3月からほぼ週1回のペースで聞き取りを開始した。ここでまず問題になるのは、言葉である。学生時代に少々やり、その後テレビやラジオの韓国語講座での学習をほそぼそと継続していたとはいえ、私の韓国語は、まったくお粗末であった。留学してくる韓国の学生は、1年もすればかなり日本語ができるようになるのだから、逆もまた真なり、自分もできるようになるのではないかと考えたが、これは甘かった。滞在した大学の語学堂にも通ったが、悲しいかな、私の韓国語はほとんど上達しなかった。理由はいろいろ考えられる。年のせい、生来の記憶力の悪さ、案外日本語が通じてしまう環境、語学堂の教育の不備等々。私は、韓国人にとっての日本語よりも、日本人にとっての韓国語の方が、言語構造的に難しい、という結論を得て自らを慰めたが、これは言い訳に過ぎない。

　結局、古川宣子さんという救いの女神が現われて、私の窮状を救ってくれた。ソウル大学留学後在韓6年余になる古川さんの韓国語は素晴らしいものであった。当時、慶州の東国大学の教員だった彼女は、聞き取りのたびに、2時間あまりかけて大邱まで来てくれた。彼女の助けがなかったら、私の聞き取り調査は、まったく違ったものになっていただろう。

　古川さんのおかげになったのは言葉だけではない。

　聞き取りにとって、言葉に劣らず重要なのは、環境であり雰囲気である。さらに言えば聞き取りの対象となった人との人間関係である。ほどよい緊張と親

しい関係が必要だ。聞き取り調査は、うっかりすると、警察の取調べのようになりかねない。その意味でも、若い女性の古川さんが同席してくれたのは、硬い雰囲気をほぐすことにもなって、ありがたかった。

　初対面の人物に向かって調査の対象となって話をさせられる。それだけで相手は緊張する。まして、植民地時代のことである。韓国では、本年（2004）9月に施行された「親日・反民族行為真相究明特別法」に見るように、植民地支配は過去のものではない。「日帝時代」のことをどのように語るかは、単なる思い出話とはわけが違う。聞き取りではどうしても本人だけではなく、家族のこと、父親の仕事のことなどを聞くことになる。日帝協力の烙印でも押されることになったら大変である。

　こんなこともあった。「名誉学生」だけを対象としたのでは、どうしても片寄ってしまうのではないか。それではまずいと考え、翌年再訪韓したときには、大邱市内の老人会に出向き、そこの人たちの聞き取りを試みた。その中に、戦時中、募集に応じて北海道で肉体労働に従事し、解放後、一旦帰国したものの再来日して日本で38年あまり生活したという老人がいた。彼は、70歳近くなって老後を故国で過ごすべく8年前に帰国したのだが、彼の聞き取りの最中、常に、老人会の幹部と称する人物が2人ずっと同席していた。あとになって考えたのだが、在日生活の長かった老人は要注意人物として、いまだにマークの対象であり、私もまた不審を持たれていたのではないか。いったい2人がどんな会話を交わすのか、老人会幹部は、疑いながら聴いていたのではなかろうか。

　私の調査のもうひとりの重要な協力者に姜泰源さんがいた。姜さんは、慶北大学史学科の出身で、定時制の高校教師をしながら、昼間は博士課程の院生として、近代韓国史を研究していた。彼も時間の許す限り、聞き取りに同席して、ときどき聞き手話し手双方の助け舟になる発言をしてくれた。彼は当時ほとんど日本語を話せなかったが、のち1998年に「高等学校における日・韓現代史教育の比較研究」という研究課題で日韓文化交流基金のフェローシップを得て、当時の私の勤務先だった愛知教育大学に1年間滞在した。その後、彼は、大邱市と姉妹提携している広島市の教員たちとの歴史教育の共同研究のために、しばしば来日している。私はいつか韓国の教育史について、彼と共同研究をすることを夢見ている。

　旧植民地における聞き取り調査の目的は何か。まずは、絶対的に不足している文書史料の不足を補って、「客観的事実」の収集をするためであろう。しか

し、それにとどまるものではあるまい。文書史料では決して明らかにできない、記憶の中に留められたいわば「主観的真実」を記録するためのものでもあるだろう。聞き取りによる「客観的事実」収集のための方法とともに、「主観的真実」の記録の方法も検討されねばならない。そしてこれらの資料をもとに、そもそも、どのような植民地教育史像を描くか、その方法もあわせて検討されねばならない。

　これらの方法を語るにはあまりに紙幅が限られ、また今の私にその準備もない。しかし聞き取りという方法は、たんに植民地教育史だけではなく、教育史そのものの方法としても、より自覚的に検討されねばならない、と私は思う。

　いずれにせよ、植民地時代の教育体験者は、時間とともに確実に減少する。方法論議よりも、いや、それとともに、具体的な調査の実施が喫緊の課題である。個人の力は限られている。当地の研究者の協力も得て、集団的な共同研究がどうしても必要である。時間に追い立てられている。いささか泥縄だと言われても、方法を改善しつつ、具体的な聞き取り調査の実践をすることが求められているのではなかろうか。もちろん、植民者としての日本人への聞き取りもあわせて行なわれなければならない。

　先に述べたように、当地の言葉に堪能であるということは聞き取り調査にとって重要な条件である。しかしそれは絶対的なものではない、と私は考える。むしろもっと重要なのは、話し手とどのような信頼関係が築けるかということである。この人になら、思い出したくない過去のことを語ってみようか、と思ってもらえる関係である。また、日本語のみによる聞き取りがあってもいいと思う。日本語が良くできる話し手は、植民地時代に十分な教育を受ける機会に恵まれた人である可能性が高い。そのような条件を自覚しておけば、それらの記録も重要である。植民地時代にいろいろな立場にあった人たちの、多様な聞き取りの記録が、少しでも多く集積されることが、いま必要なのではないか。

語られた真実の重さ
——台湾での採訪体験から

所澤　潤*

　オーラルヒストリーは、特定の個人に概ね時系列で体験を聴き、それを話し手の協力を得ながら聴き手がまとめて作り出した歴史叙述である。私は、台湾でオーラルヒストリーの採訪を始めてすでに10年以上になるが、当初、文献から見えない実態に迫れることに魅力を感じ、やがて対話そのものが歴史叙述になっている、ということに価値をも見出すようになった。しかし、口頭で語られた思い出の積み重ねをとおして歴史を叙述しようというわけだから、当然、思い出が実証的な歴史資料として価値を持つだろうか、という問題がつきまとう。私に対して、そのような疑念を、表明しないまでも持つ研究者はかなりいるように思われる。2002年に中京大学で開かれた国際シンポジウム「台湾の近代と日本」で、私は、私が行ってきたオーラルヒストリー採集の体験の一端を紹介したが、その中で、話し手が、日本人である私に日本語で話す内容と、周囲にいた若い台湾人に北京語で話す内容が相反していたという経験を紹介した（「歴史資料としての記憶——歴史研究とオーラルヒストリーの採集」台湾史研究部会編『台湾の近代と日本』中京大学社会科学研究所、2003年、pp.405-419）。そのような心配は、文書資料が見つからず、口述資料を用いるかどうかを迷い始めている研究者に確かに多いのではないかと思う。しかし、すでに聴き取りに着手された方は、実はそれよりもはるかに深刻な問題に出会っているはずである。聴き取ったことが真実であれば、公表すること、しないことには容易ならざる判断を要することがあり、それどころか、知ること自体の当否が、聴き手に重くのしかかってくることもあるからである。

　ある台湾人は私に、昭和10年代に日本内地の大学に通っていた時の次のよ

*　群馬大学教育学部

うな経験を語った。大学の近辺の遊廓にしょっちゅう行っていた。ある日、自分が授業を受けている大学の教授と遊廓でばったり出会った。翌日の授業ではその教授がしきりに自分を指名して質問した。友人たちが、何があったのかと少し心配してくれた。というような内容である。話し手はその教授との人間関係を、そのような体験をとおして懐かしんだのである。この回想は、進学した学校の雰囲気、内地人との人間関係をかなりよく表しているのではないだろうか。そのような意味で、私には捨てがたいエピソードだと思われたが、少なくとも現時点では、あるいはさらにかなり遠い未来になっても、実名のオーラルヒストリーには収録しにくい。昭和10年代の青年によくあるエピソードであったにしても、今日、そして将来、家族がどう考えるかという点で微妙である。

　通常の男女関係も、やはり扱いが難しい。私が台湾人女性から聴いた中には、昭和一桁の時代に、職場の上司の内地人から結婚を申し込まれて断ったという回想がある。その方は、内地人家庭で夫が妻を叩くところを度々見てそれを恐れ、断ったのだそうである。当時、内地人に嫁ぐ台湾人女性は、台湾人に嫁ぐ内地人女性よりもずっと少なかった。それは民族的な差別や、台湾における内地人の位置づけなどのためとみられるが、その例は、婚姻には民族的な差別意識とは別の次元の様々な妨げる要因があったことを示している。私はその話をオーラルヒストリーに含めたいと考えたが、話し手は、相手にも結婚した方があることだから、と含めることに同意しない。その希望は尊重しなければならないものである。

　台湾人男性と内地人女性の婚姻についても聴き取りで出会った事例があった。敗戦時に日本内地にいたある台湾人男性は、台湾に帰る時、台湾について来たいと考えていた女性が2人いたと語った。しかし、台湾は言葉も通じず、あなたの思っているようなところではない、と断ったのだという。私が扱いに迷ったのは、一方の女性がその後誰々の夫人になった、という展開であった。オーラルヒストリーとしてまとめる時点では、話し手の意識がすでに不明瞭になってしまっていたという事情もあり、私は歴史学者となった令嬢に意見を求めた。旧制の学校の学生生活にはそれほど特異ではない交遊関係の展開であり、もう少し早い時代のことであれば、台湾人と内地人の間の往時の出来事として、話し手が若かりし日を懐かしみ、聴き手はその回想に幾分の怨嗟の気持ちを読み取るというところだったかもしれない。しかし、日本が異国になったという時代の転換点にあっては、哀切感の彩りのみが浮かび上がった。令嬢から残そう

という判断が出されたことは幸いであった。その結果、生きていた時代を凝縮したエピソードが、大学の紀要に発表したオーラルヒストリーの中に収められたからである。夫となった人が、そもそも話し手と、それ以前からの非常に親しい間柄で、戦後もながく家族ぐるみで交遊が続いてきた、という背景があっての判断であった。ただ、将来、一般書籍として市販することがあれば、再考することになるだろう。

　男女関係とは異質の慎重さが求められるものに、国籍に関する回想がある。聴き取りを重ねている間に、私は、戦後、中華民国から帰化するというような手続きを経ずに日本の国籍を持つことになった方に何人か出会った。その経緯はパズルのような趣を持ち、多くの人に知的興味を引き起こすものだと思うが、話し手が公開を許していても、オーラルヒストリーに含めるかは一考を要する。例えば、何人かの方は、父親が内地人の養子となって敗戦前の日本内地に戸籍を得、それにともなって自分や兄弟たちも、そしてある方の場合には異母兄弟たちまでが日本内地に戸籍を持つことになり、その結果、係累の何人かは現在日本の国籍を持つに至っているのである。当時の法制度では台湾から日本内地へ戸籍を移すことができなかったので、その方たちの場合、いわば正攻法の結果、内地に戸籍が生まれていた。しかも、当時の台湾の学校では、内地に戸籍ができると扱いが変わるため、学校在籍中であれば、その事実は当時の台湾社会ではかなり広く知れ渡るものであった。したがって語り手の世代の間でオーラルヒストリーが読まれる限りでは問題はないのだが、果たして広く紹介された場合、日本国籍を持って生まれた子の世代、孫の世代に不利益が生じないだろうか。
　養子となる、という方法は、戸籍取得の正攻法なので隠すべきものではない、という考えもあろうが、正攻法でない場合はどうだろうか。私が出会った一人の方は、東京の区部に仕事の関係で台湾から引っ越した際に戸籍を移したが、区役所の窓口では何の疑問もためらいもなく受け付けてくれたという経験を語った。その例はおそらく役所の担当者の無知の結果ではないかと思われるのだが、それが事実であれば、一例に限るとは思われない。また、敗戦時に中国大陸に滞在し、仕事をしていた何人かの方から聞いたところでは、日本人の引き揚げの際に日本人と一緒に日本人として日本に渡る機会は色々とあったらしい。実際に日本軍の上官から好意で意向を問われた経験を持つ方からも話を聞いた。さらにまた、一九四七年の二・二八事件の際に拘留されたある方は、偶然に隣合せて何日も一緒に拘留されていた日本の軍人から、自分の子供として一緒に

日本へ渡らないかと誘われたと語っている。その方たちは結局日本へ渡ることを選ばなかったので、経緯を公表しても差支えなさそうだが、しかし日本へ渡らずに後悔していると話が続いたら、どうであろうか。私はそのような例にも出会った。

　戸籍制度については、台湾の戸口制度と不整合な部分があったようで、さまざまな事態を生み出している。日本統治下の台湾の弁護士の中には、台湾人に日本内地の戸籍を持たせることができる、ということで知られる弁護士もいた。どのような抜け道があったかは不明だが、内地人となんらかの縁故があれば養子縁組以外の方法も可能であったと聞く。オーラルヒストリー採集で経緯が明らかになる例もあろうが、国籍の所在とも関わるので編集公開の際に慎重さが求められる。

　さて、私が、事実を聴き出すことにためらいを感じるのが、二・二八事件と白色恐怖に関する体験である。最近ある方から白色恐怖の体験を聴いた時、このようなことがあった。仲間の名前を尋問されて自分がいかに弱いかを知った、と私に語り、そして心に葛藤のある様子をわずかに見せながらも、ついに具体的な体験を語らず、私もそこに踏み込まなかったのである。白色恐怖に遭遇した人たちは、ある時、突然拘束され、繰り返して尋問を受け、10年間ぐらい離島に幽閉されている。そして、職業の基盤が形成される年齢の生活を失い、戻って来てから1980年代まで監視され続けた。理解できる理由もなく殺された多くの人たちがいる一方で、辛うじて死を免れた人たちも多い。私は、通常、聴き取りがそのように展開した場合には、その具体的な詳細にまで踏み込むように質問をしていくのだが、そうせずに思い止まったのは、その語り方の内に、死を免れたことに関して、私が知ってはいけない、その方が語ってはいけない何かが包み込まれているような感じを受けたからであった。私は、その懸念が杞憂であることを念じつつ、改めて訪問する機会に向けて、目下心の準備をしているところである。

　オーラルヒストリーの採訪で出会う台湾人の体験は、聴き手には支えきれないほど「重い」ことがあるとでもいったらよいのだろうか。私の場合も、今から振り返ってみると、すでにかなり難しい例に出会っており、ここで紹介できないようなぎりぎりの判断をしたこともあった。不用意な発表が深刻な事態を引き起こすおそれを感じている。私は、将来にわたって常にその危険性と向き合っていくことになるだろう。

オーラルヒストリー覚書

竹中憲一*

「歴史事実」の共有

　1992年夏、大連で開催された中国東北教育史国際学術シンポジウム（日本側代表槻木瑞生・中国側代表斉紅深）に参加した。日中双方から60人以上の研究者が参加した。シンポジウムでは「奴隷化教育」をめぐる日中双方の激しい討論が繰り広げられたが、平行線のままであった。私は植民地教育史の勉強を始めたばかりで、ぽつんと一人「外野席」に座ったような気持ちで、「内地延長主義教育」、「現地適応主義教育」、「郷土化」、「大陸事情」といった言葉が頭上を飛び交うなかで、「違和感」を感じながら聞いていた。帰国後、「違和感」の中身について考えてみた。日本と中国の研究者の議論の基礎になる「歴史事実」の共有が欠如していることにあるように思った。具体的にはどんな教科書を使用していたのか、教員は中国人だったのか日本人だったのか。教科目は「内地」と同じだったのか、違っていたのか。中国人教育機関の普通学堂、公学堂とはどんなものだったのか。就学率はどのくらいだったのか。こうした基本的なことが不明なまま議論が行なわれていた。私はこうしたことから勉強していこうと思った。主催者の配慮で参観した大連図書館は植民地「歴史事実」の宝庫であった。この時から大連図書館通いが始まった。安い宿に泊まって年に2、3度は大連図書館の歴史資料室を訪れ、旧満鉄の蔵書を渉猟した。年々高騰する外国人価格のコピーに悲鳴をあげながら、「歴史事実」の発掘につとめた。野村章先生、小沢有作先生、磯田一雄先生、槻木瑞生先生、阿部洋先生のご指導を得て、2000年夏、『「満州」における教育の基礎的研究』（全六巻、柏書房）を上梓した。しかし、私の「違和感」は

＊　早稲田大学

消えなかった。さらに「不安」が付け加わった。私が追い求めていた「歴史事実」解明の基礎になった資料は100％植民地支配者の作成したものであった。いくら批判的に読み説く努力をしても無理があると感じた。どうしても、被支配者の立場におかれた中国の人々はどのように感じていたのかを調査する必要がある。そこで以前から行なってきた被植民地の人々の聞き書きを始めることにした。

無謀な方法

　当初、大連では知合いも限られ、被植民地体験を聞かせてもらえる人はいなかった。そこで行き当たりばったりに大連図書館で出会った古老に片っ端から声をかけ、聞き書きをお願いした。今から考えると非常に失礼極まるやり方であったが、私にはこの方法しかなかった。当然のことながらことごとく不快な顔をされ断られた。逆の立場に置かれたとすれば、私も断っていたであろう。「政治優先」のお国柄で、まして文化大革命の中で、植民地教育を受けたということを理由に批判され、「思想改造」という名目で施設に追いやられ、強制労働をさせられた体験をもつ人々に、外国人がいきなり被植民地体験の聞き書きをお願いするというやり方は無謀なことであった。しかし、ある事件があり、一人の古老と親しくなった。やっとのことでこの古老の話を聞くことができた。淡々と話す古老の話を聞きながら、自分は中国のことを研究テーマとしてきたが、中国人の「心」についてはまったく知らなかったことを痛感した。そしてこの古老の紹介で、禁断の垣根が取り払われたように聞き書きに応じてくれる古老と次々にめぐりあった。最終的には110人の聞き書きを集めることができた。その半数は『大連　アカシアの学窓』（明石書店、2003年）にまとめた。

信頼関係

　聞き書きに応じてくれるかどうか、本心を述べてくれるかどうかは、信頼関係にかかっている。中国は「対外開放政策」をとっているとはいえ、依然として「政治優先」の国柄で口は災いのもととなることがある。おそらく初対面の

外国人に対して本心は言わないだろう。聞き書きを行なう場合、私はいつも録音テープを持参することにしている。多くの古老は録音を嫌う。何か問題が起こった時「証拠」となるからである。しかし、記述の正確さを求めるなら録音は必要である。また微妙な表現の裏に隠された本心を知るためにも録音は必要である。そのため聞き書きの相手との間に録音テープを使用させてもらうことを何度でも説得を試みることにしている。これまで数人を除いてすべて録音に応じてくれた。

聞き書きを行なう場合、個人で聞くか、グループで聞くかという方法の問題があるが、私はある共通の事件（例えばストライキ）を聞く場合を除いて、個人で聞く方法がよいと思う。

事前調査

聞き書き回数は多ければ多いほどいいが、最低2回は必要である。まず紹介を受けた時、紹介者を通して聞き書き者の略歴を作成する必要がある。さらに略歴に基づいて事前調査が必要となる。出身地の沿革、出身学校の概略、地図、同時代に起きた事件の概略など調査しておくことが必要である。たとえば出身地の沿革は関東州の場合、『関東事情』（関東庁臨時土地調査部編、1922年）、『大連』（篠崎嘉郎、1921年）など地方史志がある。出身学校の概略については、『関東都督府中学校一覧』（関東都督府中学校）、『瀋水』（南満中学堂）、『旅順師範学堂十年誌』（旅順師範学堂）などの同窓会誌、記念誌がある。地図は現在の地図と日本支配下の地図の両方を用意する必要がある。

話しやすい環境

聞き書きを行なう場所は、できればご自宅がよい。中国では住宅事情もあって、ホテルに来ていただく場合が多い。しかし、可能なかぎりご自宅にお伺いして聞き書きを行なうべきである。それはご高齢の方にたいする礼儀であり、交通事情のよくないところにお住まいであれば事故のおそれもある。またご自宅だとご家族の様子もわかり、より多角的な聞き書きができる。ご自宅に伺い

奥様の聞き書きを収録させていただくこともあった。最初に会った時は、まず聞き書きの調査趣旨を話し、簡単な履歴と自己紹介を兼ねて植民地教育に関する自分の論文をお渡しすることにしている。これは自分の立場を理解していただくためである。

聞き書きの方法は一つ一つ聞く方法もあるが、まず自由に「自分史」を話していただくことにしている。一番話したい話が聞けるし、一番話したい話こそ感動的であるからだ。話が前後することがよくあるが、略歴で押えておけば整理する時、混乱することがない。ただし、話の中で年代だけは確認し、地名、氏名だけは記述していただくようにしている。多弁な人と口数の少ない人というが、多弁な人は多少交通整理が必要である。口数の少ない人は、先の同窓会誌、記念誌を見せて話を引き出す必要がある。直接本人と関係なくても当時の学校の写真は記憶をよみがえらせてくれる。こうした手段のない場合は当時使用したであろう歴史、地理、理科などの教科書を見せることもよい。例えば『修身教科書』『公学堂地理教科書』『公学堂歴史教科書』『新時代国語読本』などの初等科の教材が印象に残っているようである。

確認作業

聞き書きを終え帰国し、テープおこしをして、不明な点、特に聞いておきたい点、事実に符合しないと思われる点をこちらから質問していく方法をとることにしている。最低２回の聞き書きが必要となる。例えば担任の名前は同窓会誌、『満鉄社員録』、『職員録』で確認する必要がある。聞き書きをよりわかりやすくするために学校の沿革を付け加える必要もある。歴史評価をともなう事件の解説は被植民地体験者の立場にたって記述するようにしている。次に聞き書きをまとめて原稿として、郵送し訂正してもらう。ただし中には郵便による訂正を嫌う人もいる。

聞き書きは当然のことながら聞き手の先入観に基づいて誘導尋問してはいけないし、談話を無理強いしてはいけない。古老にとって被植民地体験は「孫の話」と違って触れられたくない体験である。その意味で聞き書きは他人の心のなかに土足で侵入するようなものである。

今回『大連　アカシアの学窓』を刊行するにあたって、掲載予定のほとんど

の方にお会いして、原稿をお見せして、了解をとった。12日間を要した。3人の方を除いて全員刊行に同意してくれた。不同意の3人の方の1人は、ある事件に巻き込まれたために、名前が出ると逆に迷惑をかけるという理由であった。後の2人は病気のためにお亡くなりになり、ご家族が同意されなかったためである。掲載予定の方にご了解をいただくにあたって、原稿をお見せしたところ「私は……」という表現に一部の方が難色をしめされた。一人称ではなく、三人称にしてくれということであった。一人称だと警察の尋問書のようだというのである。ほんの3、4人の方の意見であったが、すべて三人称に改め、取材という形式にして、文責を私（竹中）にした。

聞き書き以外の資料

　聞き書き者の中には、当時の古い写真をもっている人もいる。危害が及ぶのを恐れて、文化大革命時期に燃やしてしまったという人が多いが、それでも保存している人がいる。自分の歩まれた道に誇りをもっておられるのであろう。こうした場合、お願いして複写させていただくことにしている。また写真だけでなく、通知表、卒業証書、賞状、出席簿なども植民地教育史にとって貴重な資料である。個人で持っていることもあるが、中国の档案館と呼ばれる公文書館にも保管されている。これは文化大革命時期の「没収資料」である。ある時、成績表をめくっている時、「楊振亜」という名前を見つけた。日本敗戦直後に創設された連合中学校の成績表である。このことから「楊振亜」は駐日中国大使であることが判明した。なお楊振亜さんも聞き書きをした一人である。

　聞き書き者のうち3人は、すでに他界された。「歴史事実」を記録する作業は、まさに時間との競争である。

　最近、斉紅深著『「満州」オーラルヒストリー』（皓星社、2004年）を翻訳した。「満州国」の被植民地体験をまとめたものである。既刊『大連　アカシアの学窓』とあわせて読んでいただきたい。

私の聞き取り体験と
シンポで考えたこと

弘谷多喜夫*

　まず、私の聞き取り調査の"体験"についてである。"体験"などと過去形で記してみると、私は聞き取り調査の研究方法を充分に発展させることができなかったのだと悔やまれる。そこで現在は違った方法で試行錯誤している。

　前置きはこれくらいにして。手元の昭和50年4月23日の日付けの入っているファイルは、昭和49年度日本学術振興会奨励研究員関係書類綴である。それによると、3月8日の茅誠司会長名による採用通知（月額5万4000円）に続いて、6月3日に実験調査費の交付通知をもらっている。年額4万5000（7月と10月の2回に分けて2万2500円支給する）とあり、これが私の聞き取り調査のものである。提出している調査計画書では、「文献からの政策史分析だけでは中々察知しがたい、当時の教育現実の具体的で正確な状況を明らかにするし、同時にそのことが当該研究に歴史の襞に分け入るような豊かな歴史叙述を保障するであろう」と意義について記している。ちなみに"歴史の襞に分け入る"という表現は、恩師鈴木朝英先生（故人）のものである。その時点で数編あげている日本人元教師の証言以外では、「植民地の人々からの直接の聞き取りは皆無である」とも記している。

　実施概要は4月に東京で調査準備をし、5月中旬〜下旬に東京、大阪で日本人元教師への聞き取り、6月に台湾で「台湾人」元生徒に対する聞き取り、10月上旬に広島、福岡で元教師への聞き取りをすることになっている。しかし、調査費は5万円が限度となっていて、予算調書には国内での聞き取り調査費用のみを請求している。おそらく聞き取り調査の全体計画を掲げた上で、調査費で実施できるものとして国内分をあげたのだと思う。実際に、年度末に提出した研究経過報告書には4月1日〜4月15日上京して予備調査をし、

＊　熊本県立大学

5月12日～6月4日まで東京、愛知、大阪、福岡、大分、宮崎、熊本の各県で20名内外の日本人元教師に聞き取りをした、となっている。

同報告には、「予想していたように、文献からの政策史分析を補うに充分な、且つ新しい事実の発見などの当時の具体的状況を知る証言を多く蒐集することができた。更にこれらの証言は植民地で異民族の教育に携わった人々の"意識と行動"を知る上で貴重な資料となるものであった」と書かれている。ちなみに収支簿では1万の赤字だった。奨励研究員の身で、全体計画の通り台湾まで行って調査することは（船便となっているが）、おそらく費用の捻出という面からは困難であり断念したのであろう。しかし、当時台湾に聞き取り調査に行くことの意義を充分に認識していなかったことが本当に悔やまれる。費用面での困難さは研究者にとって二次的な要因である。台湾に行くことによって研究を発展させることができるという見通しについて議論をしてくれる研究者がいたら、おそらくそうしただろうし、そのことで今の私とは違った研究の地平にいたようにも思う。

さて、この時の聞き取りが活字になったのは10年以上経ってからである。手元にある「日本統治下の台湾における公学校教育――日本人教師からの証言による構成」がそれで、昭和61年3月31日発行の『釧路短期大学紀要第13号』に掲載したものである。私の前任校の紀要である。序文で「この聞き取りによる証言を今日まで積極的に発表しようとしなかったのは、もともと調査の目的からいって発表を前提としていなかったことが最大の理由であった。特に、新しい事実を掘り起こすために行ったというのではなく、経験を自由に語っていただいたものなので、内容が重複したり、又かなり多岐に亘っているので、16名全員のものを一人ひとりについてそのまま印刷することは余り考えていなかった。ただ、私にとっては、各自の証言を内容項目別に整理してみることは、ある事項についてのイメージ形成に大変役立った」とある。現在行われているような、しっかりした目的意識に立った調査とは開きがあるように思う。

そして、この証言を内容ごとに構成し直したものを章立てにし、各章ごとに証言内容の理解を助けるために解説を冒頭に入れたものが、上記の紀要に載せたものである。全証言の3分の2近くを収録している。各章の見出しは、第1章　教師の養成、第2章　公学校の教師、第3章　公学校教育の実際、第4章　皇民化、第5章　台湾教育の回顧、で全50頁のものである。

この時お話を伺った何人かの方々とは、その後賀状での挨拶を交わしていた

が、もう1人か2人しか存命ではない。一番時代の古い方で、石川勝美氏は明治43年国語学校師範部甲科を卒業し、明治43年～大正12年に公学校に在職した教師であった。大正期の小・公学校の様子は他に3人の方から聞き取れている。

確かに聞き取りは歴史研究のオーソドックスな方法ではないという雰囲気が一般的ではあったが（私がもっと視野を広げて勉強していれば、必ずしもそうではなかったことに気づいていたであろうが）、意識的に聞き取りをしておけば、大正期は言うに及ばず、明治末期に在職した教師の証言がもっと得られたはずである。現在、聞き取りがされているのは、統治終末期の数年間（昭和17～20年）の在職者がほとんどである。実施しなかった台湾での聞き取りを含め、遅きに失したという他はない。

最近のオーラル・ヒストリーや歴史の記憶などといった歴史学の新しい動向と方法論に学びながら、当時の文集や戦後の関係者の同窓会などで発行された機関紙誌から在職者の回想記事を集めている。直接聞き取ったものではないけれど、既に聞き取ることはできない人々の証言のかわりにと思いながら。

次に、今日のシンポジウムや研究発表（聞き取りをもとにしたもの）で出された議論をふりかえりながら、聞き取り調査の歴史研究における意義をいくつか考えてみたい。

まず、シンポジウムで宮脇会員が「新しい歴史教科書をつくる会（以下、会と略す）」を批判するかたちで話された、"強制連行"という用語の問題である。それは用語が当時の出来事の実態を正しく反映している表現かどうかということであって、「会」のように当時の用語をそのまま使うのが正しいなどというのはそれ自体としては歴史家の論外である。一例をあげれば、用語として定着した"オリエンタリズム"は、サイードが概念化した用語であって"当時"の用語ではない。たとえ"大東亜戦争"などの当時の用語を現在もそのまま使う歴史家がいても、それは"当時"の用語だからではなく、歴史家が概念化した"歴史"の主張なのである。

私に歴史の用語について厳密であることを教えられたのは、恩師の1人である上杉重二郎先生（故人）であった。私が論文で用いた台湾の漢族系住民についての台湾人という表現について、「どんな人たちですか、中国人ではないのですか」というようなことを指摘された。現在では台湾人という表現が日本統治時代に日本人によって中国大陸の人々と区別するようにして使われはじめた

ことを念頭において、「　」に入れている。

　最近、聞き取り調査をもとにした歴史研究が盛んになったのは、歴史研究が現代の歴史的な課題について積極的に発言をするようになってきたこととかかわっていると思う。しかし、一方で聞き取り調査ができる歴史的な期間は、調査の時点から100年以内、実際には7～80年以内である。祖父母か両親の生きた時代であり、いわば"現代史"である。戦後60年、第二次世界大戦期の歴史体験を持つ人々も、聞き取ることはほぼ1935年以降のことに限られている。侵略戦争にかかわる記憶という意味では、日中戦争と太平洋戦争中の出来事になってくる。しかも、生存者は少なくなり記憶も確かではなくなってくるという限界がある。

　そこで、もともと聞き取り調査という研究手法は社会学で行われてきたものであるから、分析方法も借りてきて、少数の人からの聞き取りであれこれ理屈づけをすることもされているが、歴史学の分野でのしっかりした研究蓄積を土台としなければ、生産的な方向性は出てこないと思う。あと10年以内で、日中戦争、太平洋戦争期の体験者からの聞き取りはできなくなり、聞き取り調査による研究からだけでは歴史研究の方向性はいずれ見えなくなってくる。

　ただ、先に書いたように、聞き取り調査が現代史研究に大きな役割を果したのは、最近の侵略戦争や植民地支配を肯定ないしは免罪するような政治権力と社会の動向に対して、侵略戦争の被害や植民地支配の実態を体験者からの告発や証言によって対置したからである。

　そこで行われた戦争犯罪に加担した日本人の証言は、これまで侵略者としての日本人体験者が文字にしてきたものとはまったく異なった実態であった。またこれまで植民地の被支配者の人々の側から被支配体験を積極的に記録するなどということはなかった。従軍慰安婦とされた人々のように語ることもなく、文書資料の報告文や統計数字の中に埋め込まれていた人々が、重い口を開き証言をはじめたことでまったく新たな歴史資料を提供したのである。

　言うまでもなく、歴史研究は歴史に対する終わりのない探究心によって成立している。今では、歴史学が主として従来発掘し扱ってきた文字資料だけではなく、多くの他分野の学問もかかわっている。それは、歴史とは私たちの意識された過去のことであり、その意識は他の人間の経験がことばにされたもので組み立てられているからである。ケンカをした当事者の2人の記憶ですら、直後から多くの食い違う事実として語られる。語られたものは異なった記憶であ

り、それらの他人のことばによる記憶の組み合わせが私たちの歴史意識である。私たちの意識はことばのもつ危うさと隣り合っている。

　そこで歴史家の仕事は、その2人のケンカの背景や影響や意味をより全体的な歴史の出来事の中で位置づけようと努力することであるが、ことばのもつ危うさから言えば、事実にできる限り近づこうとする探究心と努力、謙虚さが求められる。そうでなければ他人の経験をことばにしたものを積み上げてつくられる時代の歴史像は、根拠のない物語になってしまう。

　「会」のように、歴史は解釈であるなどと改めて言うことなど何の意味もない。当たり前すぎて何も言ったことにはならないからである。問われているのは、解釈が"事実"へのあくなき探究心を放棄した空虚で身勝手な"物語"になっていないかということと、未来を私たちがどのように意識しているか、ということである。私たちが生きている日常、そして社会と国家の未来についてどのような見通しを持っているか、そのことが"事実"をどう受けとめるか（つまり解釈するか）を決定するのである。

　憲法改正の動きが進んでいる。他人事と受けとめるか、必要なことと受けとめるか、再び歴史を戦前に押し戻そうとするものだと受けとめるか、これらはすべて私たちの現在をどうみるかという意識に規定されている。そしてその意識は過去の歴史をどう意識しているのかと結びついている。私たちの生きている瞬時が未来と現在と過去に連続的に変化する時間の流れと連動である以上、当然のことである。

　特定の記憶は時間を経れば正確ではなくなるし、その後の経験によって変化する。記憶が消えたり薄くなったところに、実際にはなかったことが前後の脈絡をつけるために他の経験から借りられて入ってもくる。私は小さい時、寒いと言ってぐずったのか汲みおきの水をかけられた記憶がある。汲みおきの水は何かに入っていたのだろう。それは記憶として語るときは他のところで見た記憶にある甕となっている、という具合に。だから、体験も当事者が語るものだから正確な事実であることはもちろんない。

　しかし、そういう意味では文献資料もまったく同じである。資料に対する厳密な批判的検討が行われ、歴史像の構成に使われるのである。だから聞き取りによる資料は文献による資料の補完物ではなく、それ自体立派な資料の一分野だと思う。

　私が大学院生であった70年代初期まで、体験者の聞き取り調査による研究

は歴史研究の手法としてはあまり重要視されていなかった（ように少なくとも私は感じていた）。しかし90年代にはオーラル・ヒストリーと呼ばれるように広く研究手法として認められるようになった。

　歴史の"語り部"たちの歴史を権力者が描き描こうとする歴史像のみに委ねておくことを拒否した自覚的な行為は、これまでの時代にはなかったことである。戦前、戦後という現代史を区切る時代区分を成立させている一方の時代の重みを、身をもって社会に示してきた戦前世代の消滅という歴史的事実に重なる出来事であった。

　文献資料でも聞き取り調査でも同じであるが、私たちが知りたいことも文献資料があるか聞き取りができるかによって実際には大きく制約される。しかし、私たちが知りたいことが何かということが、文献資料を焦点化するように聞き取りの絞りを決める。斉先生の聞き取り調査がまさにそうである。私たちが知りたいと思っても日本人には困難な調査であるし、あれ程膨大な調査は不可能である。斉先生は自分たちの研究について「とても特殊な分野で、即ち政治性がとても高い分野です」と述べている。「中国両国の第二次世界大戦に対する異なった記憶」を明らかにすることが聞き取りの目的であった。聞き取りが歴史の何に光を当てるためのものなのかが明解である。

　とはいえ斉先生が報告で述べられているように、聞き取りには独自の貴重な価値、扱い方が求められていることも事実であり、それ故歴史研究を深める一分野になりうるといってよい。

　最後に、斉先生の報告を聞き本を少し読んでみて、改めて気づいたことは、奴隷化教育を受けたにもかかわらず、証言者は誰も奴隷化されてはおらず日本帝国主義と植民地教育を弾劾していることである。教育の不思議さに頭をかかえかかえながら思考を繰り返している。

実務家日本語教師が
聞き取りをすると

前田　均*

　私のこれまでの聞き取りの成果について、柳本真理子・塩入すみ両氏は「台湾における日本語教育世代への聞き取り調査には、これまで当時の教員や生徒への聞き取りを中心とした前田の一連の研究がある（中略）。前田の調査は当時の教育に関する歴史的な事実や背景を浮き彫りにしており、現在台湾における聞き取り調査をリードしていると言える」と言っている。私は「リードしている」などと思ったことは一度もないし、私より聞き取りを多く行っている人の存在も知っているが、柳本氏らの発言は植民地教育史にかかわる聞き取りがいろいろな分野で行われていることを示している。この発言は「東呉大学日本語文学系」を「編著者」として2003年4月に発行された『二〇〇二年日語教学国際会議論文集』所収の「日本統治時代日本語教育世代による日本語文芸活動」でのものであり、「東呉大学日本語学科日本語文学系講師」である柳本氏らも私も同じ「日本語教師」だから、たまたま目につきやすかっただけであろう。

　ただこれを読んで、現在の日本語教師が「日本統治時代日本語教育世代」に聞き取りをすることの利点もあるのではないかと思うようになった。事実、柳本氏らの論文は表題の通り、現在台北で日本語教師をしながら「日本語教育世代による日本語文芸活動」を研究したものである。その中で「日本語教育世代」へのインタビューも行っているわけである。私も聞き取りを始めたのは、勤務先からの派遣で1986年9月から翌年8月まで台北にある中国文化大学日本語科で日本語教育にあたってからである。その縁で、アミ語をはじめとする高砂族諸語の研究、特にアミ語と日本語との二重言語使用の研究をすることにもなって台北のみならず、東部台湾をもしばしば訪れている。そ

＊　天理大学

の中で出会った「日本語教育世代」から聞き取りをしただけである。

　たとえば台湾美術界の第一人者・顔水龍画伯が十代のとき公学校教師をしていたのを知って聞き取りに行ったが⑴、それは私が台湾在任当時、「行政院文化建設委員会」（文化庁に相当）が海外に台湾の美術を紹介するため『台湾地区前輩美術家』というビデオを製作するにあたって、その日本語版のナレーターを私がつとめることになり、日本語版台本の翻訳者・周月坡氏に紹介してもらって同氏とともに顔画伯に会う機会を得られたからである。これは発音に詳しい日本人日本語教師が中国文化大学で教えている、と多少知られていたから舞い込んできた話である。

　アミ語など高砂族諸語の研究の際には東部台湾の「原住民」の村に住み込んで調査するわけだが、何日も何週間も滞在していると「日本人が来ている」と聞きつけた村人が会いにやってくる。話を聞いていると子ども時代の話や教育史にかかわる話も出てくるが、その中から記録に残していいと許可してもらったものを書きとめているだけである⑵。

　このようにインタビューの機会が得られ、心安く話してもらえるのは、私が前者では「台北の大学で教えている日本語教師」、後者では「自分たちの言葉を勉強に来た日本人」と思われている（事実そうだが）からではないか。つまり、聞き取りが目的でその地を訪れているわけではなく、別の明確な、かつまともな目的があって滞在しているので信用してもらえるのではないか。

　というのは、聞き取りだけが目的で人に会うという研究方法もあるが、それには問題がないだろうか、と思うからである。松岡環氏は『南京戦・閉ざされた記憶を尋ねて』⑶で「南京戦に参加した元兵士」に「『六十年前の戦争の話を聞かせてほしい』と突然電話でお願いするものだから、電話に出た本人や家族は、いったい誰がどんな目的で昔の戦争体験を聞きだそうとするのか、と疑念を持って対応された」と言っているが当然であろう。「ほとんどの老人たちは、『もう昔のことで忘れたわ。話すことなんて何もないで』と決まったように同じ返事を返してきた。（中略）戦争の話はしたくもないとただちに断られることもあった」という経験を経て、「いきなり訪ねていく方法をとった」そうだが、そのようにして得られた聞き取りに信憑性があるだろうか。よく8月15日に、「今日は何の日か知ってますか？」と海岸で遊ぶ若い人たちにインタビューし、「ええっ？　何の日だったかなあ」との返事を得て、「風化する歴史」などと語るテレビ番組があるが、人にはいきなりマイクとカメラを向けて質問

する無礼な奴にまともに対応しない自由も権利もある。松岡氏は「南京での実体験を語るかどうかは、心理的なかけひきも必要であった」とも言うのだが、私はいろんなことを語ってくださる人と「心理的なかけひき」をするつもりはない。「かけひき」をしかけたら「かけひき」しかえされるだろう。

ただ、話が政治的で微妙な問題になった場合、対処のしかたはむずかしい。私は何より語り手に迷惑がかからないようにしている。話は聞いても記録として公表しないことがある。これは、日本の植民地支配の評価にかかわる問題が多いが、それは常に戦後の政治との対比で語られるから、余計語り手の安全を考えなくてはならない。同じ人と長年つきあっていると、政治的なスタンスが微妙に変化するのがわかることがある。人は時間と空間からは自由でいられない。まわりの状況の変化が語り手にも変化を及ぼしたのだろう。本多勝一氏の『中国の旅』[4]には異なる二人の語り手がそれぞれ「林彪同志のいうように、毛思想を一層学んで、実際の行動で世界の人民の革命運動に参加していくつもりです」「林彪同志も教えるように、毛主席を学び、その指示を守って生きるつもりです」と発言する様子が描かれている。林彪のその後を知っている後の時代の私たちは、この発言が時代を反映したものであったことがわかるし、この語り手たちの「証言」の信頼性にも疑問を呈することができる。その点からは、この種の発言は聞き取りの重要な部分として記録しておかなくてはならないのかもしれない。

聞き取りをしていてつくづく思うのだが、聞き取りには豊富な知識が必要とされるということである。私も「物知り」を自認しているが、大阪市育ちのためか農業や動植物・気候の知識が皆無で、かつての台湾のように農業を主産業とする地域（「農業補習学校」卒業生も多い）での聞き取りには問題があると自覚している。植民地教育史に特に必要とされるのは軍事関係の知識ではないか。「反戦」を標榜する人の中には軍事関係のことを極端に嫌う人がまま見受けられるようだが、気象のことを知らなくては台風への対策ができないように、反戦を唱えるからこそ軍事知識が必要とされる。

高崎宗司氏は「日本語教育史に関する研究の成果も、わずかながら発表されている」が「『日本語教育学会誌・機関誌掲載論文等文献一覧』（一九九二年）を見てみても、その多くはもっぱら日本語教育の技術的問題を論じていて、アジアの人々に対する日本語の強要、彼らの母国語の抑圧という歴史を省みようとする論文は、全体の一パーセントにも満たない」[5]と言うのだが、日本語

教師が「技術的問題」に多くの関心をさかなければ日々の教育活動に支障を来たし、ひいては学習者の利益を損ねてしまう。その中にあっても「日本語教育史に関する研究」を進めている日本語教師は存在する。日本語教師が聞き取りで有利な点は、ノンネイティブの「下手な」日本語を解釈し、理解できることだろう。日ごろの教壇の経験が役に立つのだ。そういう利点を持ち、かつ「明確な、かつまともな目的」を持って語り手の社会にある者として今後も聞き取りを続けていくのが日本語教師たる私の責任だろう。

【註】
(1) 拙稿「日本統治下台湾の教師たち」『南方文化』第 20 輯、1993 年。
(2) 拙稿「日本統治下台湾の蕃童教育所女性補助教員からの聞きとり」『天理大学学報』第 183 輯、1996 年。
拙稿「戦時下台湾における皇民化教育体験者からの聞きとり」『天理大学学報』第 193 輯、2000 年。
(3) 社会評論社、2002 年、18-19 ページ。
(4) 朝日新聞社、1972 年、156、290 ページ。
(5) 「『大東亜共栄圏』における日本語」『岩波講座日本通史　第 19 巻』1995 年、岩波書店。

VII. 書評

斉紅深編著、竹中憲一訳
『「満州」オーラルヒストリー
——〈奴隷化教育〉に抗して』

山本一生＊

1．本書の成り立ち

　2004年3月に開催された本研究会第7回大会のシンポジウム「歴史の記憶と植民地教育史研究」において、中国から斉紅深氏をお呼びして、自身の「日本植民地教育口述歴史研究」について発言をしていただいた。氏は80人余りの学者を組織し、数十年の歳月をかけて1200名余りの日本植民地教育体験者にインタビューした歴史的記録と、3000枚余りの歴史写真などを集めることができたという。体験者は、募集を出したり学者が探すなどして見つけ出したという。まず、氏の考えるオーラルヒストリーとは何なのかを確認する。氏は「公文書は事実を記載しただけであるが、口述による歴史の記録は感情的な歴史であり、体験者の心の中に残っており歴史に対する受け止め方である」と述べた。口述資料は体験者の感情の歴史という点で、文献資料と異なるのである。また、氏は教育を以下のように考えている。学校法規といった教育制度を制定することを「起点」とし、「被教育者の身に作用させ、効果を現し」、その結果「内心で体験させること」を教育の「終点」と捉えている。つまり、文献史学は「始点」としての教育制度・政策から検討するが、オーラルヒストリーはその逆で、教育過程の「終点」から被教育者の心情を描いていくのである。そこから、日本植民地教育史における被教育者の体験という従来見落とされてきた分野をオーラルヒストリーが開拓すると主張する。
　次に、氏はインタビューにおける研究方針を次の3つにまとめている。第1に、政治的思考を排除するということである。例えば「大東亜戦争」といっ

＊　東京大学大学院

た言い方を拒否せず、日本占領期の教育状況に関する記憶を忠実に述べることができるようにするのである。第2に、経験したこと、見たこと、聞いた事という直接体験を重視することである。第3に、体験者の心配をなくすために、問題点を絞るというように聞き手が体験者に働きかけるのではなく、体験者が独自の視点で歴史を語ることを保障するのである。そして、インタビューした内容を記述内容のままで記録し、記録者の主観で修正することをしないということである。こうした研究方針の核には、体験者の心の奥底に眠っていた「記憶の化石」を発掘し、その内容を加工しないという氏の信念がある。この信念を支えているのは、「記憶の化石」こそが日本の中国侵略の中で形成された植民地教育をより深く理解することができるという、氏の問題意識なのである。

2．本書の概要

　本書は「満洲国」期の教育体験の証言である。斉氏の研究成果のうち50名の植民地教育体験者の証言を選出し、翻訳したものである。翻訳は、『大連アカシアの学窓』を執筆した竹中憲一会員が行った。本書の構成は一人の体験者のインタビューを1章とし、分量は平均して10ページほどである。また随所に写真や当時の教科書といった資料がちりばめられている。ただし、証言や資料の順番は特に基準がないようである。
　本書の第1の特徴は、話し手の内容だけを文章化し、聞き手の存在は完全に「黒子」化していることである。あくまでも「記憶の化石」を忠実に抜き出そうとする斉氏の姿勢が伺える。しかし聞き手は斉氏なのかそれ以外の研究者なのかは不明なのが残念である。
　第2の特徴は、体験者の姓名や出身地、日本占領時代の学歴、退職時の職業といった個人情報を載せていることである。プライバシーを公開することについて、シンポジウムでも議論になった。しかし斉氏は、「記憶の化石」の出所を明確化するためにもプライバシーを公開する方針をとった。もちろん、事前に体験者に公開の承諾を取っているという。
　第3の特徴は、一部記載がない証言もあるが、多くの証言には聞き取り時期と場所が明記してあることである。証言の信憑性を高める上でもこの点は重要であろう。しかし、竹中会員の前述書と異なり、話し手の当日の様子や聞き取

り場所の描写はまったくない。あくまでも証言のみに絞っている。

内容に関しては、教科目や学校制度、学校の管轄や1937年公布の「学制」といった教育制度面への言及が多い。これは日本の読者が必要最低限の「満洲国」の教育状況を理解できるように編集されたためであろう。

本書の体験者は、1920年代後半生まれが28人と最も多く、中でも多いのは1926年生まれが8人、1925年生まれが7人、1928年生まれが6人であった。つまり物心がついたときには、すでに「満洲国」があり、中華民国時代を知らない者が大半ということである。民族は漢民族が38人と最も多く、ついで満洲民族7人、モンゴル民族3人、朝鮮民族2人と続く。男性は46人で、女性は4人である。日本占領時の学歴は中等教育の16人が最も多く、ついで師範学校の13人、大学、初等教育の8人、専門学校7人、軍学校2人と続く。出身地は遼寧省の37人が最も多く、その中で瀋陽の4人が最も多い。さらに聞き取り時期は、2000年に集中している。特に7月と3月が多い。

一人一人に重い歴史があり、50人の体験を簡単に一般化することはできない。が、共通したキーワードを見出すことができる。中等教育以上の体験者は、多くの人が「階級服従」「国語教育」「勤労奉仕」「学校儀式」「新学制」「軍事教練」「食糧難」を挙げている。中には「協和ビンタ」や「協和語」のように、資料では残りにくい事象を証言するものも複数人いた。また「東方遙拝」「帝宮遙拝」など複数の呼び方があることが確認できる。これらのキーワードの中には竹中会員の前述書と共通するものもあり、また同じ事件を別の体験者からの視点で見るためにも、両書を比較することを勧める。

3．抵抗の作法

私なりの感想を述べさせていただきたい。まず、文献資料では決して明らかにできない、感情の歴史の記憶を丹念に文字化したことに、敬意を表わさずにはいられない。斉氏がこのような調査を行わなければ、植民地教育体験の記憶は永久に失われたであろう。また、日本の読者がこの体験の記憶を共有できるようにした竹中会員のこの業績は高く評価できる。私は学部から日本植民地教育史に関心を持っていたが、日本側の資料だけに依拠しており、いかに自分の視野が一面的であったのかを体験者の証言を知ることで理解することができた。

本書が「満洲国」教育史を立体的に理解する視座を与える一級の資料集となるであろう。

次に、体験者の証言を通して、日本の植民地教育は「暴力と就職」というアメと鞭で構成されていることがよく分かった。暴力は単に学校内の体罰だけではない。それは「私は中国人である」と言うことができず、「私は満洲国人である」と答えなければならなかったように、個人のアイデンティティに対する暴力であった。さらに言えば、就職するためには日本語を学習し、日本の権力に従わなければならないという構造的な暴力であった。例えば劉鵬搏は以下のように証言している。愛国的な教師である父親の元で育ちながらも、9.18事件以後日本が権力を握り、学校系統と職業を掌握すると、生きるために「順民」になるほかなく、そのために日本の教育機関である新京工業大学にまで進んだという。家族や親戚が苦労して学費を工面し、本人も必死に勉強したにもかかわらず、学校では教師による体罰、学校側の「反満抗日」への圧迫といった様々な暴力に耐えなければならなかった。それでも学校に通わざるを得なかったのは、就職のためであった。これが日本の植民地の中で、エリート層の「亡国の民」が学校教育を経て生き抜く唯一の道であった。しかも彼らの多くは、日本の敗戦以後も受けた教育に関連のある職業に就く例が多かった。これは植民地教育が体験者の人生に人間形成的な影響を与えたとしてプラスの価値で捉えがちになるが、逆に言えば植民地教育が体験者のその後の人生をも拘束したと言える。この矛盾した状態が我々に語るのは、教育がもつ根本的な問題であるように私は思うのである。

何より驚かされるのは、体験者が多数の教科目名や教員名を正確に記憶していることである。斉氏の姿勢は「体験者が語ったことだけを記録した」ということから、聞き手の補正は入っていないか、あったとしてもごくわずかであったものと考えられる。半世紀以上も過去のことを正確に覚えていること自体に驚くとともに、それほどまでに体験者に強烈な印象を与えた植民地教育に驚きを禁じ得ない。しかし体験者が「満洲国」の植民地教育を客観的に分析し、「奴隷化教育」と評価したのは「満洲国」時代ではなく、中華人民共和国建国後のことであろう。例えば楊乃昆は、彼を含めて当時の大多数の人々が「関東州人」であることを誇りと思っていたが、日本の降伏後、中国共産党が教育を施すことで、日本の植民地教育を「愚民化教育」と捉え直すことができるようになったと証言している。つまり体験者は、後年になって満洲国時代の植民地

教育について教育を受け、さらに自分で調べ、何度も捉え直そうとしていた人たちであった。そして、自分にとってあの教育は何だったのか、それを考え続けている人たちであった。つまり植民地教育を考えることが「抵抗」であり、さらにその教育を捉え直そうとする行為が、「抵抗の作法」なのではなかろうか。

(皓星社、2004 年、532 頁、5,800 円)

山根幸夫著
『建国大学の研究
——日本帝国主義の一断面』

志々田文明＊

　本書は建国大学に関する最初の論文「『満州』建国大学の一考察」(1987)の執筆者、山根幸夫氏（東京女子大学名誉教授）によって執筆された。山根氏は本書の前言の冒頭に、建国大学の研究をまとめることは「長い間の念願であった」(p.5) と記しているが、研究者にとっても建国大学に関する最初の包括的な著書である宮澤恵理子氏の『建国大学と民族協和』以来の待望の著書であった。判型はA5判で、構成はグラビア4ページ、目次4ページ、前言および本文345ページ、著者の論文2篇と建国大学在学生名簿、建国大学同窓会寄贈東洋文庫図書目録の四資料を集めた附篇85ページ、あとがき10ページ、人名と事項索引13ページ、中国文目次3ページからなる。前言・本文中にはさまざまな資料が紹介されている。本文の序章から六章までの7つの章は以下のように構成され、序章を除いて各章には5から7つの節が含まれている。

　　序章
　1．建国大学の創設
　2．建国大学の開学
　3．建大の学生たち
　4．民族協和の虚構
　5．建国大学の末期
　6．建国大学の崩壊

　前言では各章の要約がなされている。序章以下の本文では、はじめに山根氏が本書を執筆するに至った経緯を丹念に描き、その後、建大関係の主要な出版物の紹介とそれらに対する評価がなされている。各章の標題からわかる

＊　早稲田大学

ように、本書には建国大学の創設から終焉にいたる経緯が時系列にしたがって記述されている。記述の観点は、本書の副題である「日本帝国主義の一断面」に表されている。本書はこの観点から集められた資料を配列したもので、山根氏は、「日本帝国主義の東北植民地支配の記念碑ともいうべき存在」としての建国大学の教育を断罪するために本書を執筆したことを、その前言の冒頭部にはっきりと表明している。また、本書の具体的な目的については、序章で中国人同窓生の回想文を紹介したあとに、中国人同窓と日本人同窓との間に、「満洲国」の実現すべき一種の理想として掲げられた「民族協和」に対する意識の開きがあったことを述べ、「このような矛盾、対立を本書ではなるべく詳細に考察したい」（p.37）と研究の目的を示している。

　本書の建大研究史上の特徴については、宮澤氏の『建国大学と民族協和』との関係を見る必要がある。宮沢本は当時ほとんど知られていなかった建大の実態を同窓会への丹念な調査によって描き、後学の研究者に多くの手がかりを提供した。山根氏は序章で同書を紹介し、宮澤氏が「少なくとも建大の中では、民族協和が実践されていたとの見解を抱いているようである」ことを批判し、民族協和について日中同窓の間にギャップがあることを述べている（pp.23-24）。平易に言えば、宮澤氏の結論に対し疑問と批判をもつので、そうでない証拠を示すというのが山根氏の論点といえる。その論調は厳しく、「建国大学の中では、民族矛盾はなく、民族協和が完全に行われていたと自負する、日本人同窓の主張は、矢張り間違っていたと言うべきである」（p.28）と、山根氏は序章で早くも仮説を結論として断言し、事実認識で争う姿勢を鮮明にしている。

　本書の特長としては、これから研究を進めていく者にとって便利で豊富な資料の紹介がなされている点がある。たとえば本書の序章で、前述の宮澤氏の『建国大学と民族協和』、中国で出版された中国人同窓の諸論考や最初の回想文集『回憶偽満建国大学』、また小林金三氏の小説『白塔——満洲国建国大学』など近年著された著書について、その目次とともに丁寧に紹介している点は本書の特長といえよう。一章以下の論述においても、多くは二次史料からの引用ではあるが、それらがふんだんに引用されており初学者には便利であろう。第二章五「教授、助教授の補充」の教官紹介は典拠文献等が示されていないものの宮澤氏の著書における聞き取り調査を充実させた努力が見られる。第三章五「建大の教育内容、その他」および第四章では建大の学生の期別の構成の変遷

について説明しており（p.195, p.225、p.233）、建大を理解する際に必要で有益な資料を提供している。第四章三「三・二事件」とその後の対応（第四章四）、五「読書会運動」の紹介は興味深い。特に中国同窓の資料を用いて紹介した後者は中国人学生が、建大内で読書会を組織し、教官や日本人学生にわからないように愛国的運動を組織するに至った経緯を『回憶偽満建国大学』の記事によって詳細にまとめたもので、六「漢族学生は何を読んだか？」と並んで本書で最もオリジナリティのある内容といえる。第五章および第六章は、第二代副総長尾高亀蔵の時代の建大を個人のエピソード的内容を通して詳細に描いている。

＊

　本書は山根氏の感情的表現が随所にあらわれており、率直にいって研究書としては意外な印象を受けるが、全体には詳しい註が付され、書名もまた歴史研究書としての体裁をとっている。山根氏もまた小林金三氏の小説『白塔——満洲国建国大学』による建大の素描に対して「私が建国大学を取りあげるのは、あくまでも歴史的存在としての建国大学を考えるからで」、「私は歴史家として建大を研究する」（p.38）と述べて、本書が歴史研究書であると言明している。そこで、以下では歴史研究書として見た場合の本書の評価について述べたい。
　本書の最大の問題点は史・資料の探索とその姿勢が不十分であると感じられる点である。たとえば山根氏は湯治万蔵編『建国大学年表』を高く評価し（pp.441-443）、多くの場合引用を原典に当たらずに同書で済ませている。同『年表』は建大の開学以前の動向から終焉にいたる日々に対応する出来事を、多様にして貴重な資料を配列することによって客観的に示した読む年表であり、その価値については筆者もまた山根氏と同意見である。しかし同『年表』も二次史料であることに変わりなく、科学的立場に立てば原史料に当たる姿勢が必要ではなかったか。史・資料に対する著者の姿勢への疑問は他所にも見られる。たとえば、新たに入学する建大二期生を教育するために二十人前後の教官が採用されたことを紹介した後に、氏は「発令の時期は明白ではない」（p.140）と述べているが、これは建大関係資料に頼らず「満洲帝国政府公報」を繰ればかなり判明可能だったはずである。また、「『建国大学要覧』は、日本には康徳八年、十年の二年分しか残存しない」（p.11）、また、「わが国には、この二冊しか現存しない」（p.397）と断ずるのも、存在する可能性が否定できない以

上、「管見によれば」などの留保をつける慎重さが必要ではなかったか。これはすでに他の『要覧』が見いだされているから指摘するのではない。執筆における著者のこのような臆断が本書全体の信頼性を脅かす可能性があるからである。さらに、山根氏は『建国大学年表』に掲載された「石田の文章には若干の思い違いがあるようなので、此処で訂正しておきたい」(p.307)と訂正を4点に分けて記しているが、その典拠資料は明示されていない。1カ所文献に言及した部分があるが、訂正という以上少なくともその文献がどういう理由で真実と言えるのかを示す必要があるのではないか。また第四章では、「漢族学生の建大当局に対する反発、批判が次第に表面化してきた。それは1940年秋、一期生が日本へ修学旅行に出かけて、偽汪政権の留学生と交流し、その結果反満抗日を意識するようになったと云う表面的なことではなく、漢民族が自ら考え、自ら実践して、反満抗日運動を組織するようになったのである」(p.233)という興味深い判断を示しているが、ここでも認識の根拠となった資料は示されていない。

第2の問題点は価値判断に対する著者の禁欲性にある。執筆者が特定の世界観をもって社会的出来事をその立場から評価・批判していくことは批判されるべきことではない。しかし、自らの主張を客観的妥当性のあるものとするためには、その主張が異なった世界観の人々に読まれるときはいうまでもなく世界観を同じくする者に読まれる場合でさえも、資料に基づく実証性に加えて社会的事実の認識と価値判断とを峻別して考察する必要があるのではないか。山根氏は、たとえば、「民族協和は日本人の掲げた虚構にすぎなかった。どうして日本人はこのわかりきった事実を理解しようとせず、〈民族協和〉の虚構にしがみつこうとしたのであろうか？」(p.328)と反語で日本人を論難している。しかし氏の論難は、著者自身が、日本人の心の襞に分け入ることによって歴史的事実の認識を高めた後でなすべきことではないだろうか。

また、山根氏は本書の主題として「塾生活における民族協和が、如何に見せかけで、虚構にすぎなかったかを解明」(p.8)することを掲げている。氏は、副総長の「作田はこのように相変わらず〈民族協和の大学〉であることを強調するが、(中略)作田自身、民族協和が虚構になっていることに、まったく気づかなかったのであろうか」(p.267)と批判する。また、「私が繰り返し指摘したように、民族協和がいくら叫ばれても、それは虚構にすぎなかった」(p.304)、「個人的な友情は可能でも、民族協和は日本人の掲げた虚構にすぎ

なかった。どうして日本人はこのわかりきった事実を理解しようとせず、〈民族協和〉の虚構にしがみつこうとしたのであろうか」(p.328) と強調するのであるが、この批判は適切といえようか。作田や多くの日本人学生は民族協和を理念（価値）としてとらえ、民族協和は現実生活の中で実践によって実現すべきものであったと考えていたのであり、事実の問題ではなかった。換言すれば、民族協和は理念であると同時に目指すべき生活実践の目標であったのであり、理念はいまだ実現されていないという意味で虚構性を含有しているからこそ、その実現を求めたのである。したがってなぜ虚構性に気づかなかったと論難されても、気付いていてもそこに向かうしか道のなかった日本人学生らにとっては戸惑うばかりといえよう。後代の後知恵で過去を批判するのは簡単であり、日常生活ではよく見られることである。しかし歴史家が過去を顧みて評価を下す場合には、その時代の人々の立場と状況を資料と調査によって内在的に理解したうえで、当時においてなお考えられた選択肢を示す程度に留める禁欲性をもつべきではないだろうか。価値判断は歴史家がもつ世界観のうちにすでに内在している以上、問題の設定、史料の選択、そして評価にそれが色濃く反映されることは否めないのであり、そうであるからこそ歴史家の歴史叙述における価値判断の表明は慎重であらねばならないと思うのである。

　こうした叙述の問題点は、本書の全体に見える山根氏の論述にかなり感情的な箇所が散見されることにも結びついていると考えられる。これは事実認識を見極める前に価値判断の表明が先行するためである。たとえば本文で、「漢族学生たちは、最初から民族協和が偽物であることを見抜いていた。その事に気付かぬ日系学生の方が、幼稚で愚かであったと言わねばならぬ」(p.26。なお著者は註によってトーンを弱めている) と断言しているが、もし著者が研究書を執筆しているのであれば、その根拠を示せない限りこのような言明は控えるべきではないだろうか。あとがきで、「漢族の学生にとっては、建大に在学したことが後々まで非難された、批判される口実となったことを、日本人同窓は思い返したことがあるであろうか」(p.444) と詰め寄るのも、少なくとも沢山の日本人同窓から話を聞いた後に記すべき事柄であろう。すぐれた人間性と見識の高さとをもつ日本人同窓から話を聞く機会を多くもった筆者にとっては、氏の言明に違和感を拭い得ない。他方で山根氏は、唯一面談した教官として石田武夫氏を紹介しているが (pp.343-344 ほか)、そのトーンは「彼ら[漢族学生]のために誠心誠意働いた」(p.144)、「建大にふさわしい教官であった」

(p.169 の注) と大きく異なる。また、山根氏が面識をもった建大同窓の田山実氏についても「熱血の士」(p.45, p.439) と例外的に好意的である。その断定に筆者も異存はない。しかしこれらの記述は、当事者を知るということがその人の理解を深めるだけでなく、いかに評価に影響し、当然記述に影響を与えることを図らずもあらわした部分といえる。特に関係者が存命する近・現代史の研究においては、当事者への聞き取り取材は可能な限り行なう必要があるといえる。

*

　以上、批判的見解を述べたが、とはいえ本書は山根氏の日本が中国で行った過去に対する反省の真摯さに支えられており、中国の人々の立場に立つことによって当時の日本人を叱正した良心の書である。そこでの著者の立場は一貫しており、文中には氏の信念が満ちている。最近、日本の建国大学同窓会によって韓国人同窓の回想文集『歓喜嶺──満洲建国大学在韓同窓文集（日訳）』が刊行された。また、武道教育史の領域から異民族の視点を取り込んだ拙著『武道の教育力──満洲国・建国大学における武道教育』もこの書評を目にするころには刊行されていよう。今後さまざまな観点からの研究が期待されるが、本書が異民族の視点から刺激的な内容を提供した有益な一書であることは否定できないであろう。膨大な史・資料を駆使してこの大部の本をなすに至った山根氏の努力を思い、本書の誕生に感謝したい。

（汲古書院、2003 年、466 頁、8,000 円）

山田寛人著
『植民地朝鮮における朝鮮語
　　奨励政策——朝鮮語を学んだ日本人』

三ツ井　崇*

はじめに

　本書は、植民地期朝鮮における日本人官吏に対する朝鮮語奨励政策について、著者の山田寛人氏がこれまで発表してきた研究成果を、単行本としてまとめたものである。「韓流」ブームの真っ只中、朝鮮語学習もまたブームになっているようだが、本書は、植民地期朝鮮における「朝鮮語を学んだ日本人」の歴史的性格について論じたものである。本論は、序章、結章を合わせて8章構成であり、巻末に「朝鮮語学習書目録」、「朝鮮語奨励試験の問題と解答例」がつく。さっそく書評に入りたいが、その前に本論の構成を示しておくことにする。

　　序章
　　第1章　朝鮮語教育略史
　　第2章　朝鮮語奨励試験
　　第3章　普通学校の日本人教員に対する朝鮮語奨励政策
　　第4章　警察官に対する朝鮮語奨励政策
　　第5章　金融組合理事に対する朝鮮語奨励政策
　　第6章　日本人による朝鮮語学習の経路と動機
　　結章

1．内容紹介

＊　日本学術振興会特別研究員、愛知大学非常勤講師

本書の目的について、著者は序章で次のように述べる。

> 本書の目的は、日本が朝鮮を植民地として支配していた時期に、朝鮮語を学んでいた日本人に焦点をあてつつ、朝鮮総督府による朝鮮語学習奨励政策（以下、「朝鮮語奨励政策」とする）の実態を明らかにすることをとおして、言語を学ぶという行為のもつ意味を考えることである。
>
> 言語は単なる道具であって、言語学習は中立的な技術を身につける行為にすぎないとすれば、本書の目的は最初から意味をなさないことになる。しかし、現実には、ある人間がある言語を学ぶという行為にはさまざまなイデオロギーがつきまとう。(p.9)

社会言語学者でもある著者のまなざしは、過去の事例にありながらも、明らかに現在の状況にも向けられていることがわかる。

それはともかくとして、著者の指摘するように、ほんの一部の関連研究者を除いては、「［朝鮮人に］日本語をおしつけた日本人が朝鮮語など学ぶはずがない」(p.10)とされてきたが、著者は、それなりの規模を有した朝鮮語奨励政策の性格について、植民地権力側の政策意図だけでなく、その政策の運用実態について、とりわけ奨励される側の、──つまり、朝鮮語を学習する側の──論理にも注目して論じようとした点が本書の特徴と言える。これまでも、梶井陟による制度に関する先駆的研究や朝鮮語学習書に対する分析、その他近代の朝鮮語問題を扱う社会言語学的研究は存在したが、制度に関する詳細と実態について、これほど詳細に明らかにした研究は他にはなく、韓国でも、ようやく最近になって、著者の扱う一部の内容について、関心が持たれるようになった（それも、著者のこれまでの研究成果も知らずに）ような状況であり、その意味で、本書が刊行された意味は非常に大きい。以下、本論の内容について簡単に紹介したい。

第1章は、近代以降において、朝鮮語教育をおこなった教育機関をとりあげ、設立年順に概観したものである。対象として扱われている機関は、韓語学所～草梁館語学所、東京外国語学校（旧外語）朝鮮語学科、外務省派遣留学生、高等商業学校～東京高等商業学校、高等商業学校附属外国語学校韓語学科～東京外国語学校（新外語）朝鮮語部、熊本県派遣朝鮮語留学生、山口・長崎高等商業学校、東洋協会専門学校、東洋協会専門学校京城分校、天理外国語学校～天理語学専門学校、朝鮮の官立高等専門学校、京城帝国大学であり、これらにおける朝鮮語教育の設置と廃止の推移を、日清戦争以前、日清戦争期、日露戦争

期、韓国併合後の4つの時期区分で整理したものである。ここでの分析の結果、著者は、韓国併合を期として朝鮮語が「外国語」でなくなったことによる言語呼称への影響、朝鮮語教育の舞台が「内地」から朝鮮へと移ったことを指摘する。しかし、併合によって朝鮮語教育の必要性に対する認識がなくなったわけではなく、その後もむしろ強く認識されていたことは、第2章以下の政策実態の分析からも知ることができる。

　第2章は、「朝鮮総督府及所属官署職員朝鮮語奨励規程」（1921年。以下、朝鮮語奨励規程）にもとづく試験（以下、朝鮮語奨励試験）の制度と実態についてである。これまでも、警察官や教員を対象として朝鮮語試験はおこなわれてきたものの、この朝鮮語奨励試験は、受験者として警察官や教員以外の官吏をも含めようとしたものであった。その背景としては、1919年の三・一独立運動のショックがあったことは言うまでもない。朝鮮語奨励の意図は「行政の現場で業務が滞りなく行われ、未然に問題の発生を防ぐ」（p.70）ところにあったと著者は指摘する。

　第3章は、普通学校の日本人教員に対する朝鮮語奨励政策、第4章は、警察官に対する朝鮮語奨励政策である。教員、警察官ともに、朝鮮人社会の末端にまで接近しうる存在であったため、高度の朝鮮語能力がもっとも必要とされた職種であった。しかし、教員の場合、1920年代以降、朝鮮語教育の積極的な意義は薄れていったとし、初任者講習、各道ごとの教養規程、通訳兼掌者への手当、昇進試験などを通して朝鮮語教育が継続した警察官の場合とは異なったようだ。警察官に対する分析では朝鮮語能力の水準についての記述もあり、興味深い。

　第5章は、厳密には官吏とは言えないが、朝鮮総督によって任命された金融組合の理事に対する朝鮮語奨励政策の分析である。当初は、東洋協会専門学校出身者を理事として採用していたが、1920年代以降は、採用後に朝鮮語講習や試験制度を整備したという（p.175）。1921年の朝鮮語奨励規程が試験合格者に手当を付与するものであったのに対し、1928年の朝鮮語試験規程は、試験に合格しなければ賞与金が減額されるというものであったことは、金融組合理事に対する朝鮮語奨励の必要性を物語るものであろう。

　第6章は、これまでとは観点が変わり、朝鮮語学習者の側の意識の問題である。朝鮮語研究会（のちに朝鮮語学会となるものとは異なる団体）の『月刊雑誌朝鮮語』（1926～29年）に紹介された合格者体験記を基にして、朝鮮語奨

励政策を支えた学習者側の論理を明らかにした。そこには、「生活上・職務上の必要性」、「手当金の支給」が学習者の動機として大きく作用していたこと、そして、結局、総督府の支配イデオロギーは、そのような実利的側面への批判をかわしたり、朝鮮語学習に不熱心な日本人官吏を批判するためのものとして持ち出されていたことを著者は明らかにした (pp.213-214)。

結章では、以上の分析を踏まえ、「朝鮮語奨励政策は支配を円滑に進める目的で支配末期まで継続して行われたものの、本来の目的は十分に達せられたとは言えず、むしろ政策による制度自体が目的化してしまったのである」(p.221)と結論づける。そして、「日本人が朝鮮語を学ぶという行為のもつ意味は、日本による朝鮮支配という現実／構造／関係性のなかで考えるべきもの」(同上)と改めて問いを投げかけた。

2.感想

では、本書の内容を踏まえて、若干の感想を述べることにしたい。

かつて、梶井陟は自身の著書『朝鮮語を考える』(龍渓書舎、1980年) で、次のように述べていた。

> 朝鮮人の皇国臣民化を終局の目的とした日本の朝鮮支配が、奪いあげた朝鮮語をこの目的達成のために、持駒として使わなかったはずはない。いったい、何に、どう使ったのか。それがわたしの疑問だったのだ。(『朝鮮語を考える』、p.14)

本書 (『植民地朝鮮における朝鮮語奨励政策』) は、この梶井の問いを意識したものであったに違いない。そして、さまざまな史料を駆使して、その実態を明らかにしようとした点は、十分に評価できる。日本人にとっての朝鮮語とは何か、これは、朝鮮(語)に何らかの形で接する日本人が、常に自問せざるを得ない問いである。その意味で、本書は単なる政策史研究ではなく、社会言語学で扱うような言語学習の政治性に関する議論も射程に入れたものととらえることができるだろう。また、巻末の「朝鮮語学習書目録」と「朝鮮語奨励試験の問題と解答例」は貴重な資料であり、それを提示した点についても大きな意義を認めることができる。

ただし、以下の点でいくつか気になったので、その点を提示することで、本

書への感想に代えたい。

　第1に、1921年の朝鮮語奨励規程の性格についてである。既述したとおり、この試験制度は、警察官や教員に限定せず、すべての官吏を対象としたものであるということだが、実際に試験の合格者数の割合を見ると、警察官が多いことがわかる。教員やその他の官吏の割合が少なかったが、受験者数の内訳がわからないために、なぜこのような偏差が出るのか、専門家にはおおかた想像がつくものの、合格者数の統計から見る限りでは、わかりにくい気がする。言い換えれば、すべての官吏を対象にした政策意図は伝わってくるが、その他の官吏のほうで、朝鮮語学習に積極的であったのかどうかがわかりにくいということである。

　第2に、やはり、朝鮮語奨励政策が具体的にどのような場面において力を発揮することになったのかということである。これは政策の実態の分析として欠かせない要素ではないかと思われる。例えば、警察官の朝鮮語能力の水準に関する記述のところで挙げられている史料を見ると、「戸口調査」の必要ということが触れられている（p.155）が、この背景には、やはり切迫した状態があったのではないかと考えられる。それは、1920年10月に実施予定であった国勢調査の朝鮮への実施延期という問題である。同年2月の段階で、第42回帝国議会衆議院において、「第一回国勢調査ハ朝鮮ニ之ヲ施行セス」[1]との法律案が政府側から表明されているが、このとき、政府委員として登壇した古賀廉造（拓殖局長官）は、その理由として「第一ニ朝鮮ノ方ニ於キマシテ、[……]頗ル多数ノ役員ヲ要スルノデアリマス、ソレガ六七万人モ要ルノデアリマス、就中其調査委員ノ中デ、最モ働ヲ為ス者ハ警察官デアル、其警察官ハ既ニ御承知ノ如ク昨年来改革ヲ行ッテ大分人ガ入リ代ッテ、マダ朝鮮語ニ精通スル者ガ至ッテ少ナイ、之ヲ使用スルニ付キマシテハ、拠ロナク通訳ヲ附ケナクテハナラヌ、通訳ヲ附ケルト、其数モ一万人カラ要スルト云フヤウナ次第デ、人ノ都合上今年此調査ヲ行フト云フコトハ、殆ド出来悪クナッテ居リマス」[2]と述べている。2月18日に登壇した木下謙次郎（「朝鮮ニ於ケル国勢調査ニ関スル法律案」委員長、衆議院議員）も「[……]調査ノ幹部タルベキ警察官ノ如キ、[……]其ノ二万人ノ中デ半数即チ一万人ノ如キハ、新募ノ警察官デアリマシテ、到底国勢調査ノ役ニ立ツベクモナイノデアリマスカラシテ、縦シ仮リニ無理ニ朝鮮ニ国勢調査ヲ行ハントスルモ、甚ダ不完全ナモノデアッテ、到底国勢調査ノ目的ヲ達スルコトハ甚ダ不可能ノ事デアルト云フコトガ理由ノ一ツ」[3]

であるとしており、可及的速やかに国勢調査の担い手を養成するという課題が、朝鮮語奨励政策が打ち出された背景として存在したのではないだろうかと評者は考えるのである。

　同様に、1930年代以降の農村振興運動への機能も考えなければならないのではないか。農村振興運動の際、朝鮮総督府は「農村振興委員会」を組織するが、その最下部組織が「邑面農村振興委員会」であった。そのメンバーは、「邑面長、邑面勧業事務担任主任書記並ニ技手、警察官駐在所首席、邑面内金融組合理事、邑面内公立初等学校長、邑面内産業団体又ハ水利組合ノ理事」であった(4)が、まさに本書で扱っている警察官、金融組合理事などがこの機構のなかに入っていたことがわかる。これらの2つの事例は、あくまで断片的なものでしかないが、政策の実態にこだわるのであれば、著者が分析してきた内容をいま一度、他の支配政策との連関のなかでとらえなおす必要があるのではないかと考える。

　もちろん、以上の分析は、ないものねだりの感が否めなくもなく、著者による基礎的研究の価値を損なうものでは決してない。むしろ、今後、著者にこの点をぜひとも解明してほしいという評者の期待である。

　ところで、著者は、現在へも「ひるがえって、現代において日本人が朝鮮語を学ぶという行為の背景には、どのような現実／構造／関係性があるだろうか」との問いを投げかけた。「韓流」ブームのいまこそ、この問いについて真摯に向き合っていかねばならないのではないだろうか。そのためにも、ぜひ一読をお勧めしたい。

（不二出版、2004年、268頁、4,800円）

【註】
(1)『衆議院議事速記録』第9号、1920年、6頁。
(2) 同上。
(3)『衆議院議事速記録』第14号、14頁。
(4) 宮田節子「1930年代日帝下朝鮮における「農村振興運動」の展開」『歴史学研究』第297号、1965年、25頁。

山路勝彦著
『台湾の植民地統治
——〈無主の野蛮人〉という言説の展開』

中川　仁*

　本書は台湾原住民[1]（以下、原住民とする）を植民地統治の観点から「無主の野蛮人」という枠組みの中でどのように「同化」させていくかを研究書の立場からとらえ、物語的に表現している点に1つの特徴をうかがうことができる。領台時代の植民地官吏の仕事ぶりはいわば現代の人類学的研究の範疇では「開発人類学」の方法論で植民地統治されることが妥当であったといえる。しかし原住民にはそれが通用せず、「無主の野蛮人」の言説は崩すことができなかった。原住民は常に風俗や習慣を日本の「同化」という言葉では変えられなかったということになる。領有した台湾での支配者と被支配者の関係は、支配者が土地権をめぐって植民地経営の見解や初期の人類学的研究のフィールド調査を鳥居龍蔵や伊能嘉矩がおこない、風俗やそれに関わる呪術的習慣及び歴史を記述していった。そして、原住民に対しては大人が子供をあやすような感覚で接したことから「可愛い子ども」という表現がなされている。それは上山満之進が原住民に接したときの感覚と同一のものと思われる。上山は資財を投じて人類学の研究を進めていくうちに彼らと親密になり、彼らの素朴さを褒めちぎり絶賛している。しかし原住民の間にも抗日の動きもあり、霧社事件が発生する。その後は急速に「同化政策」が進められ、内地化の自覚として、「蕃人移住十箇年計画」も出され、その政策は植民地官吏が使命感として果たした仕事であり、同時に農業改革もおこなわれ、政治的な意図を持って、「可愛い子ども」に接近していった。「同化政策」は日本語が「国語」として強要され、学問の分野では人類学が台湾の特殊な環境から独自の学風を生み出していた。人類学はしばしば植民地政策の道具とされてしまう一面を持っているが、台湾での人類学者は純粋に調査していたことが

---
*　明海大学

明らかになっている。それは台北帝国大学土俗人種学研究室編『台湾高砂族系統所属の研究』などにみられ、原住民の文化的側面と言語的側面を綿密に調査し、学士院賞も受賞している。また、ブヌン族の「絵暦」は人々を驚愕させたものとされる。ブヌン族の進化程度は最低であったことから、未開社会でありながら、1枚の板に文字ではなく、絵で1年間のなかでとりおこなう行事が刻まれているものを作っていたのである。なかには閏年もきちんと計算されていたことから、人類学者が興味深い研究を始めている。時代が経つにつれて、その原住民たちは天皇陛下の赤子といわれる存在に成長していく。原住民の男子は以前の習慣でいうならば、首狩りができなければ男子として認められていなかったこともあり、領台時代には高砂義勇隊の一兵士として加わり、命を落としていくことを美徳としてしまった。大雑把ではあるが、本書の内容に少しずつ触れてきた。また概略を示すために、各章の表題を挙げておく。

第1章　植民地主義、台湾、人類学への断章
第2章　「無主の野蛮人」と人類学
第3章　植民地台湾と「子ども」のレトリック
第4章　台湾総督上山満之進と原住台湾人の表象
第5章　「文明化」への使命と「内地化」
第6章　国語演習会という饗宴
第7章　「梁山泊」の人類学、それとも？
第8章　帝国の人類学者と台湾
第9章　ブヌン族の「絵暦」研究釈義
　　　　―植民地台湾での人類学研究の断面―
第10章　植民地主義のゆくえ

原住民の研究は領台時代の調査が基礎となっており、学問的な成果が挙げられたものと考えられる。国民党政権が台湾を接収してからも引き続きその研究はおこなわれており、台湾人と日本人の研究者が山地に赴くと、原住民の村で日本語が話されているということがいわれている。確かに領台時代の懐かしさや日本精神を叩きこまれた人たちにとっては、忘れることのできないものとされる。原住民は素直な気持ちで、外来の為政者・日本人にしたがい、日本人は原住民に文明開化をもたらしてくれたという気持ちで、日本人を愛しています

とまでいっている。日本人になろうという意識で、タイヤル族の青年がいきいきと警察機構で働いていたにもかかわらず、2つの民族の間で悩み苦しんだあげく、自決の道を選んでしまう。日本への反抗として起こった霧社事件のモーナ・ルダオも結局のところ、見せしめのような形となって、遺体が台湾大学の研究室であとになって発見された。本書では詳しくこの事件には触れていないが、このような事件があったことは事実であり、日本人がもたらした文明開化は、はたして本当に台湾の親日派を作っていったのであろうかと疑問になる。それはむしろ2つの正式な言語政策から考えることができる。というのは、国民党政権に接収されてからのことが含まれている。台湾の植民地統治は日本の言語帝国主義による侵略性をもっている点から教育による浸透へとかわっていった。蔡茂豊氏は日本統治時代の日本語教育の時代区分を次のように定義している[2]。

①日本語教育の模索時代（1985～1919）
②日本語教育の確立時代（1919～1922）
③日本語教育の内台人共学時代（1922～1943）
④日本語教育の義務教育時代（1943～1945）

日本が台湾を統治し、日本語教育を展開し、原住民も漢民族系も政治的な意図のもとに日本語を「国語」として受け入れた。その言葉は50年の統治によって、教育を通して浸透したものの、言語帝国主義的な要素が強いものとされ、近代化を推し進める日本としては日本語を共同の産物に仕立て上げようとしたかったのである。しかし実際の台湾統治とは、陳培豊氏によれば次のような見解がある[3]。

　近代日本の天皇制国家原理と植民地統治との間のバランスを維持することであり、暴力性と侵略性をもっていたことを指摘している。

それは重層植民のなかで、日本の統治に対しての不満はもちろんのこと、日本の終戦により、国民党政権に接収されてからは国民党政権支配への反抗が政治的部分におこり、歴史的背景から台湾では戦後、北京語同化政策がおこなわれ、「国語」として受け入れた。しかし二二八事件の武力衝突により、本省人

の層としてのナショナリズムは国民党政権には理解されなかったのである。その反抗から本省人は日本語を話す傾向にあり、原住民は母語の言語体系が複雑であり、他の部族間との意思の疎通が極めて困難であったことから、代用言語として日本語を受け入れ、リンガフランカの要素を強めていったといえる。国民党政権が入台してからは国語を受け入れ、強制的に国語教育が展開される。『台湾山地施政要点』をはじめとし、『台湾省各県市山地推行国語辦法』と『台湾省各県市山地郷国語推行辦法』が施行され、政策による押し付けの概念が成り立っていった。このような背景から両者の族群は旧植民地の日本語を反抗のために、使用したといえる。また漢民族系のアイデンティティと少数派原住民も自らのアイデンティティを形成していった。近年、族群の融合が叫ばれ、「台湾新家庭」なる考えが台湾人の中に浸透し、「新国民意識」なるものが成立している。言語平等法草案から漢民族系閩南文化及び客家文化への理解と原住民文化への理解があらわされるようになった。政治的な背景も関与し、李登輝時代に台湾の本土化が進み、2000年の総統選挙の結果から台湾の台湾化が急速に叫ばれたということになる。かつては日本語同化政策から北京語同化政策による意向に伴って、とくに原住民諸語は危機に瀕しており、国民党政権時代も原住民は「無主の野蛮人」として扱われた。民主化を迎えた今、原住民は政府の方針により、積極的にこの原住民諸語を台湾の文化の1つであるとして強調し、言語平等法草案第15条に表されている [4]。

第15条（消滅に瀕した国家言語の保護）
中央および地方政府は国内の各族群の言語に対して保存・伝習・研究を行わなければならず、消滅に瀕した国家言語、特に各原住民族語には、政府は積極的に保護・伝授を行い、また回復・伝承・記録・研究の実施を推進しなければならない。回復・保護・伝承・奨励に関する法令は別に制定する。

原住民はオランダ・スペイン・清朝・日本・国民党政府とそれぞれの段階を経て、李登輝時代に保護されるようになった。重層植民は同化の浸透により、彼らの母語を消滅させる原因を作るきっかけになってしまった。1998年には『原住民族教育法』も公布され、1999年には『原住民族教育法施行細則』も制定され、「郷土教育」の重要性が説かれたのである。「無主の野蛮人」は民主化

による現状の陳水扁時代に入り、多言語・多文化社会の形成の歴史のなかで重要な位置にある。「無主の野蛮人」は「高貴な原住民」とされなければならない。社会の片隅に置かれていた「無主の野蛮人」は法律により、優遇されていることから、それに甘んじて生活しているといわれる一面ももっているが、原住民を野蛮人に仕立てていったのはむしろ日本や国民党政権であるともいえよう。時代を経ることによって、原住民は評価されようとしているのだ。

　いささか解説のような形になってしまったが、本書によって台湾原住民研究は政策のなかから考えていかなければいけないことをあらためて認識した次第である。

（日本図書センター、2004年、336頁、4800円）

【註】
(1)「原住民」の名称は1994年第三次憲法改正により認められたものである。
(2) 蔡茂豐（1989）『台湾日本語教育の史的研究』『台湾における日本語教育の史的研究』p.21 による。
(3) シンポジウム・脱帝国と多言語化社会のゆくえ・アジア・アフリカの言語問題を考える（2003）において陳培豐氏が発表した「近代台湾における二つの国語同化政策」のレジメからの引用である。
(4) 多言語社会研究会・第24回研究会（2003）おいて藤井（宮西）久美子氏が発表した「台湾における言語政策の土着化――『国語推行辦法』から『語言平等法』へ」のレジメからの引用である。

【参考文献】
(1) 蔡茂豐（2003）『台湾日本語教育の史的研究』（上）大新書局
(2) 陳培豐（2001）『「同化」の同化の同床異夢――日本統治下台湾の国語教育史再考』三元社
(3) 中川仁（2003）「台湾の言語政策と原住民諸語――多言語社会から単一言語社会へ・そして母語の復権」『ことばと社会』7号　三元社

百瀬侑子著
『知っておきたい戦争の歴史
――日本占領下インドネシアの教育』

佐藤広美*

　しばらくは、心地よい気持ちになれた。そんな読後感であった。著者の百瀬侑子さんに感謝したい。扱っているテーマは重く、また、明快な結論が示されたのではないのだが、正直そんな感情をもつことができた。なぜだろう。

　百瀬さんは、インドネシアで日本語教師をされている方である。そこで、思いもよらない体験をする。たとえば、1984年、勤務先の国立スラバヤ教育大学日本語学科の学生さんから、次のようなひとことを言われる。
「じつは、日本語学科に入りたいと言ったら、祖母から大反対されたことがあります」
　日本占領時代における日本軍の厳しさ・残忍さを想像させる体験となる。こうした体験がいくつかかさなる。これが、インドネシアにおける日本占領時代の教育、とくに日本語教育について深く知りたいと思ったきっかけとなる。

　百瀬さんは、徹底して「支配された側からの教育の歴史を記録したいと考え」る。だから、当時使用された教科書を収集し、それを分析し、また、当時に生きた人々の生の声を聞き、文献からではわからない様々な事実を知るように努力する。

　紙芝居にも注目する。日本が独自に生み出した紙芝居は、日本国内を越えて、アジアの植民地支配・戦争宣伝に利用された文化でもあった。アジアの被植民地大衆の教化メディアとして利用されたのである。ところが、敗戦直後、関係資料はほとんど処分される。当時制作された紙芝居をぜひとも見たい。百瀬さんは、旧植民地宗主国であるオランダに飛ぶ。百瀬さんは次のように書いている。

＊　東京家政学院大学

「処分の手を免れて、オランダ国立戦争史料研究所のインドネシア・コレクションとして保管されている手描きのインドネシア製紙芝居（が）ある。唯一残されたこのインドネシア紙芝居を見るために、私は2001年6月にアムステルダムを訪れた」

そこで実際に手にとった148枚の紙芝居。どんなにか、こころが躍り、また、うれしかったことであろうか。

百瀬さんは、ご自身を歴史学の門外漢だとする。その方が、当時を生きたインドネシアの人々との出会いを重ねて、単なる興味から、事実探求の学問的興味へと変化を遂げていく。歴史のひとこまを知ることはきわめて刺激的な作業となり、人々の家を訪ね、話を聞く楽しさに魅了されていく。読者の私は、百瀬さんのそんな思いを容易に想像できる。そう感じさせる文章があちこちに散らばっている。これが心地よい気分にさせられた理由なのだと思う。

「厳しい体験を淡々と述べ、時には、ユーモアたっぷりに思い出を語り、日本とインドネシアの関係を前向きに捉える人々と出会うことができた」

百瀬さんは、聞き取り調査をおこなったインドネシアの方たちを、そのように語る。なぜ、暖かく迎えてくれたのだろうか。

この理由(わけ)を、ぜひとも本格的に解明していただきたい。これが一番に感じた疑問点であり、百瀬さんへの今後の注文である。

過去の歴史を巨視的に複眼的に捉えたいという。百瀬さんは、いくつかの「必要」をのべる。人類の過ちの歴史に目を向ける必要がある。その時代の庶民の視点で捉えた歴史に目を向ける必要がある。強者の歴史ではなく、弱者の歴史に目を向ける必要がある。これらの「必要」に応えながら、そして、歴史を巨視的に複眼的に捉えながら、なんとしても次のことを解明してほしい。すなわち、なぜ、いま、インドネシアの人々は、ユーモアを交え、日本人を暖かく迎えてくれるのだろうか、ということを。インドネシアを占領し、植民地政策を押しつけ、かの地の人々の文化と尊厳を踏みにじった私たち日本人は、そうであるからこそ、インドネシアの人々がなぜ前向きに振る舞えるか、その理由を考えなくてはならない義務を負っていると感じているからである。

そして、もうひとつ、百瀬さんにお聞きしたい点を追加すれば、2003年3月20日以降、つまりイラク戦争勃発以降もなお、米英のイラク攻撃を支持する国にすむ私たち日本人を暖かく迎えてくれているのだろうか、ということである。

本書は、以下のような章立てになっている。
　序章　　インドネシアにおける日本占領時代とは
　第1章　日本占領下ジャワにおける言語政策・教育政策
　第2章　日本占領下ジャワにおける日本語教育
　第3章　教科書をとおして見た日本語教育
　第4章　記憶の中の日本占領時代——スラバヤにおける聞き取り調査
　第5章　女子中学生にとっての日本占領下時代
　　　　　——ソロ女子中学生における教育の実態
　第6章　宣伝宣撫工作メディアとして使われた紙芝居
　第7章　大学生は「日本占領時代」をどう見ているか
　　　　　——インドネシアの歴史教育と大学生の歴史認識
写真や歴史的資料のコピーの掲載もあって興味深い。

　以下、印象に残った記述を中心に、注文を含めて紹介させていただく。
　序章は、本論を読みやすくするために書かれた、インドネシアの日本占領時代のわかりやすい概説である。ここでは、日本占領時代について、いまだ過去形になっていない人々が大勢いることが指摘される。かつての「従軍慰安婦」「労務者」「兵補」として日本軍に動員された人々である。国立公文書館発行の『日本占領下——体験者42名の思い出』（1988年）が紹介される。同書は、「インドネシア民族が歩んできた道程のなかで、ある時期の記述資料が極めて少ないという状況があり、特に研究活動において口述資料の重要性がますます高まっている」という。文献資料の空白を埋める仕事を、いま、インドネシアは意識的に取り組んでいることがわかる。
　第1章から第3章は、言語政策・日本語教育の分析である。インドネシアは、民族的に言語的に多様性に富んだ国である。528種類の地方語があるという。最大の言語はジャワ語で、約4割の人々が使用している。公用語は、インドネシア語である。このインドネシア語の公用語化に、日本の占領政策は一役買ったことが指摘される。
　日本軍は、オランダ語の使用禁止、インドネシア語の公用語化、日本語の普及、を基本方針にした。日本軍の真のねらいは大東亜共栄圏の共通語＝日本語の普及であったが、当面、インドネシア語の共通語化が暫定政策として選択さ

れた。このインドネシア語は、やがて、独立を求める絆＝共通語となっていく。このように歴史は前進していくのか！　考えさせられる事例であった。

　大東亜共栄圏建設のための日本語教育の実態についても、興味深い指摘がいくつもあった。たとえば、1943年の「新ジャワ学徒の誓」の朗唱の義務づけ。植民地朝鮮の「皇国臣民の誓詞」（1938年）との比較が可能だろう。

　　我等は新ジャワの学徒なり
　　我等は大日本指導の下大東亜建設の為に学び
　　大東亜建設の為に心身を鍛練し
　　大東亜建設の為に有為の人材たらんことを誓う

　日本語教育には2つ目的があったという。1つは日本精神・日本文化の理解であり、もう1つは、日本人とインドネシア人とのコミュニケーションの手段獲得であった。精神化と実用化。日本軍は、この2つの目的を時と場所によって使い分け、どちらか一方を優先するなど複雑な対応をとって、矛盾を深めていった。

　ジャワにおける日本語教科書の作成方針は、1943年を境にして変化する。1943年以前は、現地の風物を織りまぜてインドネシア人に親しみやすい題材を取り上げていたのにたいし、以後は、日本化傾向・皇民化教育色が極めて濃厚になった。また、教授法は、直説法（現地語に訳さない）が基本方針であったが、実態は翻訳式の授業が主流であった。短期養成による教師では直説法は不可能であったのである。

　日本軍は、教育制度を一元化（国民学校6年、初等中学校3年、高等中学校3年の6・3・3制）したと百瀬さんはのべている。これはたいへん興味ある点である。初等中学校は、はじめのうち男女共学でもあったという。占領地における6・3制の出現。いったいどのような経緯と考えから、このような制度の統合が行われたのか。この影響は国内に及ぶことはなかったのだろうか。この点は、ぜひ、今後、さらに解明をお願いしたい。

　もうひとつは、大東亜共栄圏の共通語としての日本語構想を論じた教育学者の分析である。文部省図書局長の松尾長造と日本文化協会主事の松宮一也、それに国語学者の安藤正次の名前があがっていたが、本格的な分析を期待したい。「本来、中立であるべき学者や教育学者までもが、時流に乗って」とあるが、

この認識の是非を含めて、いつか百瀬さんを交えて議論できたらと思っている。
　第4章と5章は、聞き取り調査の記録である。ここで注目したいのは、百瀬さんも「意外なこと」と書いているが、インドネシアの方たちが学校へ行くのはいやではなかったこと、「毎日の学校生活は楽しかった」と語っていることである。「日本語教育を強制だと感じていたという感想はゼロであり、日本語学習は楽しかったようである」。いったいこれをどのように解釈すればよいのであろうか。これについては、記憶のあいまいさが指摘されているが、百瀬さんは明快な回答は保留している。さらに調査の必要を感じた。
　この日本語学習に対して、学校における団体訓練・団体行動（朝礼式、ラジオ体操、勤労奉仕、隣組、青年団、警防団、婦人会など）については、記憶も鮮明であり、おおむね否定的な発言をしている。
　「憲兵はひどかった」「日本兵は恐かったです。日本兵に会った時は、お辞儀をしなければなりませんでした。そうしないと、殴られました」
　国民学校児童にとって日本兵は恐怖の対象であった。
　元女子中学校の生徒さんへの聞き取りから、次のような考えをのべている。
　「女子中学校は、皇民化教育に力を入れた国民学校と皇民化教育・軍事的教育両方に力を入れた男子中学校の隙間、あるいは緩衝地帯に位置していた」
　このような指摘を聞くと、すぐに、元男子中学校の生徒さんの記憶を調べていただきたくなる。聞き取った内容をどのように解釈するのか。聞き取りの方法ともあわせ、今後さらに議論をつめる必要を感じた。
　細かなことだが、生徒の間で普及されたとされる歌の中に「蛍の光」や「雨のブルース」が入っていた。「蛍の光」は、国内では敵性音楽として追放の対象にすべきがどうかで議論されていた。「ブルースもの」も敵性音楽として追放の対象ではなかったか。インドネシアでも「歌曲の選定に意を持ちうること」との規定もあり、国内とのズレがあったのかどうか、少し気になる。
　第6章は、紙芝居について、第7章は、インドネシアの現在の歴史教科書の分析と大学生の歴史認識について論じている。映画やマスコミに比べ、語られることが少なかった紙芝居を分析したことは注目される。紙芝居は宣伝宣撫工作を中心に利用され、自転車数台で一部隊を編成して、各地域を巡回した。直接インドネシア語による形式が多く採用されたと百瀬さんはのべているが、日本語教育そのものの材料として利用されることはなかったのか、疑問が浮かんだ。

第7章は、インドネシアの大学生は占領時代の日本といま現在の日本をどのように捉えているかを分析しようとしている。百瀬さんは、インドネシアの学生が日本に好感をもつ理由を、①インドネシアの歴史教科書が日本占領を独立に向かう流れに位置づけており、感情論で処理されてしまうことを避ける工夫をしている、②発展途上のインドネシアにとって、日本は国家発展のモデルとして肯定的に捉えられている、をあげている。

　日本を国家発展のモデルとして考える。これはインドネシアの人々にとっても、また、私たち日本人にとっても、日本占領時代のインドネシアの日本語教育をいかに捉えるかという基本認識に深刻な影響を及ぼすに違いない。百瀬さんの今後の究明をお待ちしたい。

　　　　　　　（つくばね舎〈地歴社発売〉、2003年、256頁、2,500円）

P. Lim Pui Huen & Diana Wong 編
War and Memory in Malaysia and Singapore

宮脇弘幸＊

　本書は、シンガポールの東南アジア学研究所が1995年10月に第二次世界大戦終結後50周年を記念してシンガポールでシンポジウム「マレーシア・シンガポールにおける戦争と記憶」を開催し、そこで発表された研究報告を収録したものである。
　構成は、第一部「歴史と記憶」(History and Memory)、第二部「地域社会と記憶」(Community and Memory)、第三部「地域と記憶」(Locality and Memory) となっている。各部には2〜3編の研究報告が載せられている。以下にそれぞれの概要を紹介しよう。

第1部　歴史と記憶

1．Wang Gungwu「戦争の記憶：アジアにおける第二次世界大戦」

　著者Wangは、太平洋戦争期の記録について、中国で日中戦争・国共内戦に巻き込まれ本格的な歴史記述がなされだしたのは1980年以降であり、敗戦国日本は戦後20年間戦争の顛末について記述することを無視し続けていたが、その後戦後の復興と驚異的な経済発展を遂げるとようやく腰を上げたと述べている。日本側の記述には開戦に踏み切らざるを得なかったいきさつを強調するものや、東南アジア支配を正当化するもの、さらに少数ではあるが日本軍がアジアの非戦闘員・犠牲者に対する残忍な行為の歴史事実を記述するなど、ようやく自らの古傷の口を開けるようになったと述べている。

＊　宮城学院女子大学

中国系のWangは、被占領時代（11〜15歳）の記憶として「窃盗容疑者が日本兵によって群集の前で斬首され、さらされている」場面、「日本軍の行動を、秘密の無線受信機によって英国・米国の放送を密かに聴いていたので、日本軍の宣伝を信用しなくなった」こと、「中国大陸での日本軍の蛮行は、すでに画報・雑誌などにより海外華僑に広く知られていた」ことなどを述べている。また「マラヤの中国人の多くは1937年の日中全面戦争以降マラヤに逃れてきた者であり、日本軍の南京虐殺などについて個人的な記憶を持っていた。最大の恐怖は華僑同胞に日本軍の協力者として見られることの怖さであった」と説明している。

さらに著者は日本軍のマラヤ侵略・占領についてアジア諸民族の反応を次のように記している。

　……アジアの華僑にとって、日本軍のアジア侵略は日中戦争の延長であった。占領当初は、「列強植民地からのアジア解放」を唱えたが、結局列強と入れ替った帝国主義の再来であった。戦後アジアの各民族は、華僑が日本に対して抱いていた怒り・屈辱感を共有しなかった。それは占領期に日本が巧妙な民族差別政策を実行していたからである。一部のマレー人・インド人は日本軍が西欧植民地主義からの救済・独立義勇軍を支援したことに感謝していた。
　……歴史事実や戦時期の記憶よりも、戦犯裁判や平和条約よりも、戦時賠償や補償よりもさらに重要なのは、日本の戦時期の行為に対する反応が極めて遅かったことである。この日本の反応は、執拗に謝罪を避けたがる人たちと、日本の行為を反省すべきだと考える人たちによって国内は二分された。ここに記憶と道義的判断の問題点がある。

著者は、日本のアジア侵略が民族間の反目をもたらしたことを指摘しているが、このことは後の研究報告でもいくつか指摘されている。著者はまた、日本の戦時期の行為に対する言及が極めて遅かったとしている。日本にとって重要なことは、日本の道義的判断（責任）について被侵略者から指摘されていることであろう。

2. Cheah Boon Kheng
「歴史としての記憶と道義的判断——日本軍のマラヤ占領に関する口述・文書記録」

著者はマラヤの占領期の苦難と恐怖の生活、マレーシアに表われてきた被占領の歴史認識の変化について報告している。

苦難と恐怖の生活について、「空襲警報が出た時地下の防空壕に逃げた。主食はタピオカ、粥、サツマイモ、塩魚、バナナ。肉はめったになかった。平服の刑事が時々やって来るので誰かを探しているのではないかと恐れていた。叔母と私が店でパンケーキを買っていたら酔っ払った日本兵が叔母を銃の台尻で殴った」と述べている。

マレーシアにおける「日本占領期」の研究及び近年の政治的変化は次のように報告されている。マレーシアの 1978-1990 年使用の中等教育歴史教科書 *Malaysian Dalam Sejarah, vol.2*（2 年生用）には「日本軍国主義の台頭」から「マラヤ抗日軍」までかなり詳しく書かれているが、1990 年に改定された *Sejarah Tingkatan 3*（3 年生用）には、日本軍の英軍に対する軍事的勝利、及びマラヤナショナリズムの覚醒への貢献が強調されている。そして、日本軍政下の教育・経済政策、戦時期の住民の苦難が書かれているが、各民族の反応については短く扱われ、1990 年以来厳しい日本占領批判を軟化させ、「マラヤの民族覚醒へ貢献した」面を取り上げ、教科書に盛り込まれているという。

このような変化は、1995 年 10 月のシンポジウム「日本のマラヤ占領 1942-45」で報告したマレー人の「日本の占領は戦後マラヤ独立の刺激になり、占領を否定的に見るべきでない」という発言にも、また政府高官の「国民の一部には日本の占領の犠牲になった人もいるが、日本は反植民地精神を吹き込んだ。今日のマレーシアは日本を工業発展のモデルとして利用した」という発言にも表われている。同様に、マハティール首相が 1980 年代に「ルック・イースト」政策を打ち出し、1994 年マレーシアを訪問した村山首相に「日本は戦争中の日本軍の行為をいつまでも謝罪し続ける必要はない」と述べたが、共通した国内変化である。著者は、この変化の背景に、日本からの直接投資の急増など両国の経済・文化関係が好転したため、「日本の過去」を批判することは避け、政治的配慮（政治力学）が働いた、と見ている。

著者は、このような変化の反面、日本軍から直接被害を受けた市民は、最初に引用したようにその時代を「暗黒時代」として記憶し、またその体験を著わ

した作品も多く出版され、被害体験が風化していないと述べている。日本に対しては、日本はその加害者としての過去を忘れたがっていると著者は見ている。その状況を著者は「健忘症」と言い表わし、それは戦時期における日本の行動の「否定的・暗い側面」に限定されていると述べている。つまり「負の歴史」に対して無視するポーズを取り続ける日本の態度への警鐘である。最後に著者は、日本の戦時期の行為に対する道義的責任は第二次世界大戦の記憶と歴史の一部であり、歴史から排除できるものではなく、日本はその責任を「健忘症」によって道義問題の外に追いやってしまったと指摘している。

第2部　地域社会と記憶

3．Abu Talib Ahmad「マレー社会と日本の占領記憶」

　著者は、Sains Malaysia 大学で指導している学生たちが、日本占領期の「学校生活」「教員」「歌」「強制労働」「自警団・村民動員」「食料増産運動」「イスラム政策」について、マレー半島各地で体験者から聞き取り調査した結果を載せている。その記録概要は以下のようである。
　マラヤの学校生活の日課は、生徒・教職員が校庭に集まり、「東方遥拝・宮城遥拝」「君が代斉唱」「ラジオ体操」で始まった。教科目は日本語、マレー語、算術、衛生、園芸（農作業）、体操、唱歌であったが、躾・言葉遣いも「日本精神」を体得するものとして教えられた。園芸は軍政監部の食糧増産運動及び農業青年育成のために導入された。
　教員は再教育として日本語学校で日本語を学び、それを翌日勤務校で生徒に教えた。マラッカ興亜訓練所・イポー師範学校では日本語、日本精神、農作業、日本の歌、体育（相撲・柔道・剣道）などを習った。イスラム教学校で宗教を教えることは可能であったが、日本語・君が代・「最敬礼の仕方」は必須であった。
　歌は教員が再教育の中で習い、それを復帰後の学校で教えた。「富士山」「愛国の花」「春が来た」などの歌を通して日本精神・愛国主義・日本兵への尊敬の念が教えられた。日本の歌・マレーの歌は、日本賛美、日本軍の存在を正当化し、英国の植民地主義を批判する役割を担っていた。

強制労働は主に「泰緬鉄道」の建設労働と空港などの軍施設・土木工事であった。ある者は日本軍に「好待遇・衣食支給・郵便サービス保証、3カ月勤務」といわれて騙され、強制連行された。労働条件・住環境は劣悪であった。日本兵が逃亡、怠業を監視した。

　自警団が法・秩序の維持のため組織され、村民人口の動態、村内巡回、反日・反体制分子の動向を軍当局に報告する義務があった。村民を通じて村民相互のスパイ監視もやらせた。また戦争協力のため地方のマラヤ青年は「義勇軍」「義勇隊」「兵補」として動員された。

　食糧増産運動は占領初期から導入された。表面的には一部の州では増産が果たされたが、総合的には失敗であった。その理由は、日本企業・組合による農民搾取、軍関係の仕事の厚遇に引かれ農民が農地を離れたからである。

　軍政部のイスラム・サルタン政策には一貫性がなく、イスラム教・モスクを政治宣伝に利用しているとの批判が出ていた。タイピンの日本占領軍司令官は「この戦争は欧米植民地主義・物質主義がもたらした不平等と戦うための聖戦であり、ジハード(イスラム教の聖戦)でもある。マレーのムスリムはこのジハードに参加しなければならない」と説いた。

　上記の記憶について、著者は「記憶というのは、歴史研究と過去の理解においてそれなりの役割を持っている。それは、公文書館の文書史料の非人格的な記録とは異なり、人間的な触れ合いのある過去の理解を提供してくれる」と述べている。著者はさらに、「歴史はそれ自体完全ではあり得ないのだが、記憶はその歴史よりさらに不完全である。それでも記憶はその特別な方法でそれ自体の有効性を有しており、歴史研究で発展させなければならない」と述べ、記憶の機能と有効性を押さえている。

4．P. Ramasamy「マレーシアにおけるインド人の戦争の記憶」

　著者は、マラヤには華僑、マレー人、インド人などが居住し、日本軍政部の民族対策がそれぞれの民族に対して微妙に異なっていたため、苦難・苦痛は共通であったものの、現地民への影響が一様ではなかったと述べ、特にインド人社会がマラヤ占領によってどのような経験をしたかを報告している。

　インド人社会には、貧しいプランテーション労働者及び英領時代の植民地官

僚で日本軍との仲介者になった中流階級（キラニ＝ゴム園主）がいた。キラニはインド人労働者を搾取し、不公平な食糧配給を行っていた。マラヤのインド人労働者にとって最も忘れることのできないのは、1942-43年にかけて8万人の労働者が「死の鉄道」といわれた泰緬鉄道建設へ徴用されたことであった。多くのインド人労働者が、インド独立連盟、インド国民軍に加わったとされているが、その背景にはゴム園主の過酷な扱い、あるいは泰緬鉄道建設に駆り出されることから逃れるためであったと述べている。

著者は結論として、日本のマラヤ占領は現地民に甚大な苦難を与えたが、実際の経験と記憶は、異民族間だけでなく、同一民族間でもさまざまに異なっていたと述べる。またインド独立軍の結成により、マレーの一般インド人に威厳と自尊心が与えられた、と述べている。

5．Yeo Song Nian Ng Siew Ai
「戦後のシンガポール・マラヤにおける華僑の文学作品に表われた日本占領」

著者は、日中戦争が始まった1937-41年にかけて、シンガポール・マラヤの中国系作家たちが反日愛国運動として「抵抗文学」を著したこと、及び日本占領期に武器を取って戦ったり、抗日地下運動に参加した知識人の行動、戦後日本軍及びその協力者たちの非人道性・残忍性を暴露した文筆家たちの活動に触れている。例えばQiu Tianの作品 *Fuchou*［復讐］では日本軍の爆撃機による空爆の様子を以下のように描いている。

> ……道は炎に包まれ、死体はいたるところに転がっていた。焼け爛れた死体、女性の屍、頭のない死体、電柱に引っかかった一本の足、倒れた電柱の上やセメントの地面に流れた血……憎き日本の悪魔、かくも残酷なのだ！ 爆撃機が、逃げ惑う避難民、地面に崩れ倒れた男・女の列をめがけて銃撃する。悲しい哀れな叫び声が天地を震わせた。だが、機中の日本人は悪魔の笑い声をあげていた……。

作品にはこの外に、「平手打ち」「蹴飛ばし」「収容所送り」「レイプ」「拷問」「虐殺」「脅迫」などによって日本軍がその存在感を誇示していたと記し、拷問に至っては「水責め」（捕虜の口にホースで水を流し込み腹を膨らませ、意識

を失ったら腹の上を踏みつける）「釘打ち」（釘で指の爪を貫通する）「飛行機乗り」（裸にされ両手・両足を縛られた捕虜の逆さ吊り）なども描かれたという。

第3部　地域と記憶

6．Naimah S. Talib
「記憶と歴史的文脈——日本のサラワク占領とクチン・マラヤ社会への影響」

　日本軍が英領ボルネオのサラワクに侵攻した目的は豊富な資源石油を獲得するためであった。著者は、サラワク・クチンにおける聞き取り調査によって、日本軍の行動が現地マレー人社会にどのような影響を与えたかを述べている。例えば、クチンには1万9000人の華僑、1万4000人のマレー人がいたが、開戦と同時に住民は地方へ疎開した。占領1年目は食糧備蓄が十分であったが2年目は不足しだし、3年目は品質の悪い米の配給をとうもろこしで補い、ベンゼンを米と交換し、ヤシ油をランプに使用したことなど、また日本軍は食糧配給をしたので、特に軍関係で働く者には食料・物資にさほど困難はなかったと述べる。
　一方、占領期のマレー人と華僑に対する処遇の違いが、戦後「クチンの華僑は日本軍に協力したマラヤ人を裏切り者と考えていたので、1945年10月11日マレー人に対する華僑の襲撃（「クチン暴動」）が起きた」というように、民族間の反目を生み出したことを記している。
　著者は、一般的には日本占領期にサラワクのマレー系住民はそれほど苦難を強いられなかったが、その理由は、日本はサラワクのミリ油田に最も関心があったからであると結んでいる。

7．P. Lim Pui Huen「戦争とアンビバレンス——ジョホールの戦跡と記念碑」

　著者は、日本の占領政策がさまざまな民族に対して異なり、また戦争の受け止め方が民族社会ごとに異なっていたため、戦争の記憶は民族社会によって異なり、従って戦争は一つではなく同時にいくつもの戦争があったと述べている。

その政策の違いは具体的にどのように表われていたのか、著者は以下のような例を示している。

　……マラヤの華僑にとっては戦争は中国大陸における日中戦争の延長であった。このことは日本軍も意識し、マラヤ華僑に対して厳しい措置を取った。つまり、出生地・居住地にかかわらず、すべての中国人は同様な厳しい処置を受けた。他方、マラヤのインド人にとってその戦争は英領植民地インドに一撃を与える機会となり、多くのインド人はインド独立のためにインド国民軍に加わり、ビルマのインパール作戦で戦った。さらに、マレー人は親日グループから独立義勇軍に加わったものまでさまざまある。一部のマレー人は3年半の苦難はわずかな対価であり、日本は我々のために戦ってくれたのだ、そうでなかったら我々自身が英軍とたたかわなければならなかったのであるから……。

　上記の記述から、日本による占領という共通の歴史体験は、異なる民族間、同一民族内でも社会階層により異なる処遇が存在していたこと、及びそれぞれの民族が異なる反応を示していたことが、戦争・占領が生み出したアンビバレンスということであろう。著者はさらにマレー半島最南端の街ジョホールバルに関わる2種類の戦跡があることにアンビバレンスを見ているようである。
　1つは、日本軍が建てた侵略石碑（豪軍の宿営舎がある半島側のLido Beachを日本軍が攻撃しシンガポール攻略の陣地を固めた所に建てられた石碑）と、シンガポール島のBukit Batok（シンガポール攻略戦の戦没日本兵の霊を鎮めるために建てられた忠霊塔）である。
　もう1つは、華僑の慰霊碑である。これは日本軍の虐殺による犠牲者を祭った慰霊碑である。慰霊碑には「1942年2月25-31日に日本軍によって粛清されたり、逮捕され拷問死した人のためにジョホールバルの華僑社会によって建立された」と書かれていることを説明している。
　このように、ジョホールバルおよびその周辺の戦跡をめぐって、日本軍の侵略行為がまったく異なる歴史的意味を持つものとして、つまりアンビバレンスとして刻まれていることを明らかにしている。

8．Brenda S.A. Yeon・Kamalini Ramdas
「暗黒時代の思い出——昭南島における惨状の光景・監視・空間」

　著者は、フランスの哲学者ミッシェル・フーコーが『規律と罰』（*Discipline and Punish*, 1991）の中で述べている「拷問は儀式の一部として二つの要求を満たす」との言説を引き、その1つは、「民衆の拷問の見せしめは、肉体に傷跡をつけるとともに政治の直接関与を伴う。拷問を執行する側と拷問される者との権力関係によって拷問される者の肉体を直接支配する。拷問現場では、肉体は傷つけられ、拷問され、その任務は強制的に実行されるものである。それは儀式を伴い、メッセージを伝える」のである。もう1つは、「民衆の拷問は支配者の勝利を見せつけるものである。拷問は民衆の目に触れ、勝利・征服のさまを公開するように意図されている」と記している。
　著者は、このフーコーの言説を、シンガポールにおける日本軍の拷問・処刑に重ね、次のように考察している。
　公開処刑の光景は「見せしめ」であり、「空間の官僚化」でもある。つまり公開処刑は支配者がその権力を誇示し、支配者・征服者が全能であることを公開する場である。シンガポールの占領下で、社会的権力を示すメタファーとしての処刑の光景は、「勝者の行進」「処刑」として示され、また現地民に恐怖と畏敬の念を植えつける手段としてしばしば利用された。現地民の記憶の中に2つの特徴的な異なった光景がある。1つは、拷問・斬首の光景である。これは、支配者に従わないことに対する結果の恐怖感を一般民衆に植えつけ懲罰を教え込むため、また見せしめとして特別に選ばれた公共的空間（例えば日本占領軍によってキャシイ劇場が「大東亜劇場」と改称された劇場の前の広場）で実行されたことである。もう1つは、支配者日本の優秀さを賛美するため、壮大な行進を4月29日の「天長節」などで実行したことである。
　監視も住民を不安に陥れる装置であった。その方法は、日本人の軍政要員が現地人の職場で監視できる地位に就き、時には徴用した住民を使い諜報活動を行わせたという。また、市民生活では、個人情報（名前・住所・生年月日・職場など）が記載された「通行証」「許可証」を発行したり、街の重要な交差点には歩哨を立たせ住民の動向を監視したという。

　以上8編の研究発表の概要、論点を述べた。最後に全体的なコメントを付け

加えたい。

　まず P. Lim Pui Huen 他が述べているように、日本占領下での体験の「記憶」による評価が民族ごとに微妙に異なることである。特に華僑に対しては「粛清」などの残虐行為が行われたことが記憶として証言されている。これは大本営の民族対策方針「華僑ニ対シテハ蒋政権ヨリ離反シ我ガ施策ニ協力同調セシムルモノトス」（南方占領地行政実施要領：1941.11.20）にも記されている通りである。そのため東南アジアの華僑は、大陸の中国人と同じように敵視され、警戒・監視の対象になった。このような民族政策の違いにより、マレー系、インド系は華僑に比べて比較的穏便に扱われ、また「民族覚醒・民族独立」を吹き込まれた。そのことが、近年マレーシアに表われている被占領の歴史認識の変化につながるものであろう。しかし、「民族覚醒・民族独立」の実態はどうであったのか、本書の「記憶」証言にも述べられている「泰緬鉄道」建設に動員されたマレー人・インド人の過酷な労働など、大いに留意しなければならない問題である。

　次に、日本のアジア侵略戦争は「日中戦争の延長」と捉えられていたことである。軍事実態としても、東南アジア侵攻に加わったのは中国大陸で戦っていた日本軍であり、その戦歴軍の一部が東南アジア侵攻の前後に大量に南方戦線へ移動させられたのである。そして日本軍の残虐行為も「日中戦争の延長」であったことに留意すべきである。

　最後に、Cheah Boon Kheng が言い表わしている日本人の「健忘症」の問題である。指摘されているように、日本は戦後長らく公的に「侵略」を認めてこなかった。そのことがアジアからの不信感を招いてきた。現在、日本は対外的には「侵略戦争」を認めているが、一部にはその戦争がアジアの戦後の「独立に寄与した」という史観があり、植民地支配を「正当化」する論調がある。いずれも「歴史認識」問題であり、侵略戦争の責任を「健忘症」によって道義問題の外に追いやってはならない課題である。

　本書は侵略された側の戦争体験を戦後50年後に「記憶」として蘇らせ、日本にはほとんど伝わっていなかった実態が多く記されている。侵略支配の実際はどのようなものであったか、既成の歴史とは何か、改めて問い直させられる好書である。

Ⅷ. 資料紹介

『日治時期台湾公学校與国民学校
　　　　　　　　　　　　　国語読本』

中田敏夫＊

1　はじめに——台湾国語教授研究会と台湾教育史研究会のこと

　日清戦争後結ばれた下関講和条約により台湾を清国政府より割譲された日本は、1895年台湾総督府のもと、学務部を組織し、台湾における教育に当たることになった。1896年3月台湾総督府直轄諸学校官制により国語学校・同付属学校・国語伝習所が設置され、1898年7月には台湾公学校令、8月台湾公学校規則が発令され、初等教育機関としての公学校の概要が定められた。これにともない、国語学校内に台湾国語教授研究会が組織され、同年9月第1回研究会が開催されている。本研究会は、「本島人ニ国語ヲ教授スル順序、方法、程度ヲ研究スルヲ以テ目的」（「国語教授研究会規約」『国語研究会会報第一号』「国語研究会沿革」1900年による）とし、台湾における国語教授の実際を幅広く議論していくことになった。その後、国内から大矢透、杉山文悟が編書事務嘱託として呼ばれ、公学校用のはじめての国語読本『台湾教科用書国民読本』が編纂されることになるのであるが、編纂に強い影響を与えたのが本研究会であった。

　第1回の台湾国語教授研究会が開催されてから奇しくもちょうど百年後の1998年10月、台湾において国立台湾師範大学の呉文星教授を中心に台湾教育史研究会が発足し、通訊（会報）第1号が11月に発行された。本会の活動目標の1つに史料の復刊があり、まず『日治時期公学校国語（日語）教科書』の復刊が企画された。それから、およそ5年の歳月を経て、2003年11月台湾南天書局から全5期60冊の台湾総督府編纂国語教科書が復刻されたのであ

＊　愛知教育大学

る。

　1987年の戒厳令解除後、台湾の民主化、「台湾」そのものの見直し（本土化）が進展し、中学校の正課として「認識台湾」が位置づけられることになった。1997年から社会編・地理編とともに歴史編が使用されたが、それまでの中国史中心の歴史教科書から、台湾を直視した画期的なものとなった。植民地時代を客観的・相対的に捉えることで、植民地時代の克服を企図したものと考えられるが、「台湾人にとって日本語は、現代知識を吸収するための主要な道具となり、台湾社会の近代化を促進した」（『認識台湾』（歴史篇）試用本72頁）などの踏み込んだ記述もみられ、出版直後から多くの議論を呼んだ。

　台湾教育史研究会が発足したのは「認識台湾」が台湾社会に登場し議論が喧しい中であった。歴史編の執筆編集の責任を果たした呉教授を中心に、研究レベルでも「台湾」の「教育史」を正面から議論する場が自然に求められたものと思われる。そして、まず50年に及ぶ日本時代の教育の実態の解明を目指し、第一歩としてこの植民地統治の間に台湾人によって学ばれていった本書の復刻が企画されたのである。呉氏は『日治時期台湾公学校與国民学校国語読本　解説・総目録・索引』「日治時期台湾植民教育史研究之深化　代序」のなかで次のように述べている。

　　日本語は台湾人が近代的な知識を吸収する主要な言語であり、台湾人が日本語を通して近代的なヨーロッパの科学技術と文化を吸収し、近代的な衛生観念を獲得することで、新しい考え方と新しい制度をだんだん日常生活の一部分として身につけていくようになった。一言で言えば、日本語は台湾社会の近代化にとって相当の促進作用があったということである。これらに鑑み、台湾教育史研究会の会員が、植民地教育の中心になる公学校課程の中で最も重要な科目「国語」の教科書を復刊して、研究者にとって研究の深化が図られることが望まれる。

　呉氏は、日本統治時期の日本語による台湾教育が近代台湾教育の発展にとって重要な意味を持つとし、その教育史の研究・解明を求めており、その1つの結実が本書の復刻だったといえよう。

2 本書復刻までの道のり

　台湾は、「最後の帝国の最初の植民地」(涂照彦『日本帝国主義下の台湾』(東大出版会、1972年) であり、朝鮮、満州、南方へと続く植民地教育のスタートでもあったのだが、外地での日本語・国語教育に使用された教科書の復刻としては、不思議と台湾は立ち後れていた。日本台湾学会の設立大会は1998年5月であり、1950年10月にいち早く立ち上げられた朝鮮学会 (天理大学内) などと比べ非常に遅れたことと軌を一にしており、長く続いた戒厳令が災いしたものと思われる。ただ、本書復刻の前に久留米大学発行国立中央図書館台湾分館蔵『台湾教科用書国民読本』(粒粒舎、1999年) が既に復刻されている。しかしこれは、台湾からの留学生蔡錦雀氏の個人的な働きに負うところが大きく、組織的に全教科書を網羅することには未だ限界があった。

　この頃日本植民地教育史研究会において、小沢有作氏を中心に《植民地・占領地教科書大系》の構想がねられはじめていた。磯田一雄・小沢有作・佐藤秀夫連名の1998年4月15日付「《植民地・占領地教科書大系》編集について」というメモに、趣旨・編集の方針・作業と見通しなどが記されており、台湾も対象地域として当然そこに含まれていた。メモには「すでに敗戦 (解放) 後半世紀を経て、これらの教科書はいまだ分散の状態にあり、このまま放置すれば散逸・消失の恐れが大きいと思われます。まだ見つかっていない教科書の発掘の努力も続けなければなりません」とあるが、初等教科書を中心にしたとしても全期・全科目すべての教科書を対象とする計画は壮大であり、残念ながらその後具体的な進展をみないまま今日まで来ている。しかしこのメモに記された「植民地・占領地の教科書の共有を、ぜひ日本・アジアで実現したい」とし、編集を「国際共同編集」にしようとした点は重要な視点だったといえる。

　さて、本書刊行までに計画から5年の歳月を要することになったが、実は5年をかけたことが結果として全5期60冊を揃えさせることにつながった。5年の歳月が醸成したたまものともいえよう。すなわち、台湾教育史研究会が発足した段階で未収集の教科書はすでに3冊となっていたのだが (通訊第1号による)、それからの年月、3冊を欠本のまま復刻することも視野に入れながらの探索が続いた。

　早くに日本国内の台湾総督府編纂教科書は、東書文庫、国立教育研究所 (当

時)、東京大学総合図書館、福岡教育大学付属図書館などに存在することは知られており、また台湾では中央図書館台湾分館にまとまって所蔵されているのはよく知られているところであった。日本語教育史研究会『第二次大戦前・戦時期の日本語教育関係文献目録』(科研費研究成果報告書 1997年)では日本語教科書の国内外所蔵一覧が作成され、教科書研究に大きな力になった。と同時に教科書探索の機運を高めることになった。国内では、例えば、槻木瑞生「長野県駒ヶ根市立駒ヶ根図書館－竹村文庫について－」(「植民地教育史研究」第3号1998年2月)の紹介にあるように、駒ヶ根市の竹村文庫が植民地関係の教科書を相当収集していることが明らかになったり、また台湾では、中田敏夫「国立台北師範学院蔵戦前国語(日本語)教育関係文献目録」(『愛知教育大学国語文学報』56集 1998年)、中田敏夫「国立台北師範学院日文図書の歴史——附・同学院蔵戦前台湾関係文献目録」(『愛知教育大学大学院国語研究』7号 1999年)の報告にあるように、国立台北師範学院にもまとまって所蔵されていることが明らかになってきた。

　しかしながら、どうしても3冊は見つからないまま時だけが過ぎていった。こんなとき、玉川大学教育博物館が戦前の植民地時代の教科書を新たに7000冊あまり収集したとの情報が流れてきた。日本植民地教育史研究会でも、2002年11月、日本植民地教育史研究会第9回研究会が玉川大学で開催され、玉川大学大城盛有・白柳弘幸による「玉川大学教育博物館　外地教育コレクションについて」の報告を受けるとともに、研究会参加者が実際の教科書を見ている。また台湾教育史研究会の方にも河原功氏からその情報が伝わり、周婉窈氏が玉川大学に直接赴き、そこに「3冊」を見つけることができたのである。

　玉川大学に収蔵されることになった久米幹男氏の「外地教科書コレクション」がなければ、そしてそれが理解のある公的機関に収蔵されなければ、本書は永遠に復刻されなかった可能性もあり、また3冊を欠いたままの復刻で終わったかもしれない。5年の歳月が醸成したたまもの、というのはこの意味であり、「植民地・占領地の教科書の共有を、ぜひ日本・アジアで実現したい」とする「《植民地・占領地教科書大系》編集について」のメモが重要な視点だったとしたのは、ひとり日本だけ、あるいは台湾だけでは実現しなかった今回の本書の復刻だったことを強く感じるからである。最後まで見つからなかった3冊とは、第4期と第5期編纂のものだった。決して古い時代の教科書が発見できなかったわけではなかった。そこに一般図書と違う教科書というものの持つ性格があ

る。台湾教育史研究会の復刻へ向けての熱意と、日本側研究者、図書館等の公的機関の協力、そして教科書を個人レベルで収集された方の力が実現させたのである。

特筆すべきは久米氏のコレクションであった。磯田一雄氏がその功績を「若鮎通信（台北版）第7報」「台湾教育史研究会通訊」第34号（2004年9月）に書かれているので引用させていただく。

> 久米幹男氏は前後（「戦後」か　中田注）20年間にわたって韓国や台湾などで日本統治期の「外地教科書」を蒐集されました。その詳細を久米氏は玉川大学に提出された100ページに及ぶ『外地教科書蒐集の記録－苦節20年、日本精神結実』（平成9＝1997年）にまとめておられます。（中略）久米氏のように原本そのものを大量に組織的に蒐集することの困難さには想像を絶するものがあります。久米氏が取られたのは、例えば、韓国での一例としては、古書の流通組織を通して一箇所に古い教科書を集め、日本へ送らせるという方法でした。私ども「研究者」が、アトランダムにたまたま訪れた土地の古書店で教科書を探そうとしていたのとは、全く対照的に合理的で組織的な方法でした。
>
> しかし台湾にはそのようなルートはなく、蒐集は困難を極め、かつ1987年までの戒厳令下では、台湾総督府の刊行物を持って台湾を出国することは命がけであったとのことです。我々は現在このようにして蒐集された外地教科書を何の危険もなく閲覧して研究することが出来るようになったわけですが、処女地を開拓された方のかようなご苦労にまず感謝すべきで、早い時期に現地に渡られた方のご苦労は、台湾にせよ韓国にせよ、私のように遅れて来た者には想像つきにくいことで、この点に思いを致す必要があると痛感いたします。

「3冊」についても同通信で磯田氏は、「この3冊を集めるために他の数千冊のすべての教科書を集めることが必要だったということが重要だと思います。3冊分の教科書の代価ではこの3冊は集められなかったのです」とし、改めて「この点に思いを致す必要があると思います」と述べている。久米氏の果たされた功績の大きさに、素直に「思いを致す」気持ちである。

3　本書復刻の意義

　片岡徳雄氏は教科書の社会学的研究に関して次の3つの領域を示している（「序説的考察」『教科書の社会学的研究』福村出版、1987年）。第1は、「教科書と時代社会との関係」であり、「教科書に示された内容の分析を通して、その時代や社会の文化・価値・構造を明らかにする」ことを目標とする。第2は、「教科書のメディア（媒体）性」であり、「文化伝達と人間形成の両側面」を明らかにしようとする。第3は、「近代国家から規制される教科書制度の問題」であり、「国家やほかの政治レベルでの権力のあり様が、社会全体の権力構造や政治文化とどうかかわるか」が議論される。植民地における教科書を通して研究する領域は、国内の教科書・国語教科書を研究する際に持つ視点となんら変わらない。いや、それ以上に、植民地であることがそれら視点をより端的あるいは明確に発揮していく可能性が大きいと考える。すなわち、植民地統治を透かしてみることにより、自国との相対化のなかで、「その時代や社会の文化・価値・構造」が、同じく「文化伝達と人間形成の両側面」が明らかにできるだろうし、また、「社会全体の権力構造や政治文化」との関わりも追究できよう。

　井上敏夫氏は国語教科書の教材を縦観する際の関心事項として、次のものを挙げている（「序」『国語教育史資料第二巻教科書史』東京法令出版、1981年）。

一　小学校入門期における文字言語への導入方法
二　当該時代において教科書が理念としていた、文体、文章表現、言語生活
三　国語科を通して身につけさせようとした知識体系
四　文学教育の内容、及びそれによる情操陶冶の体系
五　国語科を通して育成しようとした理想的人間像

　これは国語教科書の教材を通時的に研究する意義を包括的に指摘したものであるが、やはり、これらの事項は同じく植民地国語教科書にもあてはまると考えられる。国内及び台湾総督府・朝鮮総督府編纂などの教科書の比較研究を踏まえ、文体、文章表現、言語生活、さらには教材全体の知識体系、国語教育の

目指した情操陶冶の体系、そしてそれぞれの時代の理想的人間像・世界観の描出が実現可能となっていくだろうと考えられる。一般的に、戦前の教育では、「教科書で教える」のではなく、「教科書を教える」といわれている。これは、戦後学校教育法で「前項の教科用図書以外の図書その他の教材で、有益適切なものは、これを使用することができる」（学校教育法第21条第2項）と、検定を経た教科書以外の教材の使用が認められている現在、教科書は唯一の教材の地位から解き放たれているのに対し、戦前の教科書はそれ自体に1つの附与された世界観・価値観があり、「教科書を教える」ことでそれを体現していたのである。この点は他民族である植民地の子どもたちに教育を施そうとする場合、いわば「教科書は日本」そのもの、国家の象徴として位置付けられることになっていったものと考えられる。したがって、植民地国語教科書を通し、井上氏のあげた項目はより明確に縦観できることになろう。

　植民地で展開された言語教育は現在、教育思想史・教授法史・教材史・教科書史等のいずれの領域においても、国語教育に位置づけられていない。たとえば、『国語教育研究大辞典』（国語教育研究所編、明治図書、1991年）のどの項目にも「植民地」「台湾」などの名称はみられない。また、同書の「近代国語教育思想の変遷」「近代国語教育の教材」「近代国語教育の史的区分」の項目の解説にも「植民地」「台湾」などに関する内容は取り上げられていない。ただ、「国語教育史」の「人物」に取り上げられた何人かの教育者の記述に、植民地教育との関連の記述がわずかにみられる。とりわけ、台湾統治初期の国語教育に関わりその後朝鮮・中国大陸へと教育の実践を拡げた「山口喜一郎」については詳細な紹介がなされている。

　以上より、国語教育史上、台湾をはじめとする植民地での国語教育の視点が完全に欠落しているといえ、植民地での国語教育は国語教育史の中で語られる機会を失っている状況にある。国語教育史の課題を考えるとき、上記教科書の意義を踏まえれば、他民族に対する言語教育ではあっても、同化政策をその教育の基本に置いた植民地における国語教育は避けて通れない、というよりもそれを含み込んだ総体としてとらえるべきだと強く考える。このような意見は、最近の北川知子「朝鮮総督府編纂『普通学校国語読本』の研究──児童の「生活」に着眼した教材について」（『植民地教育史研究年報6号』2004年）にも、「筆者は、植民地朝鮮における「国語」科を、国語科教育史のなかに位置づけたいと考えている」とあるところである。この意味で、本書の全5期を通じて

の復刻は、貴重な第一次資料となってくれるものと考える。

一方、台湾にとっての本書復刻の意義は、本書の全体の解説として執筆された次の周婉窈・許佩賢「台湾公学校與国民学校国語読本解説」の「前言」に適切に示されている。台湾の視点に立って、日本統治時代の国語教育をどのように評価していくか、その必要性と学問的意義を説いている。

> 日本の台湾統治51年間はいろいろな近代的な制度・設備が移入されたが、近代的な小学校教育もそのひとつである。近代国家として行う初等教育は、児童の国家認識・歴史意識・道徳観念などの一般的な価値観を培う上で、かなりの程度の影響を与えるものである。とりわけ児童の認識のしかたと集団としての経験の同質化を育成することである。最新の研究と、回想録やインタビュー資料とによれば、日本植民統治時期の初等教育によって受けた日本教育の影響が台湾人に大きなものであったことは明らかである。その影響の深さはこれからさらに評価していく必要があるところである。教育がこのように影響力があるのは、多くの方面と関わっていくからである。例えば、学校の設備、教科課程（カリキュラム）、教科書の内容、教師の資質、学生の学習意欲など。日本の台湾植民統治時代の初等教育の影響を明らかにするためには、以上指摘した各方面からとらえていく必要のあるところである。
>
> 教科書は教師が教えていく根拠となるものであり、学生が学ぶ手本である。したがって、教科書は我々が教育の内容を分析していく上で最初の材料であり、最も基礎的な資料となるものである。読者に、復刊するこの読本の基本的な理解をしてもらうために、まず、日本が台湾を統治して以来、初等教育の制度がどのように作られていったかを顧みる。次に、学校のカリキュラムと各科の教科書の梗概を説明する。最後に、最も重要な科目「国語」の沿革史及びこの読本について紹介する。(3-4頁)

最後に、このような問題意識によって分析された1つの事例、周婉窈氏の「『公学校用国語読本』の内容分類について」（本書の『解説・総目録・索引』編）の「小結（結論）」部を引用して、教科書研究の方向性と重要性の再確認としたい。

以上の内容分析により、第3期の国語読本は、実学知識と郷土教材の部分が非常に顕著な地位を占めていることがわかる。次には、日本の事物に関してと道徳訓戒的な文章である。前述の通り、第3期は第2期に比べ、内容の質と量はかなりよくなっており、また、第4期・第5期に比べ、それ程多くの日本教材並びに濃厚な皇国思想も認められない。したがって、第3期国語読本が全5期の中で最も内容が豊富かつ多様であり、バランスの取れた教科書であると言っても過言ではない。

　我々が教科書を材料として研究するのは、教科書の教育的な影響を理解するためである。近年、台湾公学校の教育内容に興味関心を持つ研究者が多くなり、教科書を中核的材料とした研究が始まっているところである。我々が教科書を分析する際には、常に項目別に議論する。しかし、児童が学習するときには、実は全体を同時に吸収しているのである。つまり教材が相互に影響しあいながら児童に全体的な影響を及ぼしているのである。第3期の国語読本を例にあげれば、三百あまりの文章が児童に及ぼした影響は、決して「分別的」ではなく、混然一体となってのものである。我々がどのようにこの歴史現象を把握するかは大きな挑戦ともいえるものである。まとめていえば、公学校国語科の教育（日本文化、皇国思想、愛国教育、台湾郷土認識、実学知識と道徳訓戒）が、台湾の児童の精神と世界認識をどのように形成したか、それは我々のこれからの研究と分析の課題である。(76-77頁)

4　本書の構成

『日治時期台湾公学校與国民学校　国語読本』は、台湾総督府が植民地統治約50年の間に編纂した台湾人向け国語教科書、全5期60冊の復刻、並びに『解説・総目録・索引』1冊からなる。復刻は、明治34～36年（1902～1903）第1期『台湾教科用書国民読本』、大正2～3年（1913～1914）第2期『公学校用国民読本』、大正12～15年（1923～1914）第3期『公学校用国語読本　第一種』、昭和12～17年（1937～1942）第4期『公学校用国語読本　第一種』、昭和17～19年（1942～1944）第5期『コクゴ』（4巻）・『初等科国語』（8巻）である。第1期の『台湾教科用書国民読本』を除き、国内の国

定読本の発行に対応して編纂された関係で、台湾でも全5期となっている。
　また、『解説・総目録・索引』は、序として呉文星「日治時期台湾植民教育史研究の深化への期待」、全体の解説として周婉窈・許佩賢「台湾公学校與国民学校国語読本解説」が掲げられた上で、5本の論考が載せられている。蔡錦堂「『台湾教科用書国民読本』與『公学校国民読本』」、周婉窈「『公学校用国語読本』の内容分類について」、許佩賢「戦争時期の国語読本解説」、中田敏夫「『台湾教科用書国民読本』の国語学的研究」、冨田哲「『台湾教科用書国民読本』の「土語読方」について——導入の背景と『台湾語』かな書き論」である。

5　おわりに——今後への希望

　台湾教育史研究会は会員も順調に増え、活動も活発に行われ、会報第一号で目標とした「史料重刊」も国語教科書については無事完了した。現在修身教科書の復刊計画を立ち上げ、これも近い時期に完成をみることだろう。さらに他の教科、また第二種として編纂された少数民族（原住民）用の教科書も対象とすることで、基礎資料としての総督府編纂の教科書群復刻を期待したい。この際、今回がそうであったように、個人レベルでも公的機関レベルでも日本と台湾の共同の活動が真に望まれる。また、台湾にとどまらず、その他の国々とも、既述の「《植民地・占領地教科書大系》編集について」のメモに記された「植民地・占領地の教科書の共有を、ぜひ日本・アジアで実現したい」とする願いが実現されるよう、希望して筆を置く。

（台湾南天書局、2003年11月、第1期『台湾教科用書国民読本』NT＄2400元、第2期『公学校用国民読本』NT＄2000元、第3期『公学校用国語読本　第一種』NT＄2200元、第4期『公学校用国語読本　第一種』NT＄3200元、第5期『コクゴ』・『初等科国語』NT＄3200元、『日治時期台湾公学校與国民学校国語読本　解説・総目録・索引』NT＄360元）

熊谷明泰編著
『朝鮮総督府の「国語」政策資料』

北川知子[*]

　本書は平成15年度文部科学省科学研究費補助金（研究課題名「植民地朝鮮に於ける徴兵制実施計画に伴う「国語常用・国語全解」運動の展開様相」）による研究成果として公にされたものである。
　冒頭「はしがき」で、熊谷氏は次のように述べておられる。

　　朝鮮に対する植民地支配の評価を巡って、これまで様々な議論がなされてきたが、朝鮮総督府の「国語」政策もそうした議論が及ぶテーマの一つである。しかし朝鮮総督府が展開した「国語」政策の実態については不十分な認識しか持ち合わせないまま、論じられる傾向が強かったことは誰しも否定し難い事実だろう。こうした状況が少しでも改善されることを願いつつ、私は本書を編集した。
　　朝鮮における植民地統治を合理化しようとする主張が台頭し、あるいは紋切り型の「告発」を繰り返す市民運動に嫌気が差して、これらの議論から距離を置こうとするシニカルな雰囲気が拡散するなかで、いま改めて植民地言語支配を原点から問い直す作業がなされなければならないと、私は思っている。ここでいう原点から問い直す作業とは、果たして朝鮮で如何なる「国語」強要政策が展開されていたのかについて、その事実を具体的に知るという営みのことを指す。私自身、本書を編みながら痛感したことは、当時の言語状況について自分がどれほど無知であったのかということである。そしてまた、こうした歴史的事実を掘り起こす作業を怠ってきた日本社会の怠慢ぶりを、あらためて実感した。(4-5p)

[*] 関西福祉科学大学高校

一般に、朝鮮植民地支配について語られるとき、「国語常用」や「創氏改名」、「強制連行」といった語が象徴的に用いられることが多い。民族の言語を否定し、宗主国の言語を強要する図が、「植民地支配」のイメージとしてわかりやすいからだろうか。名前を変えさせる、強制的に徴用し働かせるといったイメージも、支配の理不尽さ・非道さを語るにはわかりやすいのかもしれない。しかし、昨今の「新しい歴史教科書をつくる会」などの動きは、むしろそういった「わかりやすさ」を利用する形で「自虐史観」云々を喧伝しているように思う。だとすればなおのこと、熊谷氏も述べておられるように、安易にイメージに寄りかからず、具体的な事実を掘り起こし検証する作業が必要であろう。私自身、10余年前に朝鮮総督府の「国語読本」の実物に初めて触れたとき、その語学教科書としての精緻さ・編纂姿勢の真面目さと、それまで自分が抱いていた「国語」強制のイメージとのギャップに驚いた。そのとき痛切に感じた思いが、この「はしがき」の文章とともに鮮烈によみがえり、思わず襟を正した次第である。

さて、本書は朝鮮における徴兵制度実施計画が発表された1942年（S17）を中心に、朝鮮総督府が行った「国語」政策に直接関連する資料を紹介したものである。収録資料の概略を目次にそって一覧すると、以下の通りである。

大韓民国総務処政府記録保存所所蔵「昭和十七年度府尹郡守会議報告書綴」
昭和十七年度府尹郡守会議報告書綴　平南　京畿
昭和十七年度府尹郡守会議報告書綴　慶北　平北　慶南
昭和十七年度府尹郡守会議報告書綴　江原　咸南
昭和十七年度府尹郡守会議報告書綴　忠北　咸北　忠南
昭和十七年度府尹郡守会議報告書綴　黄海　全南
付録：国語全解運動実施状況咸鏡北道
京城日報記事
朝日新聞朝鮮版記事
大阪毎日新聞朝鮮版記事
雑誌記事等
『日本語』（日本語教育振興会）
『文教の朝鮮』（朝鮮教育会）
『朝鮮』（朝鮮総督府）

『国民総力』（国民総力朝鮮連盟）
その他
『毎日新報』記事（毎日新報社）※朝鮮語。目次のみ記事見出しの日本語訳

　いずれも貴重な資料である。この時期の資料は総じて紙質が悪く劣化が激しいことを考えると、本書のような形で整理・発行されることの意義は大きい。広く活用されることを期待したいと思う。

　大部を占める「昭和十七年度府尹郡守会議報告書綴」には、各府尹郡守からの答申書が含まれている。各地域の「国語普及」の実情と課題が率直に述べられていることは言うまでもなく、当時の官吏が「国語普及」をどう捉え、どう考えていたかをうかがい知ることのできる貴重な資料である。初等教育の普及が遅々として進まず、一方で徴兵制実施に伴う「国語普及」の緊急性が増していた当時、特に成人向けの「国語講習会」開催に様々な方策が立てられ、各地で実施が工夫されていた。そうした「国語講習会」の実施状況（施設・指導者・テキストの概容など）や今後の見通し、道知事への要望が「答申書」には具体的に述べられている。また、後半に収録されている新聞・雑誌記事と併せ読むことで、「国語普及」のための具体的な方法論やプロパガンダのありようも見えてくる。たとえば雑誌『日本語』に寄稿された「朝鮮に於ける国語政策及び国語教育の将来」（1942.6.20付）という時枝誠記の論考——。

　　　母語といふ言葉のあるやうに、言語の第一の教育者は母であり、言語は母から授かつたものである。今日の朝鮮に於ける国語普及の一大障礙は、家庭に国語が浸潤してゐないことである。（中略）この障礙を除去するには何を措いても先づ第一に将来母たるべき半島の女子に対する国語教育について考へなければならないことである。

　この論考はこれまでにも多くの研究者が取り上げているものだが、前述の各府尹郡守答申書にも「内鮮婦人ノ交際ヲ奨励スルコト」（京畿道開城府答申書）「母姉会保護者会等ノ機会ヲ利用シ簡易ナル国語ノ指導ヲナスコトトシ特ニ母姉会ハ毎月一回定期的ニ開催之ガ啓発指導ニ力ムルコト」（平安北道国語普及運動要項）といった記録が散見される。つまりこういった資料とあわせて見ていくことで、時枝の見解が立体感を持ってくる。さらにこの主張は、時枝の教

え子でもある森田悟郎等によって学校施策にも反映されていくことになる。
　研究者の言説は、形として残りやすく取り上げることもたやすい。しかし植民地言語政策を考えるとき、朝鮮人に対するどのような現場実践があったのかをあわせて詳らかにしなければ、その理不尽さを真に解き明かすことにはならない。目を引く教育実践には必ず理論的な裏打ちが存在する。「国語普及」という難題に立ち向かうために捻出された「理論」が、どういった実践に転化していったのか。本書をきっかけに、まだまだ埋もれているであろう一次資料を掘り起こし、植民地朝鮮の「国語」の全体像を、より立体的に解き明かそうとする仲間が増えてくださると、ほんとうに嬉しい。
　最近、韓国では植民地時代の対日協力者（親日家）の責任を糾そうとする動きが強まっている。私は、韓国市民の感情を否定するつもりはないが、一方で、そこに日本に対する感情のねじれを感じてしまう。結局、かつての植民地支配の責任をきちんと取ろうとせず──責任を考えるために必要な実態検証すら真面目にやらず──曖昧に済ませていこうとする日本への苛立ちが、自国内の「親日家」に矛先を向けているだけではないのか？　と考えてしまうのだ。「韓流ブーム」の片方で垂れ流される「北朝鮮バッシング」。韓国の俳優がもてはやされる一方で、相変わらず誹謗中傷や暴力にさらされている民族学校の子ども達。こうした屈折に心を痛め、苛立ちを感じている在日コリアンの生徒や保護者の声を聞くたび、私にできることは何だろうか、と考えさせられる。
　植民地支配の歴史を教わるとき、かつて在日コリアンの友人は「私のおじいちゃんやおばあちゃんは、なぜこんな目に合ったのか。……怒りよりも、やられっぱなしの弱々しいイメージが強くて、授業が辛かった」と言っていた。同じ授業を私は、「日本人はなんて残虐な、非人間的な要素を持った民族なのか」と悲観的な思いで聞いていた。しかし、植民地を経験した世代の具体的な体験・ひとつひとつのできごとの経過・人々の動きを丁寧に学びなおすなかで、「支配と闘い、強かに生き抜いた朝鮮の人々」「植民地支配に疑問を持ち、朝鮮に寄り添った日本の人々」を知ることができ、自分が引き継ぐべき生き方を考え、前に進めるようになった。いま、その友人は本名で働き、子どもを本名で学校に通わせ、私はこうして細々と「自分にできること」を続けている。
　「自虐史観」云々を言う人たちは、「事実」を見ていても「真実」を見ていない──と、私は思う。ここで紹介した資料は確かに日本人としては胸が痛い「事実」だ。しかし、その「事実」から「真実」を捉えることで見えてくる未

来があることを、私（だけでなく、この年報を手にするみなさん）は知っている。決して「自虐」などではなく、未来への扉を開くために、本資料を手にとっていただきたい。

（関西大学出版部、2004年、668頁、6,200円）

『近代日本のアジア教育認識・資料篇』

渡部宗助*

はじめに

　1999年から刊行が始まって2004年に完結したこの膨大な『資料集』（附巻3巻を含めて計46巻。以下、本文では『資料集』と略す）についてのまとまった「紹介」・「書評」・「案内」の文章が書かれているかどうか、不勉強な評者は寡聞にして知らない。もしあるとすれば、「屋上（内）、屋を重ねる」駄文になるであろうことを覚悟して、以下「資料紹介」を試みることにする。

　この『資料集』は、三期に分けて刊行された。その各期の刊行に際しては、採算を二の次にしてこの出版を敢行した「龍渓書舎」が営業宣伝用「パンフレット」（8頁）を作成している。そこでは各期5名ずつ斯界の権威者──すべて学者・研究者である──が、この『資料集』刊行の研究上の意義を称揚し、編集者・近代アジア教育史研究会（代表・阿部 洋）同人への賞賛と慰労の言葉を惜しまなかった。この15名の800〜100字程の推薦文の標題を並べるだけでも壮観である。惜しむらくは、その中に「韓国」の学者がいない事である（「中国」「台湾」は含まれている）。それはともかくとして、このパンフレット自体が、教育史的に、出版史的に、貴重な証言として価値があると評者は思っている。

　評者自身もこれらの推薦文にある「意義と賞賛・慰労」では人後に落ちないと思っている。ここではそれの繰り返しは省いて、敢えて言えば同業者として、あるいは利用者としての立場から「紹介文」を綴りたいと思う。

＊　国立教育政策研究所（名）

1．構成について

　この『資料集』には「明治後期教育雑誌所収　中国・韓国・台湾関係記事」というサブタイトルが付けられて、3部構成になっている。「第一部　韓国の部」（全8巻＋附Ⅰ巻、1999年）、「第二部　中国の部」（全21巻＋附Ⅱ巻、2002年）、「第三部　台湾の部」（全14巻＋附Ⅲ巻、2004年）である。先に3期に分けてというのはこのことである。「資料篇」43巻と附巻3巻を含む計46巻がこの『資料集』の総体である。その総頁数は、「パンフレット」によれば、「17,000頁」とあるから、平均約380頁である。ちなみに附巻・3巻の頁数は、279＋449＋317＝1045頁である。

　各部の附巻は、それぞれ「内容構成」「所収記事目録」「資料解題」で構成されており、各附巻とも「資料解題」（4〜6篇）に最も多くの頁（3分の2以上）が割かれている。収録対象になった雑誌は、「韓国の部」が「53種・62誌」、「中国の部」が「49種・60誌」、「台湾の部」が「40種・46誌」と「凡例」に記されている。「種」というのは雑誌の種別で、「誌」というのは同一種別内の継続「改題誌」を言う。例えば、『大日本教育会雑誌』→『教育公報』→『帝国教育』の3誌は編集・発行主体を同一と看做して「改題誌」とし、1種3誌とカウントするのである。

　対象とされた雑誌総数は77誌で、3部（韓国、中国、台湾）に共通する雑誌が37誌、2部に共通する雑誌が17誌（内、韓国・中国が13誌、中国・台湾が3誌、台湾・韓国が1誌）、一部だけの単独誌が23誌（内、韓国11誌、中国7誌、台湾5誌）である。それらの対象雑誌は、各部共通に「Ⅰ．教育雑誌　Ⅱ．学校関係誌　Ⅲ．アジア関係団体機関誌　Ⅳ．その他の雑誌　Ⅴ．女性雑誌」の5群に分類されている。各部ともに「教育雑誌」が最も多く（2部以上の共通誌で19誌）、それらからの収録記事が最も多いのはこの『資料集』のサブタイトルからすれば当然であろう。

　「明治後期」とは、1894年（日清戦争）から1912年（大正元年含む）までの期間である。「明治後期」の始期についての説明はあるが、なぜ「明治後期」なのか、この期をそれ以降の時期との関係でどう位置づけるか等の時代区分については、読者・利用者に委ねた格好になっている。

　収録された記事数は、「韓国」が1623点、「中国」が3425点、「台湾」が

1886点(「はしがき」)、合計6934点ということになる。対象雑誌数では最多の韓国が、収録記事数では最少という結果になっている。それは巻数にも表れていて韓国が最も少ない8巻構成である。

　収録された記事目録の書誌事項は、5項目である。①3部(「韓国」「中国」「台湾」)別、「誌」別の6桁の資料番号(頭から1桁目が国・地域番号で、1＝中国、2＝韓国、3＝台湾。次の2桁が3部共通の誌名番号。例えば『教育時論』誌は、「韓国」「中国」「台湾」共通の「01」である。次の3桁が資料番号。従って資料番号「201001」は「韓国」に関する、『教育時論』誌掲載の1番目の「記事」で、その最後は「201401」である。つまり1894年(明治27)から1912年(明治45)までに発行された同誌［全662号分］から401点の記事等を選択したということである)。雑誌毎に資料番号を区切ったのは、編者たちが、将来的に雑誌毎に記事の追加・補充を想定したからであろう。

　2項目以下は、②記事の標題名(執筆者と連載関係を含む)、③誌の巻・号、④誌の発行年・月・日、⑤所収欄、である。記事の標題名に執筆者名と記事の連載関係を入れたのは重要な情報である。残念ながら徹底されておらず粗密があり、この「目録」から執筆者索引を作るのは困難であろう。「所収欄」とは、掲載誌における誌面構成の範疇で、例えば「論説」欄とか「彙報」欄の類の事である。これも雑誌資料においては、極めて重要な情報で、標題から大論文かと思って頁を開いたら数行のコラム記事だった、というようなことはよくあることである。

　特筆すべきは、本『資料集』では口絵写真を多く採り入れたことである。従来このような「資料集」で口絵を掲載する事は稀なことで、卓見と言うべきであろう。

　こうして総計7000点弱の記事が、「1 01 001」から「3 77 005」までの資料番号が附されて、「地域・国」別、「誌」毎、発行年月日順に配列されている。繰り返しになるが「資料番号」は、採録記事を識別するためのもので、記事点数の累計を表示するものではない。

　これが、本『資料集』の凡その構成である。

2. 経緯について

さて、本『資料集』の編集・作成の経緯についても紹介する必要があろう。そ

のことは、この『資料集』の性格・特徴とも関わることであると、評者は思うからである。

　阿部洋・編集代表たちは1970年代から、アジア人留学生、アジアにおける教育交流、日本のアジアへの教育関与、日本の植民地教育政策等に関わる共同研究を進めていた。それらの成果は1970年代後半から、国立教育研究所『紀要』、科学研究費『報告書』、教育史学会『紀要』などに次々に公表されてきた。この『資料集』はそれらの共同研究活動のなかで、研究者がその資料として広く収集・活用した諸「雑誌」の論説・記事が素材となっている。つまり、当初から「資料集」編纂それ自体を目的に着手し、作成・刊行されたのではない、ということなのである。「初めに研究ありき」であり、「資料集」（初めは「資料目録」として）の作成は、その研究活動の過程から起こったプランであった。

　その「資料目録」は、まず『明治後期教育雑誌にみられる中国・韓国教育文化関係記事目録』として1989年3月に龍渓書舎から公刊された（B5判・112頁）。「はしがき」は、この「記事目録」が「共同研究のいわば副産物として出来上がった」と記しており、その段階では「資料篇」刊行については触れていない。この「記事目録」は、「中国の部」と「韓国の部」から成り、それぞれ（1）「清末［韓末］の教育文化」、（2）「日本人の在華［在韓］教育文化活動」、（3）「中国人［韓国人］の日本留学(含む・欧米留学)」、（4）「その他」、に分類されて、記事項目は掲載誌の発行年月日順に、雑誌別ではなく諸雑誌通しで配列されていた。刊行された『資料集』との関係で言えば、この「記事目録」には「台湾」が含まれていなかった。とはいえ当時、評者は海外の「日本人学校」やその地への日本人教員の招聘・派遣について調査していたので、この「記事目録」には助けられた。日本教育史の研究者にとって、この「記事目録」が対象としたこの期の「教育雑誌」に目配りするのは新しいことではなかったが、それに加えるに対アジア「文化交流団体機関誌」数種からの記事を系統的に収集・選択・整理したことに意義があった。

　この1989年版「記事目録」の増補改訂版が、『近代日本のアジア教育認識——明治後期教育雑誌所収　中国・韓国・台湾関係記事』（「目録篇」）として、同じ龍渓書舎から公刊された（B5判・203頁）。1995年7月発行と記されている。この時点ではこの「目録篇」に続いて「資料篇」の刊行が既定の方針として表明されていた。この増補改訂版では「台湾の部」が追加されるとともに、収録対象雑誌が「28誌［実際は30誌］から62誌［実際は61誌］に」飛躍的

に拡大された。改訂版ではあるが、この「目録篇」の書誌項目、配列方式などの編集方針は前の「記事目録」を基本的に踏襲し、各記事に「資料番号」も附していないし、雑誌毎に区分せずに記事を時系列で配列した。

いずれにせよ 1990 年代のある時期から、「目録篇」そして「資料篇」の作成・公刊は、それ自体が目的事業とされた、つまり「副産物」の段階から次の段階への飛躍があったと推測される。1995 年版「目録篇」で対象にした雑誌 61 誌が、「資料篇」では 77 誌に増加した。これは単純な増加ではなく、10 誌ほどの雑誌を減じての増加であったから、実際は新たに 26 誌の追加であった。その過程で雑誌選択に新しい基準が加わった。主には「女性雑誌」という領域基準の追加によるもので、女性雑誌は 1 誌から 23 誌に増えたのである。そして「東京経済雑誌」などの「経済関係雑誌」が姿を消した。老舗の「東洋経済新報」などがどう扱われた、気になった事である。

その結果、「目録篇」としての 1995 年版とその「資料篇」としての 1999 年に始まる『資料集』との対応関係は崩れて、それぞれ独立した出版物となったと言えるだろう。

3．同業者・利用者の立場から

以上、この『資料集』を紹介する上で必要と思われる事柄を述べてきたが、多少煩瑣に及んだかもしれない。ここからは、同業者、つまり雑誌に関わる「資料集」を編集・作成した経験者の立場、雑誌資料を歴史研究において利用してきた者の立場、あるいは実際この『資料集』を利用してみた者の立場からの「紹介」をしたいと思う。

（1）「情報の量」について

第 1 に、雑誌資料はその中に含まれる「情報の量」が基本的に大事な要件だと評者は思っている。その点で本『資料集』はそのハードルを完全にクリアしている。そのことは上に述べた 43 巻、7000 点弱の記事資料数を見れば明らかである。

第 2 に、ある限定された範囲内において「網羅」的であることが要求される

と思う。本『資料集』は、「明治後期教育雑誌所収中国・韓国・台湾関係記事」という点で、「教育雑誌」総数・23誌を含む77誌対象にしているから、これも合格点である。77誌の内、「中国」「韓国」「台湾」共通の対象雑誌は約半数の37誌、内「教育雑誌」が13誌、「学校関係誌」4誌である。「網羅」という点で問題があるとすれば、それらの雑誌に関係記事が登場していない場合、記事が不在なのか、雑誌が不在なのか、その区別がないことである。

　第3に、対象とする雑誌の選択基準が明確であるか、ということである。それを量的な面から見れば、雑誌の発行期間や発行頻度、あるいは発行部数等が問題になるが、その点では巻・号と発行年月から推測する以外にない。本『資料集』では先に紹介したように「教育雑誌」から「女性雑誌」までの5領域が選択基準で、「女性雑誌」を新たに入れたのは慧眼だと思う。しかし量的に見れば、女性雑誌は誌数が多い（23誌）のに、記事数は極めて少なく、採録記事数の5％程度である。つまり、採録記事の僅少な雑誌がかなり選択されており、その選択基準は不明である。これは選択領域基準の問題であると同時に、さらにその領域内での選択基準の問題であろう。

（2）「情報の質」について

　次には、雑誌資料の「情報の質」的なことに関わる事柄である。そこでは、第1に雑誌自体の「性格」が問題となるはずであり、それはその雑誌の刊行期間とも関係してくる問題である。極端な言い方をすれば、「3号雑誌」でもその性格、質的内容から選択をしたり、刊行期間が長くても選択しなかったり、ということはあり得る。そうした雑誌の「性格」「特徴」や「刊行期間」あるいは編集主体の問題などが、本『資料集』でどの程度考慮されたのか、この点は不明である。

　第2には、対象とした雑誌について、3部（韓国、中国、台湾）に共通、2部に共通、1つの部だけの単独という、3つのパターンについて先に言及したが、各部に共通する雑誌を重視するのか、部単独の雑誌に重きを置くのかと言う問題、あるいは共通誌と単独誌との間に情報「落差」があるのか、ないのか。共通誌を重視すれば、3部間の比較研究に資することになる。本『資料集』では、後から追加された「台湾の部」が、先行した「韓国」「中国」と異なった様相を呈している。そこでは「台湾教育会雑誌」とその後継誌「台湾教育」及

び「台湾協会会報」の2種・3誌の単独誌から977点の記事が収録されており、収録記事点数1886点の半数以上を占めている。他方、先行した「韓国」「中国」の単独誌はそれぞれ、韓国11誌、中国7誌であるが、それらからの収録記事数は極めて少ない（韓国10％、中国4％）。これらは何を意味するのだろうか。「台湾教育会雑誌」の存在が大きかったことは事実だが、韓国・中国では相対的に共通誌（50誌）の存在が大きな意味を持ち、両者は一体的に語られることが多かった、ということだろうか。

さらに言えば、これは先行、追加という作業順序や記事収集へのスタンスの違いもあったと思われるが、国民的関心の度合いが記事数に反映したのかも知れないし、台湾の場合単純に「現地」誌の強みだったのかも知れない。「台湾時報」が対象になれば、その傾向はさらに強くなったであろう。

第3には、このことと関わるが、日本「国内」で発行された雑誌と韓国・中国・台湾等の「外地」で発行された雑誌の違いにも着目したいと思う。「国内」における「外地」情報と「外地」おける「国内」情報とは互いに関連して、しかもその関連の仕方が当時にあっては間接的である場合が多かった。ある「国内」（「外地」）雑誌の掲載記事が転載、引用されて、「外地」（「国内」）伝播される事例が当時は珍しいことではなかった。雑誌記事配信業者が居た時代である。そういう、雑誌の発行地も情報の質を規定する要因だったと思われる。その点では、僅少とはいえこの時期の「満洲教育会会報」や「京城教育会雑誌」の所在が国内で確認されているのに、対象にされなかったのは残念である。「外地」誌ではないが「琉球教育」を、「台湾の部」で対象にしたのはいい着眼だったと思うが、惜しいかな「沖縄教育」は省かれている。

第4に、韓国・中国・台湾等の間で「雑誌」を通してどういう情報の交換・交流があったか、と言う点にも評者は関心を持っている。この点では、例えば「台湾教育会雑誌」に掲載された中国や韓国に関する記事は選択されていないし、逆に「朝鮮」誌に載った「台湾の教育視察談」などは「韓国の部」に載っている。このようなチグハグが生じたのは、本『資料集』では情報流通のあり方についての関心が薄かったからであろう。

このような雑誌資料の「質的な面」、つまり最も良質の情報を提供した雑誌類は何か、と言うような問題は、本来ならば総論的「解説」で述べるべきであろうと評者は思う。本『資料集』では、その総論的解説がなく各部の「解題」に委ねたようであるが、各部の「解題」では雑誌自体についての解説はなく、

所与のものとして叙述されている(「台湾の部」で対象雑誌についての若干の説明があるが)。少なくとも各部共通の対象雑誌については総論的な「解題」において、その収集範囲と選択基準、性格、特徴等について、つまり「何故その雑誌なのか」説明をして欲しかったと思う。例えば、「東亜時論」「東亜同文会報告」「東邦協会会報」「東洋時報」そして「燕塵」(評者にとって初見)にはそれぞれに特徴があったはずである。

　これらの情報の「量と質」に関わる問題は、本『資料集』編集の出発点が、研究会の共同研究であり、各自がその研究関心に応じて利用した雑誌資料を持ち寄ったことにあったことに起因していると思われる。「雑誌」資料の編集・作成自体を目的にする場合は、何よりもまず雑誌の選択範囲とその基準、雑誌の性格など「量と質」を、慎重に検討するのが前提的作業である。

　本『資料集』の「解題」は、採録された記事資料について、研究者が関心を持つテーマに沿って叙述するスタイルを採っている。「解題論文」という表現も使われていて、一石二鳥を狙ったものであろう。「雑誌」資料というのは、歴史研究においては事実究明へのワンステップである。それは「資料批判」の眼に耐えなければならない宿命を蔵している「資料」である。したがって、雑誌「資料」の「解題」を「研究」的に叙述するなら、自らその矛盾を背負い込むことになる。雑誌「資料」を資料批判の眼に晒せば晒すほど、結果としてその「資料」的価値を貶めることにもなるからである。叙述は抑制的にならざるを得ず、論文としては「隔靴掻痒」の印象を与える。そのような各執筆者の苦労がしのばれる「解題」が各附巻に「補論」を含めて15本収められている。雑誌「資料」に拠る「解題論文」の例として、「韓国の部」の「解題」が相対的に採録記事に忠実な叙述になっているように思う。

　「解題論文」の執筆者陣は、代表・阿部洋、以下「韓国」班：稲葉継雄（班長）金泰勲、久保田優子、佐藤由美、「中国」班：蔭山雅博(班長)、阿部洋、一見真理子、佐藤尚子、「台湾」班：弘谷多喜夫（班長）、近藤純子である。台湾班には那須恵子が資料収集に加わった。

おわりに

　評者は、今回「台湾留学生」について調べるために、この『資料集』にお世

話になった。

　その中で「東洋時報」誌の採録記事資料にかなり遺漏あることに気がついた。それはこの雑誌の所在が偏在していることによるらしい、ということも判った。本『資料集』はそのように雑誌の「所在状況」の影響をかなり受けている。今日までに個別雑誌の復刻や「総目次」類がかなり刊行されている。個別雑誌中心にそれを資料として利用する場合には、本『資料集』に安住せず、そうした個別雑誌へ直接アプローチする手間を惜しむべきではない、と評者は思う。個別雑誌の復刻版には、その雑誌の全刊行期間の鳥瞰図、編集・発行主体、記事内容、そしてそれらの歴史的評価を含むジャーナリズム史（論）的な解説論文や「解題論文」が附されていて参考になる。

　評者は、かつてこの『資料集』が刊行された時、その編集・作成に傾注された膨大なエネルギー（労力、時間、費用）に思いを致して、「むしろ1995年版「目録篇」を補充・充実させて完璧を期した「目録」作成の方が意味があったのではないか」と感想を述べたことがある。それに対して、「それは東京に居る人の言うことだ」と批判されてしまった。そして本『資料集』の作成で最もエネルギーを費やしたのも東京在住者であったとも聞いた。足を棒にした「苦労者」も、できあがった佳品の「評論家」も在京の人間であった！

　（龍渓書舎、1999-2004年、全43巻＋附巻3巻、1万7000頁、146万円）

「在満学校関係者手記目録」作成について

槻木瑞生*

1. 目録作成の状況

　2003年の春以来、『在満学校関係者手記目録』の作成に取り組んできた。これまで数多くの関係資料があることはわかっていたが、どのようなものがあるのか、またどこにあるのかほとんど知られていないことが気になっていたからである。多くの在満学校関係者のご協力により既に『第一回稿』、『第二回稿』を印刷に付したが、その後さらに此れまでの原稿を修正して、新しく補遺を加えて『第三回稿』の作製に取り組んでいる。その結果2004年10月現在で約1300点あまりの資料について所在の確認を行い、それを『第三回稿』に収録することができた。これからもまだ調査は続けようと思っているが、おそらくこの数倍はまだ出てくるものと思われる。

　今回本誌に掲載するものはこの「目録」からピックアップしたもので、全体の約4分の1にあたるものである。これから研究しようとする人にとっては全体を掲載するのが望ましいことであるが、紙幅を考えるととても難しいためにこのような体裁をとることにした。したがって今回の「目録」を掲載する目的は、どのような学校について資料があるかを示すことにある。特定の学校についてさらに調査をしたい場合には、『第三回稿』を参照していただくか、後日一部について公開できるように手はずを整えているのでそちらで見ていただければありがたいと思っている。

　プライバシーに触れるものや、しばらく公開を差し控えた方が良いと判断したものもこの「目録」からは省いた。これらについては時期がきたら考えたいと思っている。

＊　同朋大学社会福祉学部教授

目録には「誌名」、「編纂者」、「発行所」、「発行年月日」、「総ページ数」、「所在」のデータを付した。一部の資料には学校の名前をつけてあるものがあるが、これはその資料にはその学校のデータが含まれているという意味である。

　資料には所在機関のマークをつけているが、所蔵機関の多くは公的な機関である。槻木所蔵のものはTおよびTcとしてある。槻木所蔵のものの多くは関係者からご寄贈いただいたもの、あるいはご好意でコピーさせていただいたものである。ただこの場合、ご寄贈いただいた関係者のお名前については一切触れていない。これまでの経験から個人のお名前を出すと、しばしば関係者にご迷惑をおかけすることがあるからである。もし必要とあれば、公的な機関所蔵以外のものは一度槻木までご連絡いただきたい。

　今回本誌に掲載するものは、それぞれの学校についての代表的なもののみである。もっともある学校についてはそれしかないものもある。また建国大学のように多量の資料があるものもある（建国大学については既に整ったものが東洋文庫に収蔵されている。そちらを参照していただきたい）。ともかくも今回の目録では、どのような学校や教育機関について記録があるのか、資料の全体状況を見通すことを目的とした。

「目録」には、いわゆる学校から、軍関係学校、実業教育機関、社内教育機関、残留孤児関係機関など多様なものが入っている。しかし本来は重要な教育機関として取り上げなければならない開拓団訓練所関係は、他に資料が出ていることもあって今回は削った。

　この「目録」に入れた資料の大部分は中国東北部関係のものである。しかし本来の「満洲」ということばに含まれる地域で、中国東北部と強い関係を持っているシベリア、華北，山東半島に関する資料についても収録すべきであるが、今回は調査不十分であったこともあって、中国東北部との関係を見るためのわずかな資料を収録するに止めた。

2. 目録作成のねらい

　第1は1940年代から50年代の社会、教育の状況を明らかにすることにある。これまで中国東北部あるいは満洲の研究は、主として政治、経済、外交の側面から行われてきた。その影響を受けて教育史研究も1945年を区切りとす

ることが多かった。そのために満洲の教育、植民地教育政策が戦後にどのような影響を持ったのか、または持たなかったのかなどについては、これまで検討したものはほとんどない。戦後のアジア社会と日本の占領期との関係を無視してきたために、満洲期を歴史の流れの中の1つとして見てこなかったと言うべきであろう。そのために、例えば日僑学校の存在などは教育史研究から全く無視されてきた。そうした意味でも1940年代50年代を語るこうした資料を欠くことができない。

　第2は1940年代や50年代について公的な資料がほとんどないことから、その公的資料の欠落を埋めることをねらっている。確かに聞き取り調査や手記は歴史研究にとって大切な資料である。そのためにこれまでも、行政の面では引き揚げ援護局、民間の研究者としては宮田節子氏などを中心とした朝鮮史料研究会などが、数多くの聞き取り調査を行ってきた。しかし他の分野では活用されてきた聞き取り調査や手記は、教育史研究の分野では長い間顧みられることがなかった。ここで改めてその関係の資料調査をする必要がある。

　第3にこれらが私的な資料であることから、公的な資料だけで作られてきた歴史を見直す視点を見つけることにある。これまで主として公的な資料によって歴史研究が行われてきたことの意味を十分に考えるべきであろう。公的な資料の持つ限界や偏りを知らなければ、おそらくこれからの研究は多くの人に受け入れられるようにはならないだろう。これまでの歴史研究に対して研究者以外の人々からかなり強い反発があることを知らなければならない。かなりの人々が自分たちが歩いてきた道と研究者が語る歴史とは違っていると感じている。それが正しいかどうかは別として、公的な歴史に対して私的な視点を入れ込むことは必要であろう。そのためにこうした私的な資料を見直す時期が来ている。

　しかしこれらの資料は、いわゆる「オーラルヒストリー」とは多少意味がずれることも承知しておかなければなるまい。「オーラルヒストリー」の手法は、公的な人については私的な部分も含めて資料として利用し、歴史研究をより豊かにしようとするものである。これに対してここで言う「手記」はまさに私人のものである。しかもその内容もどこまでも私的である。同窓会の会報に書かれた文章であっても、それは身内の間で行われる内々の会話である。この点を混乱させてしまう研究者は、情報を提供してくれた関係者から強い反発を受けることになるだろう。

3. 資料の状況

「手記」の状況は実にさまざまである。この「目録」には個人的に送った手書きの手紙の類から、ガリ版刷りのもの、ワープロ原稿をコピーしたもの、自費出版のもの、地方の小さな出版社から出されたもの、そしてたまたま全国的な出版社から出されはしたがごく少数の部数しか発行されなかったもの等々、出版事情に恵まれなかったものが多い。その上に「自分が死ねば息子は満洲について知らないから、おそらくこの資料も無くなるだろう」と語る人がいる。また公的な図書館に寄贈しても、しばしば不要の資料として処分されることがあって、私が調査に行くとなくなっているものもある。この20年ほどの間にたくさんの手記が作られたが、このままで行くとほとんどが忘れられ、消えていくのではないかと危惧している。

また、しっかりと所蔵している図書館であっても、学校の同窓会資料であるから教育に分類されているかと思うと、意外に教育に入っているものは少ない。あるものは文学に分類されて、随筆の扱いになっていたりする。また経済、社会に分類されているものはまだましな部類で、同窓会と名前がついているのに工業に入れられたりしていることがある。こうしたものを見ているとその図書館の分類方法に疑問を持つこともある。さらに備えつけのパソコンで「満洲・教育」とたたいても、半数以上は出てこない。満洲の地名の読み方の難しさもあるが、パソコンに入力する図書館の満洲に対する知識のなさが原因しているようである。ましてこれらを一まとめのものと認識している所はほとんどない。

これでは資料が残されていても、いずれ人の目に触れる機会がなくなってしまう。やはり資料の目録と、所在の確認が必要とされる。

1980年代から徐々に同窓会を閉じるところが目立つようになってきた。会員が高齢化してきたためである。しかしそれと同時に「思い出の記」、「手記」、「自分史」、「沿革史」という類のものが数多く作られるようになってきた。自分たちの思いを是非残したいと考える人が増えてきたのである。これらの事情は日、中、韓、時には台湾など、国籍にはかかわらないようである。むしろこれらの想いを受け止めることも研究者として必要かと思われる。それも1年、2年と待つわけには行かない。まさに1分1秒を争う状態になっている。

4. 資料の内容

「手記目録　第三回稿」に集めた資料の中核をなすのは同窓会関係資料と開拓団訓練所関係資料である。その他に個人史や星輝中学、興安実業女学校、金井三郎氏関係書類などの学校関係書類、また成績表や卒業証書などもある。今回は同窓会関係資料、それも当時の教育の姿や学校の沿革について触れているものを中心として、それに個人史を加えた。個人史は学校や教育を中心として書いているわけではない。が、少しでも学校や教育に触れているものを選んだ。これからはこうした資料を積み上げることで満洲の教育を浮かび上がらせることが必要であろう。

満洲にどのような教育機関があつたのかについては一部の同窓会などで一覧表が作られたりしているが、欠けているものも多い。特に北満、モンゴルなどでは帰国できなかった関係者が多かったためか、いまだにこれまでの調査で漏れているものが見つかる。そこで今回は資料が作られている学校や教育機関をできるかぎり並べるようにした。

また資料の多くのページがシベリア抑留や敗戦の逃避行に割かれているが、私は筆者の人生を丸ごと受け止めることから私達の研究が始まると考えている。その部分を煩わしいと避けないで欲しい。

しかし今回集めた資料には名簿や個人的な資料が数多くある。また文章の内容も相当に私的なものがある。私たちは公的な資料に対する場合と違って、私的な生活と向き合う方法をしっかりと考えてかからなければならない。

5. 資料の所在

東洋文庫に建国大学関係資料がまとめて保管されていることは前述のとおりである。それ以外では北九州市立国際友好図書館にかなりまとまったものが収蔵されている。ただこれは特定の目的があって集められたのではなく、同図書館が中国と友好関係を結んでいることを知った在満学校関係者がそれぞれに送付した結果であった。同図書館は関係資料を丁寧に扱っているが、今後どのようにするかについては不明である。

私が所蔵しているものについては、その一部を玉川大学教育博物館に寄託することになっている。そして公表できるものから順次公開していくつもりである。これからも貴重な資料として収集、保管に努めるとともに、満洲教育研究を進めて行きたいと思う。

『在満学校関係者手記目録　抄』　　　　　　　　　　　　　　[　] 内は編者の注記である

番号	誌　名	編纂者	発行所	発行年月日	ページ	所在
	建国大学年表	湯治万蔵	同窓会建大史編纂委員会	1981.11	570p	K
	建大史資料　NO.1～6	建大史編纂委員会				H
	満洲・佳木斯　[佳木斯医科大学、在満国民学校]	重岡良之祐		1999.11		Ky
	万里雲濤・国立満洲佳木斯医科大学記念文集		国立満洲佳木斯医科大学同窓会	1980.10	400p	Mc
	佳木斯医科大学記念資料集		佳木斯医科大学同窓会	1978.11	96p	T
	柳絮地に舞ふ　満洲医科大学史		輔仁会「柳絮地に舞ふ満洲医科大学史」編集委員会	1978.6	1330p	K
	満洲医科大学予科　啓明の集い [満洲医科大学予科]	松澤喜一他	山崎医院	1977.8	308p	K
	われら嵐の時代を生きて　哈爾賓学院25期生の記録	小川之夫　吉兼三郎	光洋書房	1997.4	357p	T
	松花の流れー哈爾賓学院史	哈爾賓学院史編集事務局	哈爾賓学院編集事務局	1976.10	440p	T
	師弟愛は民族を越えて　清水三三――その人と随筆 [ハルピン学院]	後藤春吉	清水巖	1984.3	283p	T
	蒙彊(中央)学院史	蒙彊(中央)学院史編纂委員会	学校法人安城学園	1992.6	400p	T
	北辰高く　新京工業大学同窓会蘭桜会結成五十周年記念誌　青春の新京時代と追想の日々	新京工業大学同窓会蘭桜会		1998.12	523p	T
	長春工業大学中国校友記事 [「満洲」国立新京工業大学中国人学生の記録]	中村孝訳	長春工業大学中国校友記事翻訳委員会	1997.4	178p	T
	新京畜産獣医大学	新京畜産獣医大学同窓会		1977	464p	K
	南嶺慕情　勁草会創立二十周年記念誌	新京法政大学同窓会勁草会		1993.10	222p	Tc

番号	誌　名	編纂者	発行所	発行年月日	ページ	所在
	瀋陽:奉天　戦後五十余年の追想　満洲国奉天工業大学創立60周年記念文集	満洲奉天工業大学同窓会本部		1998.12	557p	T
	思い出　朝陽の面影　昭和15年～昭和20年　満洲国立女子師道大学				10p	Tc
	学灯は消えず　回想満洲の大学奉天学院	奉天学院会編集委員会	奉天学院会	1985.7	349p	T
	旅順工科大学開学九十周年記念誌　平和の鐘	旅順工科大学同窓会		2000.12	319p	T
	樟尾を飾る－最後の旅順工科大学予科生の記録	樟尾会		1990.5	286p	Ky
	旅順工大生の手記　三つの祖国を持つある中国人	松雄謙吉			171p	K
	官立旅順高等学校創立四十年史	向陽会本部編集委員会・同支部編集委員会	旅順高等学校同窓会向陽会	1980.8	620p	K
	向陽　2004年	旅順高等学校向陽会		2004.8	132p	T
	桜仁　NO.2～37	旅順医専同窓会本部		1966～		Ky
	新京一高工同窓会訪中記念			1988?		T
	遥かなる大地　[齋齋哈爾中学校]	藤沢幸夫		2000.5	315p	K
	ハルピンの星　[ハルピン中学]	内村健一郎		1991.4	269p	Tc
	北斗　創刊号～第23号	哈爾賓中学同窓会		1990.5～		Tc
	沙曼屯　哈爾賓中学校同窓会誌　創刊号	同窓会会長永井政雄		1999.10	92p	Tic K
	朔風　第43号　哈爾賓中学卒業四十五周年記念特集号	哈六会		1990.9	132p	Tc
	北晴　『牡丹江中学校同窓会報』　NO.1～9	牡丹江中学校同窓会		1980.4～		T Tc
	佳木斯中学校　創立（昭和17年）五十周年記念誌	佳木斯中学校同窓会		1993.8	226p	K
	七星　創刊号	星輝中学校同窓会		1948.1	7p	Tc
	星輝中学校同窓会誌	星輝中学校同窓会生徒代表石田久司		1997.11	250p	T
	明信創立記念同門会誌 [龍井明信学校] [韓国語]	編集委員会		1988.4	224p	Tc
	満洲の思い出　[奉天一中、奉天医大]	山崎明雄		1976.6	196p	KN

番号	誌　名	編纂者	発行所	発行年月日	ページ	所在
	わが青春の満洲	新京第一中学校第一陣会		1984	427p	Sk
	楡の実　新京一中六期会卒業四十周年記念誌	新京一中六期会		1983.3		K
	広望千里　満洲・新京・十五歳	新京一中十一期会文集編集部	新京一中十一期会	1999.9	436p	T
	新京第二中学校校史	新京第二中学校々史編集委員会	南嶺会事務局	1980.5	675p	K
	楡の実　奉天一中創立七十五周年記念文集		楡の実会本部(奉天一中同窓会)	1995.5	408p	Tc
	記念文集　すなやま──奉天第二中学校創立六〇周年──1936～1996		旧満洲・奉天第二中学校同窓会「砂丘会」	1996.9	409p	T
	南満洲本渓湖の記録　本渓湖物語　本渓湖会結成30周年記念出版　[本渓湖中学]	本渓湖会柴山輝夫	本渓湖会事務局	2002.12	276p	K
	天馬　鞍中時代		満洲鞍山中学校同窓会	1997.7～2004.2		T
	鞍山中学ラグビー部史	OB会		1987.7	283p	K
	満洲・関東州・華北中学校野球史	西脇良朋		1999.9	363p	T
	四平中学・四平高女同窓会会誌[総集編]	四平中学・四平高女同窓会		1995		Tc
	大連中学校同窓会会報　大中だより　13号　卒業60周年記念特集	大連中学校同窓会本部		1994.12	226P	K
	大連一中　創立五十周年記念　われらが　心のふるさと　大連一中	大連一中創立五十周年記念行事実行委員会編集部	大連一中校友会	1970.10	298P	T
	晨光　大連二中創立五十周年記念	大連二中創立五十周年記念事業・編集委員会	大連二中光丘会	1974	282P	K
	香陵　大連第三中学校同窓会会報　1～9号			1993.7～2001.6		Ky
	望郷──遥かなる母校	岡山県あかしや会発足十五周年記念文集編集委員会		1979.5	234p	Ky
	桜桂会誌　六十周年記念号	旅順中学校桂会六十周年記念号編集委員会	旅順中学桜桂会本部	1970.7	311p	T

「在満学校関係者手記目録」作成について　235

236　Ⅷ．資料紹介

番号	誌　名	編纂者	発行所	発行年月日	ページ	所在
	白玉華甲　旅順中学・旅順高女第37回生の戦中戦後	寺村謙一	旅順中学・旅順高女第37回生同期会	1991.8	481p	T
	遼河　1995　40周年記念号	営口中学同窓会				Mm
	鎮江流芳　安東中学校第十二期生卒業五十周年記念誌	安東中学校第十二期生卒業五十周年記念誌編集委員会		1991.12	235p	Tc
	嫩江　創立五十周年記念号	齋齋哈爾高女同窓会		1988.5	207p	Tc
	佳木斯高女　同窓会報[最終号]	佳木斯高女同窓会本部		1999.12	48p	T
	北晴　第32号	牡丹江高等女学校北晴会		1989.12	45p	T
	祥林　第12,13号	牡丹江高等女学校同窓会		1999.3～		Mm
	すずらん　哈爾賓富士高等女学校創立五十周年記念誌	哈爾賓富士高等女学校同窓会本部		1984.11	136p	K
	乙女の心を守ったあの思い出の「東安高等女学校」を偲ぶ　上・下	東安高等女学校芳菊会		1999.9	418p	K
	錦ヶ丘　平成11年度錦ヶ丘会報	旧新京錦ヶ丘高等女学校同窓会		2000?	24p	Tc
	志きし満　1～28号（28号　新京敷島高等女学校同窓会母校創立七十周年記念号　校史特集）	新京敷島高等女学校同窓会		1947.3～1996.11		1～17 Me 28 Tc
	青い甍　奉天浪速高等女学校創立七十周年記念号　第6号	真澄会		1991.10	177p	Ky
	あけぼの　奉天朝日高等女学校創立60周年記念	藤田文子	奉天朝日高等女学校同窓会	1994.4	367p	Tic
	鞍山高等女学校沿革史・年表・文集　しらゆり			2002.6	6p	K
	楊蔭会会報　5	撫順高等女学校		1970		Ky
	創立50周年記念誌	大連高等女学校聖ヶ丘会		1985.10	57P	Ky
	えんじゅ　大連羽衣高等女学校第17回生　卒業三十周年記念誌	卒業三十周年記念委員会・記念誌係		1977.11	322P	K
	合歓の花　大連神明高等女学校創立70周年記念誌	満洲美会（マスミカイ）		1984.11	186P	K

番号	誌　名	編纂者	発行所	発行年月日	ページ	所在
	桔梗会会報　NO.16,17	大連昭和高等女学校桔梗会本部		1988.11		Ky
	羽衣　第13号　大連羽衣高等女学校創立50周年記念会誌			1977.12		Ky
	芙蓉峰	大連芙蓉高等女学校同窓会		1998.7	52P	T
	赤き甍の学舎　創立七十五周年記念誌	大連弥生高等女学校弥生会		1994.9	277P	T
	忘れ難い満洲　[神明高女　旅順高女]	池田照子	I.P.M	1999.9		Me
	迎春花　[大連朝日　大連神明　大連実践]	松下満連子	謙光社	1973.11		Me
	緑水会誌　第6号　安東高女創立五十周年記念号	木村絹枝他	安東高等女学校同窓会	1972.3	298p	Tc
	ひろおか　NO.1～ [新京師範学校]	広陵会本部		1992.8～		Tc
	旅順師範学校	旅順師範学校編纂委員会	同窓会志道会	1978.8	240p	T
	続旅順師範学校	旅順師範学校編纂委員会	同窓会志道会	1986.8	415p	K
	山河越え	旅順師範学校女子部一期（リラセブンの会）	幸敏子	2003.6	249p	Tc
	会報　白雪　NO.40～45	新京商業学校同窓会白雪会	白雪会本部	2000.4	48p	T
	白雪会還暦大会記念誌　長春商業学校創立60周年記念誌	長春商業学校創立60周年記念誌編集委員会	白雪会本部	1981.4	366p	K
	琥珀　撫工会報第一号	撫順工業学校同窓会撫工会		1969.4		Ky
	満鉄社員終戦の記録　[南満工業専門]	満鉄会		1996.11	785p	Ak
	千振農業学校記念誌	千振農業学校同窓会		1996.6	155p	Mc
	満洲開拓民二世は死なず	中袖正雄	千振農業学校同窓会	1987.3		Mc
	十鳳会会報　第18号	奉天商業学校同窓会		2002.1		Mm
	還らざるふるさと　大連商業学校の記録	星浦会本部		1974	348P	Ky
	わかくさ　創立七十五周年記念誌	創立七十五周年記念誌編集委員会	大連女子商業学校同窓会	1998.11	100P	T

番号	誌　名	編纂者	発行所	発行年月日	ページ	所在
	大連実業学校如蘭会会員名簿	大連市立商工学校・大連市立実業学校・関東州立大連実業学校		1992.8		Ky
	西山乃光　創立50周年記念誌	大連工業学校同窓会		1985.6	349P	Ky
	ある医学徒の青春　[旅順医学専門]	渡部智倶人	海鳥社	1994.12	298p	Ky
	創立五十周年記念　はぐ久美[旅順師範、旅順高女女師]	爾霊会				Tc
	遥かなり満洲　[旧奉天富士青年学校]	満蒙開拓団青少年義勇軍宮城県澤井中隊友偲会		1994.8	108p	K
	北満の空よ残照茜く　北葦山屯村山郷開拓団の記録[青年学校]	依蘭会荒木秀作		1996.8	389p	K
	北満の哀歌　[国民月光青年学校]	読書村自興会		1950.11	198p	K
	満洲の大地を生きのびて[私立満鉄四平青年学校]	山上春夫	日本図書刊行会	1997.6	263p	K
	星の草原に帰らん	B.ツェベクマ鯉淵信一構成・訳	NHK出版	1999.8	233p	T
	滾滾遼河　「満洲国」治下・中国知識人の獄中闘争	紀剛加藤豊隆訳	元在外公務員援護会	1978.11	266p	T
	第三回　虎林にて　旧満洲虎林第二農工開拓団の記録[東安省虎林省虎林在満国民学校]	千嶋正夫		1991.3	115p	K
	第五回　虎林にて　旧満洲虎林第二農工開拓団の記録[黒咀子開拓村小学校]	千嶋正夫		1990.1	111p	K
	第七回　虎林にて　旧満洲虎林第二農工開拓団の記録[虎林在満国民学校]	千嶋正夫		1991.10	149p	K
	満洲・荒野の旅　一少年の記録　[石人小学校]	樗沢仁	創樹社	1994.2	206p	K
	嫩江は流れ豊に齋齋哈爾宮前尋常高等小学校・齋齋哈爾宮前在満国民学校同窓会誌			1998.9	152p	Tc

「在満学校関係者手記目録」作成について　239

番号	誌　名	編纂者	発行所	発行年月日	ページ	所在
	元満洲国興安省在住邦人終戦史録　ああホロンバイル蒙古物語　[索倫旗ビルト小学校]	佐村恵利	佐村恵利	1993.10	425p	K
	旧満洲　扎蘭屯回顧録	扎蘭屯小学校同窓会				T
	すずらん　扎蘭屯小学校同窓会会報　1～14			1990.11～2004.2		Tic
	わが幻の満洲記　[濱江省和徳在満国民学校]	西村岩矢		1986.1	145p	K
	流れる　依蘭岩手開拓団史[松本河在満国民学校]	依蘭岩手開拓団史編集委員会	ダンブリ社	1999.12	160p	K
	ハルピン　NO.44　花園会創立50周年記念誌	花園小学校				Mm
	哈爾賓桃山小学校　創立七十五周年記念誌	哈爾賓桃山小学校同窓会		1984.5	226p	T
	回想の哈爾賓　哈爾賓桃山小学校創立九十周年記念誌	桃山小学校創立90周年京都大会実行委員会		1999.6	126p	T
	寒い北風吹いたとて我が想い出の大和校　巻一、巻二	佳木斯大和在満国民学校同窓会		1995.5　1997.5		Mc
	二竜山特設修錬農場殉難者の霊を故国へ　（私設小学校）	井上勝英	財団法人農村更生協会	1983.7	199p	K
	曠野　[円明小学校]	円明会		1990.12	108p	T
	曠野　[円明小学校]　復刊第2～5集	円明会		1992.3～2000.4		T
	満洲開拓史　[在満国民学校]		満洲開拓史刊行会	1966.3	907p	K
	満洲由利郷開拓誌　[在満国民学校]	進藤孝三	満洲由利郷開拓誌刊行会	1952.4	445p	K
	満洲そして無言の旅　[黒山在満国民学校]	鈴木政子	立風書房	1987.8	270p	T
	照慶会（第4号）　同窓会名簿・お便り集	牡丹江照慶在満国民学校同窓会		1995.3	51p	T
	草原明珠　海拉爾小学校同窓会会報　復刻	海拉爾小学校同窓会		2001.10	719p	K
	双龍開拓団史　[双龍尋常高等小学校]	澤田寿江		1976.1	220p	K
	満洲永安屯開拓団史　[在満国民学校]	永安屯開拓団史刊行会	あづま書房	1978.9	420p	K

240　Ⅷ．資料紹介

番号	誌　名	編纂者	発行所	発行年月日	ページ	所在
	満洲蔵王郷の記録　山形県南村山郡分郷開拓団　［在満国民学校］	大江義松		1981.8	279p	K
	満洲城子河開拓史　［鶏西城子河村尋常高等小学校］	城子河開拓団史刊行会		1980.10	570p	K
	満洲走馬灯　きよしのメモリーマップ　［在満国民学校］	小宮清	ワールドフォトプレス	1982.6		K
	生還者の証言　満洲天田郷建設史　［天田在満国民学校］	上垣松之助		1983.4	270p	K
	思い出の記　学校・本部『追憶　ああ中和鎮』	元中和鎮信濃村開拓団代表竹下貞美		1975.12	251～293p	Tc
	満洲開拓史　［高社郷国民学校］	下高井郡満洲開拓史編纂委員会		1975.8	197～208p	KN
	ああ拓魂　［周家在満国民学校］	中川根拓友会編集委員会	静岡県中川根町拓友会	1974.8	298p	St K
	春光　［龍山在満国民学校］	磐田龍山開拓同志会本部	元満洲国第十次龍山開拓団	1967.12	209p	St
	少年の見た満洲　［八洲小学校］	米田洋	近代文芸社	1995.1	434p	T
	遥か少年の日々に　［在満国民学校］	甲斐学	アール工房	2000.11	255p	Kj
	大青川茨城開拓団の足跡　［浜江省双城県双城堡］	山口正		1992.1	241p	K
	曠野の少女　［在満国民学校］	大塚郁子		1975.11	135p	K
	春光　［龍山在満国民学校］	矢崎秀一		1967.11	209p	K
	赤い夕陽は知っていた　［旅順師範　林口在満国民学校］	小山二郎		1999.1	404p	K
	ロバのいななき　ある満州っ子の思い出　［四台子鶏冠山］	粟座莞	ユースビジコム出版	2000.3	473p	Kj
	下水内出身者満洲開拓史　［下水内在満国民学校］	阿部芳春	索倫会	1966.1		K
	羅圏河　満洲大門村開拓誌　［羅圏河在満国民学校］	羅圏河会		1978.3	30～38p	KN
	満洲昨日今日　［在満学校］	松本栄一他	新潮社	1985.5	127p	K
	日高見開拓団誌　［日高見在満国民学校沿革誌］	武藤龍三他	後藤州造	1979.2	136p	K
	麻山の夕日に心あらば　［哈達河在満国民学校］	哈達河会		1970.3	248p	K

番号	誌　名	編纂者	発行所	発行年月日	ページ	所在
	満洲泰阜分村　後世に伝う血涙の記録　[泰阜在満国民学校]	泰阜村記念誌編纂委員会	信濃文化経済社	1979.2	422～495p	KN
	望郷　生きて故国へ　[長野在満国民学校]	満洲長野村同志会		1980.11	343～367p	KN
	満洲に消えた分村　秩父・中川村開拓団顛末記　[中川在満国民学校]	山川暁	草思社	1995.12	270p	Ak
	遠くの曠野の空　岐阜県朝日開拓団回顧録　[朝日在満国民学校]	岐阜県開拓自興会朝日支部	岐阜県大野郡朝日村役場	1982.10	453p	Gi
	風雪の日々　今日も　読書開拓団の50年　[在満国民学校]	中日新聞社特別取材班	中日新聞	1988.5	247p	Gi
	第三次開拓団　ああ瑞穂村　[在満国民学校]	瑞穂村開拓刊行委員会	刊行委員会事務局	1982.8	554p	Gi
	富山県満蒙開拓史　[福富在満国民学校]	富山県満蒙開拓自興会		1995.8	1179p	K
	夕日の墓標　富山県満蒙開拓史　[在満国民学校]	藤井勇見	北日本新聞社	1980.5	512p	K
	石川県満蒙開拓史　[白山在満国民学校]	藤田繁	石川県満蒙開拓者慰霊奉賛会	1982.9	1113p	K
	岐阜県満洲開拓史　[在満国民学校]	岐阜県開拓自興会		1977.10	876p	Gi
	広島県満洲開拓史　[在満国民学校]	広島県民の中国東北地区開拓史編纂委員会		1989.10	578p	K
	奈良県満洲開拓史　[在満国民学校]	奈良県拓友会		1996.7	783p	K
	三重県満洲開拓史　[在満国民学校]	三重県満洲開拓史編集委員会		1996.12	920p	K
	満洲挽歌　悲劇の島根開拓団　[四合成在満国民学校]	八田宏	ウィンかもがわ	2001.11	166p	K
	満蒙開拓史　[白山在満国民学校]		石川県満蒙開拓者慰霊奉賛会	1982.12	1118p	K
	芙蓉郷開拓団史　[在満国民学校]		芙蓉郷開拓団史刊行委員会	1970.3	273p	Fk
	蒼天の歌　満洲に生きた青春の日々　[在満国民学校]	福山郁子	有限会社海鳥社	2000.5	256p	K
	敗戦前後　満洲キリスト教開拓団長の手記　[在満国民学校]	堀井順次		1990.11	318p	K
	大地の花　私たちの「戦争」体験をこえて　[在満国民学校]	玉田澄子		1999.3	233p	K

Ⅷ. 資料紹介

番号	誌　名	編纂者	発行所	発行年月日	ページ	所在
	満洲懐想　ふる里再訪　[在満国民学校]	和田吉史		1995.4	334p	K
	生死の境　上久堅開拓団の記録　[在満国民学校]	上久堅開拓団拓友会		1973.9	102p	K
	凍土からの叫び　満洲中川村開拓団の軌跡　[中川在満国民学校]	満洲中川村開拓団記録編集委員会		1988.3	404p	K
	満洲佐伯村おぼえ書き　第十次昌図佐伯開拓団史　[在満国民学校]	矢野徳弥		1992.9	210p	K
	郷土なかさと　[共栄在満国民学校]	中里村史編纂委員会	中里村教育委員会	1987.1	198p	Ch
	孫に語り伝える満洲　岩波ジュニア新書　[千振小学校]	坂本竜彦	岩波書店	1998.1	215p	K
	彌栄村史　満洲第一次開拓団の記録　[弥栄在満国民学校]	村史刊行委員会		1986.5	617p	K
	悠久の天地に心田を耕さん　弥栄会結成三十周年記念誌　[弥栄小学校　大八洲在満国民学校]	三十周年記念誌編集委員会		2003.4	559p	K
	雁渡るはてに祖国の山河あり　[朝日在満国民学校]	加藤裕		1990.7	202p	K
	永平岩国開拓団とその顛末　[永平岩国在満国民学校]	村本三郎		1985.8	33p	K
	中武蔵村分村満洲開拓史　[武渓在満国民学校]	分村中武蔵村満洲開拓団顕彰会		1999.9	76p	K
	「桜樹」たちは・・・　饒河少年隊第三次生の記録　[晨明小学校]	桜樹会史出版有志会		1994.7	347p	K
	昭和十二年四月より二十一年まで　満蒙開拓の夢　発足より終末まで　[鹿西在満国民学校]	辻口茂野		1982.5	166p	K
	旧満州天理村　開拓民のあゆみ　前編、後編　[教育の項目]	山根理一		1995		K
	風雪の日々今日も　読書開拓団の50年　[読書在満国民学校]	中日新聞社特別取材班	中日新聞社	1988.5	247p	K Gi
	遠すぎた祖国　荒川村民満洲開拓団　[中川在満国民学校]	野口拓朗	波書房	1983.8	285p	Ks

番号	誌名	編纂者	発行所	発行年月日	ページ	所在
	赤い夕陽　満洲八紘村開拓団生徒の記録　[八紘在満国民学校　青年学校　青年学校女子部]	満洲八紘村開拓団同窓会		1986.3	185p	K
	満洲そして私の無言の旅　[黒山在満国民学校]	鈴木政子	立風書房	1987.8	270p	T
	麻山事件　[哈達河小学校]	中村雪子	草思社	1983.3	318p	T
	ゆきわり草		鶴岡在満国民学校同窓会		1974〜		Mc
	楡の実　新京西広場小学校創立70周年記念文集	西広場小学校同窓会		1996.10	171p	K
	順天　旧満州新京順天小学校同窓会　戦後50周年記念誌	新京順天小学校編集委員会	新京順天小学校同窓会	1996.8	327p	T
	室町　室町小学校創立90周年記念	新京室町会		1998.11	236p	T
	ぽぷら　NO.1〜18	新京むろまち37会(旧満洲国新京室町国民学校昭和20年卒業)		1956.7〜		T
	黄塵　新京白菊小学校第九期卒業五十周年記念文集	新京白菊小学校第九期卒業五十周年記念文集刊行委員会		1994.3	246p	Tc
	雪月花抄　[白菊小学校・錦ヶ丘高女]	劉連花	新風書房	1999.5	109p	Kj
	八島会会報NO.1〜21	八島小学校同窓会		1980.9〜2004.6	16〜28p	T
	満洲遥かなれど　わが魂の中国東北部回想記　[新京桜木小学校]	岡本和夫	本の理想社	1986.10	268p	K
	東光　開校50周年記念号	東光小学校同窓会		1989.8	142p	T
	間島の夕映え　[泰和学校]	日高一		1975.3		K
	満洲奉天の写真屋物語　[奉天小学校]	永清文二	東京経済	1999.6	511p	Kj
	朋友　奉天弥生小学校第23回卒業生会報　1号	岩下朗		1995〜		K
	平安の名に誉あれ　奉天平安小学校創立五〇周年記念誌	奉天平安小学校創立五〇周年記念誌編纂委員会	奉天平安小学校わかくさ会事務局	1985.11	195p	T
	鐵西に育まれて　奉天鐵西在満国民学校昭和20年卒業生文集			2001.8		K

番号	誌　名	編纂者	発行所	発行年月日	ページ	所在
	奉天教育専門学校の夢　奉天加茂小学校	湯治万蔵		2001.10	350p	T
	会報ちよだ	教育専門学校附属尋常高等小学校・奉天千代田尋常高等小学校・奉天千代田在満国民学校・瀋陽千代田国民学校同窓会				Mm
	松の緑　同窓会会報	奉天尋常高等小学校・奉天春日尋常小学校・奉天春日在満国民学校同窓会				Mm
	菊田学級	奉天春日小学校菊田学級		1979		Mm
	少年の見た通化事件の真実［二道江国民学校］	佐藤和明	新評論	1998.2	216p	K
	張家口——少年秋月圭一の戦中と、そして戦後	春日圭太郎	小学館スクウェア	2004.1	511p	T
	博克頭児山（ぼくとるさん）鄭家屯小学校同窓会誌 NO.1〜39			1994.4〜2004.6		Tc
	北票炭鉱全貌　［北票尋常高等小学校］	中島茂	錦州省吐黙特中旗満洲炭鉱株式会社北票炭鉱	1940.12	23p	K
	笠間満洲分村誌　［南哈碼笠間国民学校］	笠間満洲会	筑波書房	1981.5	127p	K
	満鉄教育への回顧　藤野幸平還暦記念　［橋頭小学校］	藤野幸平	赤間関書房	1971.10	62p	Ho
	運河のほとりで　［撫順千金尋常高等小学校］	中原玲子		2001.4	210p	Kj
	太子河　満洲本渓湖百年の歩み　［本渓湖小学校］	本渓湖会「太子河」編集委員会	本渓湖会	1992.11	380p	Ak
	富士小だより　NO.2,3,5	鞍山富士小の会		2000.3	90p	MT
	旧満洲大石橋尋常高等小学校　ばんりゅうの集い			1988.9		K
	満洲公主嶺　過ぎし四〇年の記録公主嶺小学校80周年記念誌	公主嶺小学校同窓会		1987.11	583p	T

番号	誌名	編纂者	発行所	発行年月日	ページ	所在
	てつれい NO.19〜21,23,24,26		鉄嶺小学校同窓会	1992.10〜		Tc
	南山会会報 NO.21,23,31〜33	金州小学校同窓会南山会		1990.2〜		Tc
	ひしか NO.1,3,7,9,10	皮子窩小学校同窓会		1977.1〜1987.6		Ky
	普蘭店 会報 NO.1,4〜11	普蘭店会事務局		1982.10〜2001.4	12〜20p	Tc
	アカシヤの大地遥か ［在満国民学校］	安田義子	文芸社	2000.6	116p	K
	アカシヤの懐かしい大連 ［大連霞小学校］	置田和生	文芸社	2003.3	155p	K
	大連春日小学校の今昔 創立70周年記念文集			1990.9	165p	Ky
	会誌 戒克（ジャンク）	大連日本橋小学校ジャンク会		1987		Ky
	かみよし 同窓会十周年記念誌	大連上葭国民学校同窓会		1982.6	121p	K
	静浦 50周年記念誌	大連静浦小学校校友会		1985.3	52p	Ky
	静浦小学校の思い出	関山秀子				Ho
	喜び永久に 大連嶺前小学校創立70周年記念誌	大連嶺前小学校同窓会事務局		1992.11	242p	K
	第七回大連甘井子小学校同窓会 創立50年記念			1975.6		Ky
	再見松林 創立65周年記念誌 ［松林小学校］			1987.6	98p	Ky
	大連富士を仰ぎ見て 大連大正小学校卒業生の共同制作沿革史	大連大正小学校同窓会		1999.7	298p	T
	たいしょう NO.2,4,5,9,10,12〜16,19,21〜24	大連大正小学校		1979.12〜2003.3		T
	大連光明台小学校 創立70周年記念誌			2003.9	85p	Ky
	大連大広場小学校創立90周年記念誌	太田豊	大連大広場小学校同窓会	1997.11	249p	K
	ひまわり 大連向陽小学校創立50周年記念誌	大連向陽小学校同窓会事務局		1990.10	184p	Ky
	しもふじ 創立60周年記念 ［しもふじ小学校］			1991		Ky
	創立記念帖	大連早苗高等小学校		1930.9	25葉	T
	波穏（なみおだやか） 大連伏見台小学校創立85周年記念誌	大連伏見台小学校同窓会		1991.10	123p	Sk

246　Ⅷ．資料紹介

番号	誌　名	編纂者	発行所	発行年月日	ページ	所在
	大連聖徳小学校会報 NO.1～20	聖ヶ丘同期会		1978.12～		Ky
	大連沙河口小学校昭和14年卒業生同期会名簿			1997.8		Ky
	同窓会名簿	大連日出小学校同窓会		1991.6		Ky
	南山たより	大連南山麓小学校同窓会				Ky
	大連第一尋常小学校　大連朝日尋常小学校創立60年記念名簿	大連朝日小学校同窓会		1975.4	86p	Ky
	90周年記念誌	大連常盤小学校同窓会		2001.10		Ky
	遥かなり旅順　創立90周年記念誌	旅順第一小学校白玉会		1996.10	220p	T
	母校の歴史	旅順第二尋常高等小学校・旅順第二尋常小学校・旅順師範学校附属小学校・旅順師範学校附属国民学校同窓会　霊玉会		1996.10	45p	K
	営口尋常高等小学校　昭和13年お別れ記念文集	営口尋常高等小学校同期会		1999.1	74p	K
	松蔭会史　［満人学校　朝鮮人学校　北満農業高等学校］	中道静夫	昭和松蔭会	1988.10	286p	K
	文集　大連日僑学校	大連日僑学校同窓会		1996.3	494p	Tc
	長春学園　敗戦直後の旧満州で激動の歴史の狭間に短く咲いた学園　その記録と思い出	長春学園の会　長春学園編纂委員会		2002.9	151p	Tc
	雨ふりお月さん　中国帰国者たちの教室	太田智恵子	教育史料出版会	1983.1		Ky
	天水会小史　［甘粛省天水満洲留用者子弟の学校］	天水会		1994.8	205p	K
	祖国に生きる　中国残留孤児帰国者自立生活の記録	財団法人中国残留孤児援護基金		1998.11	256p	T
	風雪の四十年　父よ母よ何処に！　私は中国に生きている　中国東北地区と残留日本人の記録	「風雪の四十年」刊行委員会	日本中国友好協会	1988.1	128p	T

「在満学校関係者手記目録」作成について　247

番号	誌　名	編纂者	発行所	発行年月日	ページ	所在
	大いなる哉満洲　創立三十周年記念誌	大同学院史編纂委員会	大同学院同窓会	1966.11	699p	T
	友情の架橋　──海外同窓の記録	創立五十周年記念出版会	大同学院同窓会	1986.11	206p	T
	師魂　満洲国立中央師道学院史	長野県南嶺会学院史刊行委員会		1981.10	801p	Tc
	師魂　満洲国立中央師道学院史　補	長野県南嶺会学院史刊行委員会		1982.10	479p	Tc
	伊通のほとり──南嶺に結ぶ絆　［中央師道学院］	長野県南嶺会		1995.2	106p	T
	満洲忘じがたし	満洲教育専門学校陵南会		1972.12	435p	T
	陵南会だより　NO.55 ～	満洲教育専門学校陵南会		1984.9 ～		T
	満洲の教育──教員養成機関の変遷とその背景	須古将宏	志道会	1978.8		
	回想　教育者の記録『日本長春会会報　NO.19,20』					
	開拓団の教師として　『満蒙開拓の手記　長野県人の記録』	NHK長野放送局	日本放送出版協会	1979.8	331～401p	Tc
	開拓女教師の手記・ああ満洲	佐藤あつ子	あづま書房	1978.9	339p	K
	第七次北学田　［北学田在満国民学校訓導］	河内新吾		1992.1	234p	K
	双龍開拓団史　［双龍尋常高等小学校教員］	澤田寿江		1976.1	220p	K
	教育目覚めへの旅	四方幸三		1984.3	220p	T
	保々隆矣小伝	後藤春吉		1961.9	190p	T
	激動の時代を生きて　草原の夕陽　［中央師道訓練所、興安南省在満国民学校］	山田邦夫		1988.9	347p	Kj
	一教育家の生涯──秋山眞造のこと	秋山眞一郎		1980.5	266p	T
	教壇から家庭へ	堀越喜博（奉天二中校長）	砂丘会	1983.7	350p	T
	石森先生の思い出	喜田滝治郎	石森延男先生教育文学碑建設賛助会	1967.9	220p	T
	在満国民学校長時代の想い出　［白城子高千穂在満国民学校、海拉爾在満国民学校］	岳藤邦夫			8p	T

VIII. 資料紹介

番号	誌　名	編纂者	発行所	発行年月日	ページ	所在
	開拓の記録　[太子在満国民学校校長]	斉藤良治		1988.12		K
	あけぼのの浜の二十才と八才　大連市と鈴木清見先生の思い出	川上隆子		1996.1	24p	Ky
	牡丹江脱出の手記　1～4　[牡丹江師範教諭]　[出典不明]	弦田香陽				T
	思い出の陸柱　[師道高等学校長阿部宗孝]	萱本正夫他	阿部ちゑ 阿部昌子	1973.12		Me
	聞き書　神埼邦治　[新京商業教員]	神崎邦治		1995.6	432p	T
	師の傘寿を記念して	満洲教育専門学校附属小学校宮武学級	宮武先生傘寿記念事業本部	1986.10	100p	Ho
	杵淵先生の面影	和敬清				Me
	高原千里　内蒙古回顧録	らくだ会本部		1973.9	660p	Tc
	思い出の内蒙古　内蒙古回顧録	らくだ会本部		1975.11	530p	Tc
	雲山万里の鏡泊湖――血と涙の湖畔の12ケ月	三堀幸一	満洲鏡泊学園鏡友会東京連絡所	1994.12	28p	Tc
	満洲鏡泊学園鏡友会創立60周年記念誌	結城吉之助	満洲鏡泊学園鏡友会東京連絡所	1994.7	90p	T
	鏡泊誌　鏡泊学園村外史	田島梧郎		1982.10	272p	Tc
	鏡泊誌　鏡泊学園村外史　その二	田島梧郎				Tic
	先駆　回顧録	同徳台一期生会		1986.7～1987.7	2冊	K
	同徳台陸軍軍官学校第7期生史	同徳台七期生会		1990.6	994p	K
	60期生史　[新京陸軍軍官学校日系60期生]	陸士60期会		1973		Sk
	幻の青春　満洲国興安陸軍軍官学校日系第一期予定生と記録	興幻同期会		1990.12	40p	K
	緑園の青春群像　新京陸軍経理学校第七期卒業四十周年記念文集　上・下	緑園の青春群像編集委員会		1983		Sk
	大陸の光芒	満洲国軍官四期生会		1983.4～.12		K
	私達の興安回想　[陸軍興安学校]	蘭星興安『私達の興安回想』編集委員会		1999.4	276p	Gi

番号	誌　名	編纂者	発行所	発行年月日	ページ	所在
	満洲国陸軍軍医学校　五族の軍医団	白楊会		1980.5	1502p	K
	旅魂　旅順海軍予備学生教育部兵科五期学生二期生徒の記録	旅魂編集委員会		1994.9	579p	Ky
	遼河　40周年記念号［潜水学校　営口実業補習学校］	井上務	遼河誌40周年記念事業の会	1995.10	336p	K
	満蒙開拓指導員養成所史　俤を負う　（理想の教育と青春）	満蒙開拓指導員養成所の教育と歴史編集刊行発起人会		1995.9	391p	K
	満洲女塾	杉山春	新潮社	1996.5	306p	T
	蘭花の園　上、下　［地政職員訓練所　新京法政大学］	草葉晴美	梓書院	1981.6	323p	K
	東辺道　［満洲国立中央警察学校］	木口三郎	栄光出版社	1979.5	356p	T
	ホロンバイルは遠かった［哈爾賓義勇隊中央病院看護婦養成所］	小原昭	青磁社	1984.5	166p	K
	満洲の遺産　［日赤看護婦養成所］	倉本和子	文芸社	2003.8	317p	Ch
	満洲十二年　五族共和を求めて　［白ゆり洋裁学院］	津田徳治	白ゆり印刷出版部	1979.12	273p	K
	ああ満洲　国つくり産業開発者の手記	満洲回顧集刊行会		1964.12	923p	
	満鉄・少年社員の敗戦日誌［満鉄鉄道錬修所］	浜口潤吉	東京図書出版会	2002.7	227p	Ak
	酷寒のシベリヤ抑留記［関東軍建設技術要員養成所］	竹田正直	光人社	1991.4	277p	Ak
	満洲航空史話　［満洲航空乗員訓練所］	満洲航空史話編纂委員会		1972.11	649p	Ky
	満洲航空史話　続編　［満洲航空整備工養成所］	満洲航空史話編纂委員会		1981.11	686p	Ky
	潮汐風浪と戦い港造り三十年	株式会社志多組顧問朝日啓一		1986.5		Ky
	わが青春の満洲　［満洲電業社員養成所］	谷口正敏	満洲電業養志会	1995.10		Mc
	鞍山昭和製鋼所　満洲製鉄株式会社の興亡	友清高志	徳間書房	1992.12	284p	Ky
	私たちの青春・満鉄	私達の青春・満鉄編集委員会	錦局機関区	1992.8	533p	K
	撫順炭鉱終戦の記　［撫順育成　撫順中学］	満鉄東京撫順会		1973.5	274P	K
	わが人生の並木道　［撫順工業技術員養成所］	高橋周吉		1984.9	256P	Kj

番号	誌　名	編纂者	発行所	発行年月日	ページ	所在
	文集　万老　[満鉄撫順炭鉱技術員養成所]	満鉄撫順炭鉱万老会	満鉄撫順炭鉱万老会	1984.9	391p	K
	会員名簿　南満洲工業専門学校付設職業教育部・工業実務学校・大連鉄道技術員養成所	伏見会		1972.5		Ky
	曠野に生きた若者たち　満鉄育成学校	満鉄若葉会		1982.10	490P	K
	炎は消えず　技術開発にかけた満鉄マンの群像とその青春	原勢二		1974	301p	K
	鐵研舍史	鐵研舍会		2000.2	141p	Ky
	満洲の大地を生きのびて[鉄工訓練所]	山上春夫	日本図書刊行会	1997.6	263p	Kj
	満洲国司法建設回想記[司法部法学校]	前野茂		1985.3	185p	Tc
	法政［第一号］　満洲法政学院同窓会会報			1987.10		Ky
	ありなれ　NO.2,5～9,11～20,22～27,29～34,36,38～40,44～46	東京安東会本部		1957.10～2002		T
	日治時期　在「満洲」的台湾人　中央研究院近代史研究所　口述歴史叢書79	許雪姫	中央研究院近代史研究所	中華民国91.3[2002.3]	627p	Tc
	「満州」オーラルヒストリー〈奴隷化教育に抗して〉	斉紅深竹中憲一訳	皓星社	2004.3	524p	T
	大連　アカシアの学窓　証言　植民地教育に抗して	竹中憲一	明石書店	2003.3	358P	T
	黄土の群像	興晋会在華業績記録編集委員会	興晋会	1983.5	818p	T
	天津の日本少年	八木哲郎	草思社	1997.12	302p	T

Ak ……愛知県図書館所蔵　　Ch ……東京都立中央図書館所蔵　　Gi ……岐阜県立図書館所蔵　　Ho ……法政大学第二高等学舎友会教育研究所所蔵　　K ……国立国会図書館所蔵　　Kj ……愛知県春日井市日本自分史センター所蔵　　Ky ……北九州市立国際友好図書館所蔵　　KN ……長野県立長野図書館所蔵　　Me ……前田均氏所蔵　　Mc ……松本市中央図書館所蔵　　Mm ……ムクデン満鉄ホテル所蔵　　Ns ……大阪中ノ島図書館所蔵　　T ……槻木所蔵　　Tc ……槻木コピー所蔵

Ⅸ．気になるコトバ

「国語」

北川知子*

　1986年、私は大阪教育大学小学校教員養成課程国語科に入学した。その直後に、在日朝鮮人教育研究会（在朝研）に入り、在日コリアンの世界に踏み込んでいくことになるのだが、考えてみれば、そのころからずっと私は、「『国語』ってなんで『国語』なんやろ？」というわだかまりとつきあってきたように思う。

　1986年の夏、大阪府八尾市にある「トッカビ子ども会」という在日コリアンの子ども会で指導員をさせてもらった。補助ともいえないお粗末な日本人学生を、指導員の方も子ども達も温かく受け入れてくれたが、その40日間というもの、「『国語』ってなんで『国語』なん?!」という問は「私はここに何しに来てんの?!」という自問自答の裏側に貼り付いていた。

　修士論文のあとがきに、蛇足だとは思いつつ、私はこんなことを書いている。

　　1986年夏。大阪府八尾市の被差別部落のなかにある在日朝鮮人子ども会でのことだった。
　「おねえちゃん、なまえ、なんていうの？」
　「きたがわともこ。覚えてな」
　小学1年生の彼女は当惑した顔をして、少し首を傾げてから、もう一度口を開いた。
　「そうじゃなくて、朝鮮の名前は？」
　私は一瞬、ためらった。
　「おねえちゃんはねぇ、日本人やから、日本のなまえしかないんよ。」

＊　関西福祉科学大学高校

しっかりと私の手を握っていた小さな手が、急激に力を失っていった。
　彼女にとって、子ども会は、日本人の視線が入り込まない解放区だったのだろう。そこへこのこ入り込んでしまったことの重大さを、私は小さな掌から学んだ。日本人がいないということが、そんなにも心の平安を生むものなのか。彼女の胸には、小学校名の入った名札に、ひらがなで朝鮮語読みの本名が書いてあった。

　いまでも、あの掌の感触ははっきり思い出せる。やわらかい温かい手が、ほんとうに、さーっと、冷たく、かたく、なったのだ。私の掌の中で。それは子ども会に行った初日の朝のできごとだった。もちろん、差別の実情や子ども会の方針を謙虚に学ぶつもりで出かけていたし、自分ではこれ以上決意できないぐらいの決意で踏み込んだつもりだった。しかしその小さな掌が、私の「これ以上決意できないぐらいの決意」の甘さをあっけなく暴露してしまった。子ども会に入ってまだ30分程しか経っていないのに、私は自分の甘さに打ちのめされて、泣きそうだった。
　その夏、私が所属したのは中学生部会で、小学生とは自由遊びの時間に遊んでいただけである。子ども会では「じゃんけんぽん」や「1、2、3、4」（カウイバウイボウイ／イルイサムサ）などの朝鮮語を使うので、遊びながらそんなことの一つひとつを教わる。ちょっと言い間違ったりうろ覚えだったりすると「なんでトッカビ来てんの？」という質問に襲われるので、それこそ必死になって覚えた。いじわるで聞く子から、本気で不思議そうな顔をして聞く子、なかには「ええやん。来てんねんから、なぁ」とニコニコして言ったあとで「夏休みが終わっても来いや」とキツイ念押しをしてくる子もいた。
　中学生部会の活動のメインは勉強会で、学校の宿題を中心に苦手な部分や弱い部分を教える。「差別と闘う」ことを大切にしている子ども会にとって、学力保障・進路保障は重要な柱でもあった。英語・数学を教えることが多かったが、「国語」もたまに出てくる。教科名「国語」は、子ども会では「日本語」と呼ぶことになっていた。しかし、彼らも普段の学校生活では「国語」と呼んでいるから、つい「国語」と言ってしまう。
「『国語』ちゃうやろ。日本語やろ」
「だって、いっつもは『国語』っていうてんねんから、そんなんココでだけよう言わんわ」

「だいたい、なんでそんなことこだわるん。うちら国籍は韓国かしらんけど、ここは日本やし。」

等という論争が、ときとして巻き起こる。そこで「北川さんは何の先生になるん？」と聞かれると、ツライ。「えーと、日本語。」と答えれば、「北川さんは日本人やねんから『国語』でええの。」と言われ、「国語。」と答えれば、「トッカビでは日本語っていうねんで。」と言われる。

そんな毎日だから、自然「なんで『国語』なんやろ……」と考えざるを得なかった。それはそのまま「『国語』ってなんで『国語』？」という疑問をまったく持たずにきた小・中・高校の12年間の学生生活への疑問にもつながり、「私（の専攻）は『国語』でいいのか？」と疑問は妙な方向へ肥大した。ひと夏が過ぎ、「私がトッカビに来たのは、それが私の生き方だから」と自信を持てるようになった後も、「国語」に関するわだかまりは消えなかった。その後、「国語教育ゼミ」を選択し「国語科教育学」学究の道にこだわったのは、その答えを出したかったからかもしれない。

修士課程を終えた私は、高校の「国語」教師になった。一般に教師も生徒も、漠然と「母語として教え習う日本語は『国語』、外国語として教え習う日本語は『日本語』」という感覚を持っている[1]。しかしその一方で、学生募集のためのイメージ戦略もあってか、従来「国語国文」科としていた学科名を「日本語日本文学」科と改称する大学・短大が増加し、「国語学会」も「日本語学会」と改称した[2]が、相変わらず小・中・高校の教育現場は「国語」である。「なんで『国語』？」と引っ掛かっている教師はそう多くない。しかし、「国語」という呼称に対する無自覚さ・無感覚を再生産しているのは小・中・高校の「国語」という授業科目名に違いない。だからこそ、初等学校であればあるほど、科目名「国語」でいいのか、考えてほしいところだ。時枝誠記氏の著述に、次のようなものがある。

> 台湾の領有により、我が国は始めて異語民族を国家の中に包含し、これら民族に対して国語として日本語を如何なる理念のもとに教授すべきかといふことを考へねばならなかつたのであります。（中略）ここに於いて国語とは何であるかといふことが大きな問題として持上がつて来なければならない筈だつたのであります。
> （「最近に於ける国語問題の動向と国語学」『日本語』1944年2月号　傍点

は引用者）

　周知の通り、時枝誠記氏は植民地時代末期の京城帝国大学に勤務しており、朝鮮人に日本語を教える現場に近かった。そのために上記のような気づきを得やすかったのだろうと思われる。ひるがえって現在の日本を考えれば、「国語」の教師として、「国語」と銘打たれた教科書を持って教えている教室には、朝鮮半島だけでなく、ベトナムやブラジルや中国といった様々なルーツを持つ子ども達がいる。そこで上記の時枝氏のように「国語とは何であるか」と気づけるか気づけないか。上記の一文は、「筈だつた」と締めくくられている。いまた、「筈だつた」で放置し続けるわけにはいかない。近年相次いで発表されている論考が、さらに幅広く教育現場にも浸透してほしいと思っている。

【註】
(1)『国語教育研究大辞典』（明治図書1991）にも、「国語教育が対象とする言語は自国語であり、学習するものの生活言語であり、思考言語である」と説明されており、実際に比較国語教育学の対象は、各国・地域の母語教育である（ちなみに英訳は「Comparative study of mother tongue education」）。全国大学国語教育学会紀要第56集（2004.9.）で浜本純逸氏が「国語」科の名称について「明治・大正・昭和の時代において一定の歴史的な役割を果たしてきた。そのことを認めた上で、これからの歴史に耐え得る名称であろうか、と問うことは、今、必要であろう」（20p）と提起されており、今後の議論が期待される。
(2)「国語学会」の「日本語学会」への改称は2004.1。なお、ご周知の通り、近年「国語」をめぐる論考の発表が続いている。（『「国語」という思想』イ・ヨンスク氏、『植民地の中の「国語学」』をはじめとする安田敏明氏の一連の著作など）

「満州語」「満語」

桜井　隆*

意味の1　――満州族の固有語

　今日、「満州語」といえば、中国の少数民族である満州族の固有の言語を指す。これは中国語では一般に「満語」と呼ばれる。「満州語」「満語」という名称は、言語学では、これ以外のものを指すことはない。ツングース諸語の1つであり、現在では黒龍江省の一部地域に話者が存在する。

　満州族は中国を征服し、清王朝を築いたので、この言語は清朝の公用語となった。当時の公印には、漢字と並んで満州語の文字が見られる。たとえば、清の冊封を受けていた琉球王の印璽がそうである（図参照）。

「琉球国王之印」（原寸）
右が漢字（篆書体）
左が満州文字

意味の2　――「満州国」の中国語

　しかし、日本の傀儡国家「満洲国」では「満州語」が別の意味で使われていた。ここで言う「満州語」とは、今日で言うところの「中国語」（当時の一般的呼称としては「支那語」）を指す。これは省略されて「満語」とも言った。

　同一の言語であるが、中華民国で使われている中国語を「支那語」と呼び、「満洲国」で使われている中国語を「満州語」「満語」と呼んだのである。

　両者に大きな方言的差異があるわけではない。ことさらに異なる言語名を

＊　明海大学

使用するのは、言うまでもなく政治的意図によるものである。

「満洲国」という国家を広く認知させるためには、そこで使用される言語にも独立性をもたせる必要がある。特に、当時の中華民国から「満洲国」を切り離すためには、同一名称の言語を使用しているということは不都合であると考えられたのであろう。

この裏には、1つの国では1つの言語が使われるという、日本的な単一言語思想があったと思われる。今日でも、日本人は一般に国家と言語を1対1に結びつける傾向がある。ドイツ＝ドイツ語、フランス＝フランス語という具合である。しかし現実には、ドイツ語はドイツ・オーストリア・スイス・ルクセンブルグ・ベルギー（一部地域）で公用語になっている。これらの国々における言語名はいずれもドイツ語 Deutsch である。ドイツ以外の国で使われていても、ドイツ語なのである。1つの言語が複数の国々で使用され、その言語が同一の名称で呼ばれることは珍しくない。

しかし、何らかの理由で国家の存在を強く主張しなければならない場合には、1つの言語が国名に応じて別々の名称をもつことになる。典型的な例は、「韓国語」と「朝鮮語」である。日本語にはこれ以外の呼称がないのでいずれかの選択を迫られるが、それが自己の政治的立場ととられることにもなりかねない。積極的に中立を表明するためには、「コリア語」などの名称を新たに作り出さなければならなくなる。

言語名は時として単なる固有名詞ではなく、政治のシンボルとして機能するのである。したがって、1932～1945年の時期において、「満州語」「満語」が「『満洲国』の中国語」という意味で使われていたら、その発話者は国策を肯定する立場にあるという蓋然性が高いことになろう。

2つの「満州語」

中国東北部は満州族の故地である。この地の傀儡国家の皇帝とされた溥儀も、満州族である。「満洲国」という名称は、「満州族の国」という意味では荒唐無稽とは言いきれない。しかし、満州族固有の言語としての「満州語」は、特に保護・振興策はとられなかった。それどころか、「満州語」という名称を、「『満洲国』の中国語」に明け渡したのである。

司法部参事官・千種達夫の書いた「法律文章の口語化と平易化」に見られる次の一文は、何気なく読み過ごされてしまうだろうが、言語的尊厳のすべてを奪われた傀儡皇帝の憐れさを感じさせる。安田（1997 p.221）から重引する。
　──「併し閣議や参議会議にかけるためには草案も日満両文による必要を生じ、且元首は満文をよくせられるため、法令の御裁可は満文の草案に……」
　ここでいう「満文」は法令の草案であり、「日満両文」となっているところを見ると、間違いなく中国語の文章のことであると思われる。「元首は満文をよくせられるため」と記されているが、満州族である溥儀の民族固有の言語はツングース諸語に属する「満州語」のはずである。しかし、国家元首に対してさえ「満文」をその本来の意味で使っていないのである。
　また、北京に宮廷を構えた清朝の皇族は、時代が下るにつれて漢化し、溥儀の第一言語も満州語ではなく中国語であった。にもかかわらず、千種は「元首は満文（＝中国語）をよくせられる」と記している。中国語の母語話者である元首に向かって「中国語が上手だ」というのは、侮辱であろう。

「『満洲国』の中国語」としての実体

　「『満洲国』の中国語」といっても、「満州語」「満語」という独自の名称を与えるほどの特殊性があるわけではない。そもそも政治的意図によって生み出された名称で、中身はない。しかし、そこに実体を持たせるため、いくつかの方策が採られた。
　まず、北京とは異なるわずかな方言的特徴を強調し、新たな標準語を定めることである。1944年2月に、「標準語は松花江流域地方をそれと看做すことに決定され」た（安田 1997 p.251）。
　一地域の独立性を強調する場合、その地域で使用されている言語のわずかな方言的差異を強調し、別の言語に仕立てるということは、政治的な常套手段といえよう。たとえば、ルーマニアのベッサラビア及びその周辺地域が分離、ソ連邦内のモルドバ共和国とされたとき、この地域の言語はルーマニア語の一方言ではなくモルドバ語（モルダビア語）という言語であるとされ、ロシア語に接近をはかる試みがなされた。
　次に、文字を改めることである。「満州語」も実は中国語であるから、その

表記には漢字が使われる。しかし、これを日本のカタカナによって書き表すシステムが開発された。1944年2月に「満洲国」文教部から公表された「満語カナ」である。これによれば、「新京」は「シイヌヂイン」と表記されることになる。

　カタカナの導入は、短時日のうちに住民の識字率を上げるため、という大義名分があった。しかし、より大きな目的は、「満州語」を「支那語」から切り離すため、であったろう。文字の相違は、言語としての独立性を視覚的に訴える効果がある。

　たとえばセルビア語とクロアチア語は、セルボクロアチア語という一つの言語にくくられて論じられることが多く、言語学的には同一の言語と見てさしつかえないと思われる。ただ、セルビア語は表記にキリル文字を使用し、クロアチア語はローマ・アルファベットを使用する。事情を知らない者は、特にその本を手に取ったときなどには、両者はまったく別の言語であると認識するであろう。

　また、ある民族が何らかの勢力の下に入った場合、自らの文字を捨てて、支配的勢力の使用する文字に切り替える（させられる）というのも、珍しいことではない。たとえば、モンゴル人民共和国がソ連の勢力下にあった時代、モンゴル語はウイグル文字による表記を700年以上も続けていたにもかかわらず、これは不便であるとして、キリル文字の使用に切り替えた。

　「満洲国」の中国語にカタカナ表記を強要することは、「満州語」のもっともわかりやすい実体化であったといえよう。

　こうした試みにもかかわらず、「『満洲国』の中国語」としての「満州語」「満語」は、その実体が定着する前に、傀儡国家もろとも消滅した。この意味で「満州語」「満語」が使われたのは、「満洲国」と、同時期の日本だけである。

【参考文献】
安田敏朗『帝国日本の言語編制』世織書房、1997
栗林均「モンゴル語」・津曲敏郎「満州語」・倍賞和子「モルダビア語」　亀井孝・河野
　六郎・千野栄一（編）『言語学大辞典』第4巻、三省堂、1992

「内地」という言葉

佐野通夫＊

　自由主義史観研究会理事である杉本幹夫の著書などを見ていると、現在において「内地」という言葉が平然と出てきて驚いてしまいます（例えば、『データから見た日本統治下の台湾、朝鮮プラスフィリピン』龍渓書舎、1997年）。
　もちろん、植民地期において「内地」・「外地」という言葉が使われていたのは事実ですから、当時の文献の引用において「内地」・「外地」という言葉が登場するのは避け得ないことです。しかし、地の文において引用中の言葉がそのまま登場することは、私は当時の領土認識、すなわち植民地支配をそのまま、肯定することだと思うのです。
　「満州」について、「中国では『満州』ということばは使用せず『偽満』という。『満州』に国家としての正当性を認めず、『傀儡』『疑似』という意味をもたせたものである」（竹中憲一『「満州」における中国語教育』柏書房、2004年、凡例）と言われています。それと同じように、現在の時点で植民地を考察するときに「内地」「外地」と言うことは、植民地を正当化し、その当時の視点でものをいうことだと思われるのです。
　これに対して韓国・朝鮮、台湾の研究者、そして教科書を見てみると次の通りです。韓国の研究者の著作として、鄭在哲『日帝の対韓国植民地教育政策史』（一志社・ソウル、1985年、以下、朝鮮語著作について煩を避けるために書名、引用を日本語訳して表記します）を見てみれば、例えば第2次朝鮮教育令について、「『内地準拠』、すなわち日本準拠だった」（149ページ）というように引用中の「内地」について「日本」と訳しています。
　朝鮮で出された『朝鮮教育史　2』（社会科学出版社・ピョンヤン、1995年）では、直接「内地」という言葉は見つけることができませんが、「1919年

＊　日本植民地教育史研究会代表

3.1 蜂起を契機にわが国（우리 나라）では」（191 ページ）というように、植民地期にあっても「わが国」と表記し、日本のことは「日帝」「日帝統治者」「日帝侵略者」と表記しています。

植民地下に刊行された書物であっても、朱耀燮『朝鮮教育の欠陥』（世界書院・ソウル、1930 年－ただし、奥付表記はそれぞれ「京城」「昭和五年」）では「日本本国では明治維新後」（8 ページ）と表記し、日本人・朝鮮人の就学率対比でも決して「内地人」とは表記せず、「日本人」としています。

この点、1929 年の矢内原忠雄『帝国主義下の台湾』（岩波書店）では、「我植民地としての台湾問題の帝国主義的性質（略）を検討」する（1 ページ）としながら、具体的な表記になると「内地人」「本島人」という表記になってしまっています（「我植民地」の「我」が何かということも十分問題だと思います）。

韓国の高等学校『国史』教科書（文教部著作、1982 年）でも「1910 年以後には日本の漁民を韓国に移住させ」（下、123 ページ）と当時の「内地」を「日本」と表記しています。

台湾の研究者も、翁麗芳『幼児教育史』（心理出版社・台北、1998 年）は台湾教育令について、「内地是指称日本本土，同化政策、内地延長主義就是将殖民地台湾（原称「外地」）視同為日本的一部分。」として、内地を「日本本土」と訳し、「外地」を殖民地台湾としています。

国民中学用歴史教科書でも、国立編訳館『認識台湾（歴史編）』（同館、1997 年－奥付表記は「中華民国 86 年」）には「総督府致力於改革台湾糖業，以供応日本国内之需求」（69 ページ、下線ママ）と当時の「内地」を日本と表現しています。

このように、現在の中国において「満州」を「偽満」と称するように、韓国・朝鮮、台湾においても、植民地支配自体が不当なことであって、当時の呼称は引用等で限定的に用いざるを得ないけれども、韓国・朝鮮、台湾と日本は別個の国であるであるという立場を貫徹しています。

また、「内地」という言葉を辞書で見てみようとして、手元にあった少し古い『広辞苑』（第三版、1983 年）を見てみると、定義といえないような定義が載っていました。

　①一国の領土内。版図内。国内。

②一国の領土内で、新領土または島地以外の地。わが国で、もと朝鮮・台湾・樺太などを除いた領土をさした。⇔外地。
③北海道や沖縄からみて、本州をさしていう語。
④海岸を遠ざかった内部の土地。内陸。

ところが、最新（？）のインターネット辞書で「ない‐ち【内地】」を検索しても、同じようなものでした（各説明の後の丸数字は佐野が付したもの）。『大辞泉』では、

1 一国の領土内の土地。国内。(⑤)
2 もと樺太(からふと)・千島・朝鮮・琉球・台湾などに対して、日本の本来の領土である本州・四国・九州・北海道。本土。「—へ引き上げる」外地。(⑥)
3 北海道や沖縄で本州をさしていう。(⑦)
4 海岸から遠く入った内部の土地。内陸。(⑧)

『大辞林』でも、

1 一国の国土の中。国内。(⑨)
2 (第二次大戦前、海外の植民地を外地(がいち)と称したのに対して) 日本本国の土地。⇔外地 (⑩)
3 北海道・沖縄などの人が本州などをさしていう称。(⑪)
4 海岸から遠ざかった土地。内陸。(⑫)

これらが、なぜ定義といえないかというと、①③④は、インターネット辞書でも共通していて (⑤、⑦、⑧、⑨、⑪、⑫)、特定されうるのですが、②は「もと朝鮮・台湾・樺太など」というものがなんであるかが示されていません。対語である「外地」を引くと、

①国外の地。
②もと、わが国固有の領土を内地といったのに対して、それ以外の領有地、すなわち朝鮮・台湾・樺太などの総称。

となっています。
　⑥には「日本の本来の領土」という言葉が入っていますが、これまた何が「日本の本来の領土」であるかは不明です。北海道は「日本の本来の領土」でしょうか。列挙されていませんが、沖縄はどうでしょう。⑩は時期を限定していますから、少しは明確で、ある文脈の中では正確かもしれません。
　ところが、もう少し古い韓国の『新われわれのことば大辞典（새 우리말 큰사전）』（ソウル・三省出版社、1977年）では、次のように明確に定義されています。

　　名　①海岸や辺地から深く入った内側の地方。
　　　　②外国から自分の本国をいう言葉。
　　　　③ある国の領土がいくつかに分けられている場合、その国の憲法が
　　　　　定めている、通常の法律が適用されている区域。⇔外地。

　①は、『広辞苑』の④等と共通した用法です。②は内地を使った用例を見ると理解できます。そこに記されているのは、「内地関税」＝国内関税、「内地貿易」＝内国貿易、「内地産」です。
　そしてこの辞典の特色は③だということができます。日本の辞書はなぜ「内地」か、なぜ「外地」を説明できていませんが、この辞典の定義は明確です。そして用例の中には「内地延長主義」も出てきます。説明は以下の通りです。

　　名　《政》植民地を内地の延長と見て同じ法律と施政を施す主義。

　日本の植民地政策について、支配者は「同化主義」「内地延長主義」「一視同仁」等々の言葉を用いましたが、実態は「共通法」という法の下に定められた異法地域でした。日本の植民地においては「大日本帝国憲法」は施行されなかったのです。朝鮮の植民地化を「韓国併合」と称し、さらにそれを「日韓併合」とあたかも対等合併であるかのような言葉を流布する。それと同様に植民地という支配関係を曖昧にし、さらには日本の植民地領有を正当化する響きが、「内地」「外地」という表現には存在します。その当時であっても、「植民本国」と「植民地」であったわけですし、現在の立場からは、その語義を明確に批判

的に捉えることが必要だと思います。

Ⅹ．彙報
日本植民地教育史研究会事務局

『年報』第6号までは、巻末に研究会通信である「植民地教育史研究」のバックナンバーの縮小版（2003年6月11日付発行の第14号まで）を収録してきましたが、『年報』本号からはそれを廃止して、その代わりに研究会活動の概要をこの「彙報」欄で紹介することにしました。それは、「研究会通信」がもともと会員向けの「通信」であり、市販される『年報』に載せるのは必ずしも相応しいとは思えないこと、また出版不況の折、頁数を節約したいということなどによるものです。

本号では、2003年6月以降、2004年10月末までを活動を対象に報告・紹介します。

＊組織・運営体制

本研究会は、研究会総会を研究大会開催期間中（例年3月）に行い、研究会活動の計画を提案し、決議する。その活動方針に基づき、日常的な会務については運営委員会が、定例研究会については研究部が、年報編集については編集委員会がその具体化を検討し、活動を行っている。以下に、この間の主な活動を示したい。

1) 研究会総会（年1回の研究大会時に開催：2004年3月27日・法政大学）、
2) 運営委員会（研究大会準備、研究会入会申請承認などは随時電子メールによる委員会を設定、大会前後および秋頃に対面で2回程度：〈2003年度〉11月1日・東京青学会館、2004年3月27日午前・法政大学、〈2004年度〉10月10日・東京市ヶ谷）、
3) 研究部（研究会を年2回程度企画・案内・開催：〈2003年度〉第10回研究会＝6月22日・青学会館、第11回研究会＝11月1日・青学会館、〈2004年度〉第12回研究会・6月27日・青学会館）、※「定例研究会の開催」の項参照
4) 編集委員会（年報の編集と発行）、※「年報『植民地教育史研究年報』の発行」の項参照
5) 事務局（事務連絡、「研究会通信」の発行、会計、名簿管理、ホームページ管理等）

＊第7回研究大会の開催

　2004年3月27日（土）13時半から翌28日（日）昼過ぎまで、法政大学市ヶ谷キャンパスの80年館7階にて開催。今回より名称を「研究集会」から「研究大会」へと改めた。

　第1日目は、中国・遼寧省から斉紅深教授を迎えて、シンポジウム「歴史の記憶と植民地教育史研究」を行った。提言者、宮脇弘幸会員（宮城学院女子大学）は「口述は植民地教育史研究にどのように生かせるか」を副題とした問題提起を、斉紅深教授（遼寧省教育史誌編纂委員会）は「植民地教育体験者たちの口述による歴史」（通訳：劉麟玉・四国学院大学）を提言し、オーラル・ヒストリーの意義と方法について深めた（本書Ⅰ.を参照）。その後、研究会総会と懇親会を行った。

　第2日目は台湾関係3本、前日に続きオーラル・ヒストリーに関わる研究と計4本の自由研究が報告された。以下が、当日の報告者および題目である。

1）林弘仁（久留米大学大学院）：石川倉次の「台湾学生教授日誌」をめぐって
2）弘谷多喜夫（熊本県立大学）：日本統治下台湾における「国民」形成と教育
3）白柳弘幸（玉川大学教育博物館）：植民地統治下台湾における修身教育——公学校修身書における軍事教材
4）樫村あい子（一橋大学大学院）：オーラル・ヒストリーにみる日本占領下シンガポールの日本語教育

　林報告は、なぜ、盲唖教育で有名な石川倉次が台湾留学生への教育を行ったのかという疑問を、東京盲唖学校の後身である筑波大学附属盲学校で発見した新史料「台湾学生教授日誌」から考察したものであった。伊沢修二の台湾教育認識で重要であった、漢字ではない「会話主体」の教育が、音声言語で教育をしていた盲唖学校の石川の教育法と結びついたという仮説が示された。

　弘谷報告は、陳培豊『「同化」の同床異夢』における分析の理論枠組みを問題とした言説研究であった。特に、陳の「近代化＝高い就学率＝積極的受容の結果＝文明を渇望する精神性」という等式を疑い、就学要求の「渇望」が不適当であること、また"「国語（＝日本語）」による知識の吸収"ということも成立不可能であったことを明らかにした。

白柳報告は、台湾総督府が発行した1913（大正2）年の三期以降六期までの修身教科書の教材分析をし、軍事教材に着目してその内容の変遷と特徴を明らかにした。期を増すごとに軍事教材の割合が増えていること、挿絵も軍事教材化していると、いくつかの例が示された。

　樫村報告は、シンガポールで日本語教育を受けたインド系シンガポーリアンへの複数回にわたるインタビューから、日本語教育が"「人生に対しての自信」「独立に対する自信」を獲得する機会であった"という証言を得、「従前の歴史の解釈を変える可能性を持ちうる」と評した。この評価に対しては、質疑応答で異論が出たが、オーラル・ヒストリー調査の問題点と限界について考えるよいきっかけとなったと思われる。

＊定例研究会の開催

　この間、定例研究会を研究部会の主催により、次の日程・内容で行った。

第10回研究会：2003年6月22日、東京・青学会館、参加13名
　1）小黒浩司「日本植民地史のなかの岡松参太郎」
　2）芳賀普子「戦後都立朝鮮学校をめぐる二、三のこと」

第11回研究会：2003年11月1日、東京・青学会館、参加17名
　1）佐藤広美「戦略論的近現代史教育はなぜ主張されるか」
　2）樫村あい子「日本軍政下シンガポール（昭南島）における日本語教育
　　　　　──教育現場の実態とオーラルヒストリーから」

第12回研究会：2004年6月27日、東京・青学会館、参加23名
　1）李尚霖「『台湾語』アイデンティティーについての一考察」
　2）佐藤由美「植民地台湾・朝鮮からの留学生統計に関する一考察」

　各回、午後1時半〜5時に設定し、時間的な余裕をもって報告内容を聞き、議論できる機会となった。

＊年報『植民地教育史研究年報』の発行

　第6号『植民地教育の残痕』を2004年3月大会時に合わせ、皓星社から刊

行した。

　特集は「小沢教育学の遺したもの」で、これは2003年3月に四国学院大学で行った研究集会の公開国際シンポジウム・テーマ「小沢有作の植民地教育論を検討する」による。

　第6号編集委員会は2004年2月4日開催。第7号編集委員会は一部委員を交代して3月27日に新4人体制で発足した。第1回編集委員会を4月9日開催。編集方針を定めて（特集：オーラルヒストリーなど）、エントリー締切を7月末とし、「研究会通信」およびホームページで会員内外へ通知した。公募原稿のほかに、1)「オーラル・ヒストリー」の「経験」記、2)「気になるコトバ（用語、概念）」にかかわる原稿を募集・依頼したことが特色でもある。第2回編集委員会を8月5日に開催、応募状況を確認と善後策を検討。10月末日で原稿を締め切り、2005年2月発行予定である。

＊「研究会通信」の発行

　年2回のペースで研究会通信「植民地教育史研究」を発行した（第15号＝2004年3月11日付、第16号＝2004年6月14日付）。第15号では、第7回研究大会案内および中国から斉紅深教授をお迎えするにあたっての寄附依頼、第10および11回研究会報告、年報第6号の予告などを掲載した。第16号では、第12回研究会案内、『年報』第7号の投稿呼びかけ、第7回研究大会報告、2003年度会計報告および2004年度予算、大会会計報告、総会記録を掲載した。また、第16号には、『年報』第6号の差し替え分（162頁）兼誤植の訂正用紙および会員名簿を同封した。

＊研究会ホームページの開設

　本研究会でホームページを開設した。2003年10月23日から試験公開を開始し、同年11月25日から本公開を始めた。公開している項目は、趣旨・会則、大会、定例研究会、入会案内、各種声明、植民地教育史研究年報、関連情報、LINKである。URL : http://colonialeducation.web.infoseek.co.jp/

＊韓国教育史学会との交流

　2004年7月、韓国教育史学会（金大容会長）に申し込んでいた学術交流が先方からも同意され、機関誌『韓国教育史学』が送られてくることになった。

本研究会からは、『植民地教育史研究年報』を送ることにする。

★代表、運営委員が日常的に顔をあわせられない状況の中で、電子メールによる運営委員会を適宜行い、また、情報を広く公開していくためホームページを開設するなど、役員の日常活動に大きな変化が出てきたように感じられる。一方で、相変わらずの移動時間と距離・経費の障害もある。

★2004年10月の運営委員会（対面）では、2005年3月の研究大会開催日程を3週間も大幅に繰り上げることとした。航空産業の割引制度に乗る形ではあるが、せめて少しでも会員が経費負担を少なく、全国各地から移動できるようにと考えたためである。熊本県立大学での大会へ多くの方々が集ってくださることを期待したい。

(事務局長・井上　薫)

編集後記

編集委員としてもっとも難しい仕事は、私の場合、一番最後にやってきた。目次の英訳である。英語に訳しようもない単語がぞろぞろ出てくるので、なんとも困り果ててしまった。

たとえば「公学校」である。「公学校」とは、植民地統治下の台湾で、漢族の児童の初等教育にあたった学校である。これを public school と直訳しても意味がない。いや、意味がないどころか、イギリスの上流階級の子弟を教育する「パブリックスクール」と混同される恐れもあり、危険である。しかたがないので、Ko-gakko とした。

「建国大学」も問題である。言うまでもなく、「満州国」に新設された大学の名称である。これは大学の固有名詞だから Kenkoku University と英訳した。しかしそれでは、「建国」ということばに込められた意図は伝わらないであろう。

英訳に難渋するというのは、日本植民地教育史の研究が、まだ世界的規模の広がりを得ていないという実情の反映であろう。この分野における「国際交流」は、ほとんど中国・韓国・台湾に限られている。歴史を直接的に共有している地域の、いわば当事者同士のつながりである。この交流範囲は漢字文化圏に重なる。ここで特に英語が求められるとはない。本誌でも必要なのは、目次の英訳ではなく、中国語訳・韓国語訳なのかもしれない。

しかし別の観点からすれば、英訳は必要だと言えよう。研究者が当然のように使っている用語を英訳しようとするとき、その中身が何であるかを改めて考えるからである。

今号の目次には現れてこなかったが、戦時の日本語には感性に訴えるだけの、意味不明の語が多い。「大義」や「天皇の赤子」などは英語でどう言うのであろうか。異質の文化圏の言語に置き換えようとすれば、その本質について考えざるをえなくなるのである。

（桜井　隆）

「石の上にも三年」という言葉があります。この言葉の意味は「『冷たい石の上にも三年座り続ければ暖まるという意味から』どんなにつらくても辛抱強くがんばれば、いつかはきっと報われるときがくるということ」（『成語林』旺文社）ということです。『植民地教育史研究年報』は 7 号となりました。3 年を 2 回繰り返し、3 回目の始まりということになります。それは本会（ということは本会員）が辛抱強く研究を積んできたということに他なりません。それでは、その努力は報われたと言えるでしょうか。どのような状況になり得たら、本会の研究が報われると言えるのでしょうか。歴史認識という言葉の重さを感じされるものです。

今年、2005 年は戦後 60 年の節目の年にあたります。敗戦を 20 歳で迎えられた方々は 80 歳となります。植民地統治下にあって教育を受けてきた方々の高齢化は避けられないことです。それゆえ「歴史の記憶」を残す必要があるのです。昨年の夏、自宅近くの「開拓の碑」（相模原市麻溝台）に書かれている碑文を読んでいました。そこで散歩の途中という 80 歳を超えられたくらいの男性の方に話しかけられました。その方は当地のご出身で、満州開拓団として入植し、現地で召集を受け戦地を転戦し、九死に一生を得て故郷に戻れたということです。そして、この地を開拓し、飲料水を求めて数キロも歩いた……などの話を聞く機会を偶然に得ました。波瀾万丈のドラマとでも言える歴史を歩んできた方と言えそうです。そうした方々がごく身近におられたことに驚いてしまいました。相模原市麻溝台という場所は元々、陸軍の射撃訓練場であった所にあたります。そこを戦後満州などから引き揚げられた方々が入植し開拓しました。満州や相模原開拓のことなど「歴史の記憶」を語れる方が身近な所にいらしたのです。

（白柳弘幸）

著者紹介

井上　薫
釧路短期大学。1962年生まれ。研究分野は、日帝下朝鮮における教育政策、日本語強制。

宮脇弘幸
宮城学院女子大学教員。
専門は社会言語学、特に言語政策・言語教育・多文化教育を中心とする。「マラヤ・シンガポールの皇民化と日本語教育」『岩波講座　近代日本と植民地』第7巻（岩波書店、1993年）、「旧南洋群島に於ける日本化教育の構造と実態及び残存形態」『人文社会科学論叢』第4号（宮城学院女子大学、1995年）、『『日本語教科書　全6巻』——日本の英領マラヤ・シンガポール占領期 1941-1945』（共編、龍渓書舎、2002年）。

斉紅深
1945年河北省平郷県生まれ。南開大学卒業。主な研究分野は地方教育史、少数民族教育、日本植民地教育。現在、遼寧省教育史志編纂委員会主任、研究員。中国東北教育研究所所長、中国地方教育史志研究会副会長、日本植民地教育研究会会長、遼寧教育史志学会会長、遼寧学習科学研究会会長、南京大学中国近現代史博士コース指導教官をつとめる。
主な著作（共著を含む）『教育志学』『中国教育督導綱鑑』『東北地方教育史』『東北民族教育史』『東北教育家評伝』『満族教育史』『中国古代北方民族教育文化研究』『遼寧省志・教育志』『遼寧教育人物志』『遼寧教育史』『日本侵略東北教育史』『東北淪陥期教育研究』『日本侵華教育史』など。

劉麟玉　（訳者）
四国学院大学教員。台湾生まれ。音楽教育史・民族音楽学専攻。
「伊沢修二と台湾の学校唱歌教育の成立（1895-1897）」（『音楽学』第49巻、第1号、2003年）、『植民地下の台湾における学校唱歌教育の成立と展開』（雄山閣、2005年）。

弘谷多喜夫
熊本県立大学教員。1942年山口県生まれ。

「戦後の台湾における日本統治期に関する研究論文・著書目録（1945-1995）」（『熊本県立大学文学部紀要』第5巻第2号、1999年）、「日本統治下台湾の子どもと日本の学校——1895（明治28）年～1904（明治37）年」（渡部宗助・竹中憲一編『教育における民族的相克』東方書店、2000年所収）、「日本統治下台湾の戦争動員（皇民化運動）期を生きた世代と教育の意義」（『「大東亜戦争」期における日本植民地・占領地教育の総合的研究（平成10・11・12年度科研費報告書）』2001年所収）。

白柳弘幸
玉川大学教育博物館。専攻・日本教育史（近代）・台湾教育史。

樫村あい子
一橋大学大学院社会学研究科地球社会専攻博士後期過程。
研究内容：日本占領下のシンガポール、オーラル・ヒストリー、歴史社会学、教育学。

佐藤由美
青山学院大学・専修大学非常勤講師。教育学・日韓近代教育史専攻。
『植民地教育政策の研究【朝鮮・1905-1911】』（龍渓書舎、2000年）など。

渡部宗助
国立教育政策研究所名誉所員。日本近現代教育史。
『日本植民地教育史研究』（編著、国立教育研究所、1998年）『日中教育の回顧と展望』（編著、国立教育研究所、2000年）『教育における民族的相克』（共編、東方書店、2000年）、『教員の海外派遣・選奨政策に関する歴史的研究—1905年～1945年』（著、国立教育政策研究所、2002年）。

三ツ井崇
愛知大学非常勤講師。1974年福井市生まれ。朝鮮近代史専攻。
『歴史教科書をめぐる日韓対話』（共著、歴史

学研究会編、大月書店、2004年）、「近代アカデミズム史学のなかの「日鮮同祖論」」（『朝鮮史研究会論文集』第42集、2004年）、「植民地下朝鮮における言語支配」（朝鮮語、『韓日民族問題研究』第4号、2003年）など。

冨田　哲
淡江大学日本語文学系教員。1969年愛知県生まれ。台湾史・社会言語学専門。
「1905年臨時台湾戸口調査が語る台湾社会——種族・言語・教育を中心に」『日本台湾学会報』第5号、2003年、「日本統治期台湾でのセンサスとかなの読み書き調査」『社会言語学』Ⅲ、2003年。

新井淑子
埼玉大学教員。
「植民地台湾における高等女学校出身の女教師の実態と意識——アンケートとインタビュー調査資料」を報告（平成7-9年度化学研究費補助金、1998年）後、2001-2005年には「埼玉大学紀要教育学部（教育科学）」に「植民地台湾の女教員——初期の女子教育と女教員」、「植民地台湾の女教員（2）〜（4）」（第50-54巻、同（5）は2校終了）と継続執筆中であるが、日台の元教師と台湾の研究者、文献委員の方々に支えられている。

岡山陽子
茨城大学教員。東京生まれ。
国際基督教大学卒。国際基督教大学大学院行政学研究科前期課程修了。テンプル大学日本校博士課程在籍。第二言語教育、教育人類学専攻。

片桐芳雄
日本女子大学人間社会学部教授。
「記憶された植民地教育——韓国・大邱での聞き取り調査をもとに」『植民地教育史研究年報』第1号、1998年、「官立大邱師範学校・覚え書き」『教育学年報』9、2002年、「コロニアリズムと教育学」『近代教育フォーラム』NO.12、2003年、「東アジアにおける読み書き能力の歴史——漢字支配とその簒奪、廃棄、馴致」『教育学研究』第70巻第4号』2003年。

所澤　潤
群馬大学教育学部教授。1954年生まれ。1992年から台湾人のオーラルヒストリー採集に着手し、1995年から『群馬大学教育学部紀要　人文・社会科学編』に発表。近年は群馬県在住の日系南米人の教育問題にも取り組んでいる。
「大学進学の始まりと旧制高等学校教育の起源——明治七年三月のモルレーの建言のもたらしたもの」（『東京大学史紀要』第14号、1996年）、「専門学校卒業者と台北帝国大学——もう一つの大学受験世界」（『年報・近代日本研究』19、1997年）、「国立台湾大学医学院の成立と組織の継承——台北帝国大学医学部からの連続性を探る」（『東洋文化研究』第2号、2000年）、「戦時体制と台南高等工業学校——国立成功大学の基盤形成の一側面」（『成功的道路：第一届成功大学校史学術研討論会論文集』国立成功大学、2002年）。

竹中憲一
1946年長崎県生まれ。早稲田大学第二文学部卒業。早稲田大学法学部教授。
主な著書、『「満州」における教育の基礎的研究』全6巻（柏書房、2000年）。

前田　均
天理大学国際文化学部助教授。1953年大阪市生まれ。言語学・日本語教育専攻。
「日本語教育用『アイウエオの歌』数種」（『外国語教育』第30号、天理大学、2004年）、「日本統治下台湾の『国語普及用基礎国語六百五十』」（『天理大学学報』第206輯、2004年）、「日本語教科書・植民地教科書収集を手がけて」（『文献探索2003』2003年）、『在外子弟教育の研究』（共著、玉川大学出版部、2003年）、「住井すゑ擁護者たちの自家撞着」（『天理大学人権問題研究室紀要』第3号、2000年）。

山本一生
東京大学大学院修士課程在学中。日本教育史を専攻。研究分野は戦前「満洲」の教育史。

志々田文明
早稲田大学スポーツ科学学術院教員。博士（人間科学）。1949年東京都生まれ。

研究領域、思想史武道論。主著、『武道の教育力——満洲国・建国大学における武道教育』（日本図書センター、2005年）。

中川　仁
明海大学総合教育センター講師。1969年東京都生まれ。専門は日本語教育・言語社会学。
「言葉の超民族的機能——台湾の国語を例として」『明海日本語』第7号・明海大学日本語学会2002年、「台湾における日本語教育理論の確立に向けて」『明海日本語』第8号・明海大学日本語学会2003年、「台湾の言語政策と原住民諸語——多言語社会から単一言語社会へ、そして母語の復権」『言葉と社会』第7号、三元社、2003年。

佐藤広美
東京家政学院大学。1954年北海道夕張市生まれ。
『総力戦体制と教育科学』（大月書店、1997年）、「同化と文明化——矢内原忠雄の植民地教育論」『差別と戦争』（明石書店、1999年）、「大東亜共栄圏と日本教育学（序説）」『植民地教育史研究年報』（第2号、皓星社、1999年）、『興亜教育』全8巻（監修、緑蔭書房、2000年）、「大東亜教育論とは何か」『戦時下の宣伝と文化』（現代史料出版、2001年）、『21世紀の教育をひらく』（編著、緑蔭書房、2003年）。

中田敏夫
愛知教育大学教員。1952年静岡県生まれ。国語学・社会言語学専攻。
「台湾総督府編纂『台湾教科用書国民読本』の教材編成」（中央教育研究所紀要『教科書フォーラム』No.2、2004年）。

北川知子
関西福祉科学大学高等学校教員。専攻は国語科教育学。
修士論文「朝鮮総督府編纂『普通学校国語読本』の研究」（1992年）。
以後、研究の中心は『普通学校国語読本』。日本内地の「国語」科と、植民地における「国語」科との関わりについて取り組んでいる。

桜井　隆
明海大学外国語学部日本語学科教授。1948年東京都生まれ。東京大学大学院博士課程人文科学研究科単位取得退学。
「アイヌその他北方諸民族への日本語教育」（『東京大学留学生センター紀要』3号）、『デイリーコンサイス漢字辞典』〔共編著〕三省堂）。

佐野通夫
日本植民地教育史研究会代表。四国学院大学教員。1954年生まれ。
『近代日本の教育と朝鮮』（社会評論社、1993年）、『アフリカの街角から』（社会評論社、1998年）、『〈知〉の植民地支配』（編著、社会評論社、1998年）。

Memorandum about Oral History ....TAKENAKA Ken-ichi .147

My Experience of Interview and what I thought at the Syposium
....HIROTANI Takio .152

When a practical Japanese Teacher has an Interview ....MAEDA Hitoshi .158

VII. Book Reviews

"Manchu-kuo" Oral History – against Slave Education by QI Hong-Shen
(translated by TAKENAKA Ken-ichi ....YAMAMOTO Issei .164

Study of Kenkoku University – one aspect of Japanese Imperialism by YAMANE Yukiko..SHISHIDA Humiaki .169

About the Policies Encouraging Korean Language Study by Japanese in Colonial Korea by YAMADA Kanto ....MITSUI Takashi .175

Colonial Rule of Taiwan – Development of View of "Ungoverned Savages" by YAMAJI Katsuhiko ....NAKAGAWA Hitoshi .181

Unknown History of War – Education in Indonesia under Japanese Occupation by MOMOSE Yuko ....SATO Hiromi .186

War and Memory in Malaysia and Singapore by P. Lim Pui Huen & Diana Wong
....MIYAWAKI Hiroyuki .192

VIII. Materials

Kokugo Textbooks for Ko-gakko and Kokumin-gakko in Taiwan under Japanese Gobernment ....NAKADA Toshio .204

Documents of Kokugo policy by Japanese Colonial Government of Korea by KUMAGAI Akihiro ....KITAGAWA Tomoko .214

Modern Japanese Understanding of Education in Asia – Documents
....WATANABE Sosuke .219

On Compiling *List of People concerned in Schools in "Manchu-kuo"*
....TSUKINOKI Mizuo .228

IX. Words

Kokugo...KITAGAWA Tomoko .252

Manshu-go, Man-go...SAKURAI Takashi .256

Naichi ....SANO Michio .260

X. Miscellaneous ....INOUE Kaori .266

Editor's note 271

Contributors 272

＊英文校閲：桜井　隆

CONTENTS

Introductory Remarks ....Editorial Board . . .3

I. Symposium - Memory of History and Studying History of Education in Colony

The Aim of the Symposium..INOUE Kaori . . .6

How to use Oral Records for Studying History of Education in Colony
....MIYAWAKI Hiroyuki . . .7

Oral History by People with Colonial Education
....QI Hong-Shen (translated by LIOU Lin-Yu) . .26

Conclusion ....HIROTANI Takio . .35

Attending at 7th Symposium for History of Education in Colony
- Closing Speech by QI Hong-Shen .... .39

II. Articles

Military Teaching Materials for "Shushin" in Taiwan Colonial School
....SHIRAYANAGI Hiroyuki . .44

Japanese Education of Singapore during World War II –Transformation of Ethnicity
....KASHIMURA Aiko . .63

III. Study Notes

Statistics on Taiwanese and Korean Students in Japan before World War II
....SATO Yumi, WATANABE Sosuke . .82

IV. Research in progress

Experiences during my Study in Korea..MITSUI Takashi .102

How to Read Population Census - Publication of the Special Population Census of Formosa 1905 ....TOMITA Akira .109

V. Visiting Reports of former Colonies

The epitaphs of Tainan on "Shushin" textbooks in Taiwan (Part 2)
....SHIRAYANAGI Hiroyuki .118

VI. On Oral History - My Experience

The Problem of Oral History is too difficult for me to solve.
....ARAI Yoshiko .126

Reflections on Interviewing in Palau..OKAYAMA Yoko .130

Methods and Problems of Oral History - My Experiences in Singapore
....KASHIMURA Aiko .134

Interview in Daegu, Korea ....KATAGIRI Yoshio .139

Weight of the told Truth - from my Experiences of Interview in Taiwan
....SHOZAWA Jun .143

植民地教育史研究年報　第7号
Annual Reviews of Historical Studies of Colonial Education vol.7

植民地教育体験の記憶
Memory of Colonial Education

編　集

日本植民地教育史研究会運営委員会
The Japanese Society for Historical Studies of Colonial Education

代　　表：佐野通夫
運営委員：井上　薫・桜井　隆・佐藤広美
　　　　　志村欣一・西尾達雄・弘谷多喜夫
　　　　　宮脇弘幸
事務局長：井上　薫
事務局員：佐藤広美・佐藤由美・三ツ井崇
第7号編集委員会：桜井　隆・佐藤由美
　　　　　　　　　白柳弘幸・渡部宗助（委員長）
事務局：釧路短期大学　井上薫研究室
〒085-0814　北海道釧路市緑ヶ岡1-10-42
TEL　0154-41-0131（代表）
FAX　0154-41-0322（教務課気付）
URL http://colonialeducation.web.infoseek.co.jp/
E-mail:kaorino@midorigaoka.ac.jp
郵便振替　00130-9-363885

発行　2005年3月15日
定価　2,000円+税

発行所　株式会社皓星社
〒166-0004　東京都杉並区阿佐谷南1-14-5
TEL 03-5306-2088　FAX 03-5306-4125
URL http://www.libro-koseisha.co.jp/
E-mail:info@libro-koseisha.co.jp
郵便振替　00130-6-24639

装丁　藤林省三
印刷・製本　恵友印刷㈱

ISBN4-7744-0376-8 C 3337

「満州」オーラルヒストリー
〈奴隷化教育〉に抗して

斉　紅深 編著／竹中憲一 訳

「満州国」14年間における教育の実態を、中国人の膨大な〈証言〉から浮き彫りにする労作。教育史・近代史・アジア史の一級資料、中国に先がけて刊行。

A5判・上製・532頁　定価5,800円＋税
ISBN4-7744-0365-2 C0022

「皇国の姿」を追って

磯田一雄 著

満洲で行われた教育の実態を教科書から追究する、教育文化史研究のひとつの到達点。富山太佳夫氏絶賛の書。

A5判・上製・424頁　定価4,000円＋税
ISBN4-7744-0241-9 C0037

植民地教育史研究年報シリーズ

01　植民地教育史像の再構成
植民地から日本近代の教育を捉えなおす。記念すべき年報第1号。
ISBN4-7744-0204-4 C3337

02　植民地教育史認識を問う
植民地という他者からの視線を取り入れた新たな問いかけ。
ISBN4-7744-0233-8 C3337

03　言語と植民地支配
植民地教育と言語の関係性を追究。「朝鮮総督府編纂教科用図書刊行目録稿」収録。
ISBN4-7744-0302-4 C3337

04　植民地教育の支配責任を問う
『新しい歴史教科書』（新しい歴史教科書をつくる会編）批判を軸に教科書問題を再検討。
ISBN4-7744-0312-1 C3337

05　「文明化」による植民地支配
植民地支配において「文明化」が果たした役割とは何だったのか。
ISBN4-7744-0329-6 C3337

06　植民地教育の残痕
植民地支配とは、植民地教育とは何か。その残痕を明らかにし、超えていく道筋を模索する。
ISBN4-7744-0359-8 C3337

＊各巻　A5判・並製　定価2,000円＋税